강의가 교재보다 암기속도& 지속성 3배 더 효과적!

"340만이 선택한 이유있는 해마학습법, 3배 빠르고, 10배 오래 기억"

효과없을시 14일 이내 **100%** 환불

정말 연상법은 사람 뇌의 한계를 깨버리는 것 같아요! 듣는것 만으로도 99.9% 다 외워져요.

EVENT 1

100% 증정 룰렛이벤트!

꽝 절~대 없는 100% 즉석당첨 이벤트!!!

룰렛 돌리고 특급혜택 받자!

이벤트 참여방법

1. 경선식에듀 이벤트 QR코드 스캔
2. 응모시작 START 버튼 클릭!
3. 푸짐한 경품이 와르르!

자세히보기

* 본 이벤트는 내부사정에 따라 이벤트 기간 및 상품이 변경될 수 있습니다.

EVENT 2

100% 증정 명예의전당 이벤트!

명예의전당에 이름을 올리면? 문화상품권 100% 증정!

중학영단어 초단기완성하고 문화상품권 받자!

이벤트 참여방법

1. 경선식에듀 이벤트 QR코드 스캔
2. 중학 명예의전당 등록!
3. 누구나 100% 증정! 문화상품권 받기

자세히보기

* 본 이벤트는 내부사정에 따라 이벤트 기간 및 상품이 변경될 수 있습니다.

3배 빠르고 10배 오래 기억되는

경선식 중학 영단어 완성

지은이 경선식

만화 이소영

저자
경선식

약력

대한민국 최다 영어 어휘 수강생 보유
연세대 졸업
㈜ 경선식에듀 대표
前 메가스터디 외국어영역 1타강사
前 EBS 라디오 '경선식 고교 영단어' 진행
前 영단기, 공단기 단기학교 어휘 강의

저서

경선식 중학 영단어 - 기본
경선식 중학 영단어 - 완성
경선식 수능 영단어 Vol. 1(기본)
경선식 수능 영단어 Vol. 2(완성)
경선식 영숙어 초스피드 암기비법 - 수능
경선식 EBS 영단어 초스피드 암기비법
경선식 영단어 초스피드 암기비법 - 공·편·토 (수능고난도)
경선식 영단어 초스피드 암기비법 - 토익
경선식 영단어 초스피드 암기비법 - 최고난도
경선식 영단어 초등 ③~④학년
경선식 영단어 초등 ⑤~⑥학년
경선식 영단어 초스피드 암기비법 - 만화
경선식 영문법 WARM UP
경선식 영문법 SPURT
경선식 영문법 PERFECTION
경선식 영문법 어법문제 완성
경선식 수능독해 기본
경선식 수능독해 초스피드 유형별 풀이비법
경선식 수능독해 완성
메가스터디 외국어영역 1000제
메가스터디 외국어영역 문법 300제
그 외 다수

경선식 중학 영단어 완성

펴낸날 2022년 10월 13일 (개정판 제3쇄)
펴낸곳 ㈜도서출판 경선식에듀
펴낸이 경선식
마케팅 박경식
디자인 DOTS
주소 서울시 서초구 서초 중앙로 56(서초동) 블루타워 9층
대표전화 02-597-6582
팩스 02-597-6522
등록번호 제 2014-000208호
ISBN 979-11-89902-14-8

파본은 교환해 드립니다.

강의 및 교재 내용 문의 : 경선식에듀 고객상담센터 02-597-6582 / **경선식에듀 홈페이지**(kssedu.com)

완벽에 완벽을 더하다
경선식 중학 영단어

그동안 경선식영단어는 수만 개의 수강후기 글과 영상 등을 통하여 그 효과는 이미 검증되었고 강의를 활용한 학생들 중에는 중학 전체 단어를 단 하루 만에, 또는 이틀 만에 암기한 학생도 있었습니다. 그럼에도 불구하고 그동안 다수의 경쟁자들에 의해 결코 사실이 아닌 의도적인 음해와 비난도 받아왔습니다. 또한 그에 영향을 받은 많은 학생들이 직접 공부하거나 강의를 들어보지도 않고 맹목적으로 그 비난에 동조하기도 했습니다. 그 비난들이 사실이었다면 당연히 경선식영단어는 20년 가까이 1~2위를 다투는 베스트셀러로 자리매김해오지 못했을 것입니다.

책으로는 3~5배, 강의를 활용하면 10배 더 효과적이라는 말을 믿지 못하는 학생들도 있겠지만 그 수치들은 많은 경험자들과 TV 방송 실험 등에 의해 나온 숫자입니다. 제 이름을 걸고 경선식영단어의 효과에 대해서 한 치의 거짓도 없음을 약속드릴 수 있습니다.

경선식영단어 시리즈인 공편토와 수능에 이어 드디어 중학 책도 혁명과도 같은 대대적인 개편을 단행하였습니다.

더 이상 개정하고 발전시킬 게 없도록 그동안의 노력과 노하우가 모두 녹아있는 완벽한 책으로 만들겠다는 생각으로 이번 개정판을 만들었습니다. 아마도 여러분이 공부하다보면 그러한 노력들이 여러분에게 깊이 와닿을 것이라 생각합니다.

Heaven helps those who help themselves.
(하늘은 스스로 돕는 자를 돕는다.)

다 차려놓은 밥상에서 숟가락질의 노력도 하지 않는 제자들은 없길 바랍니다.

이 책에 대한 신뢰를 가지고 최소한의 노력만 해준다면 제 책과 강의는 결코 여러분을 배신하지 않을 것임을 약속드립니다.

저자 경선식

해마학습법의 원리는 연상기억법

전세계 암기왕의 암기비법 = 해마학습법

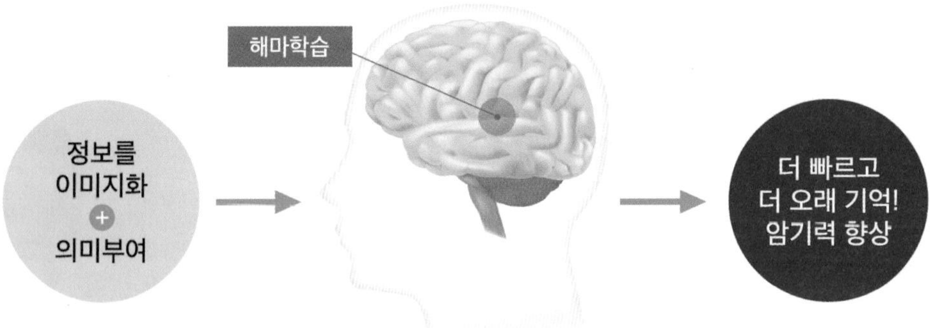

우리 뇌 속 기억 저장을 담당하는 기관인 해마는 정보를 이미지화하면 더 활발하게 작용해 더 빠르고 오래 암기합니다. 해마학습법은 바로 이 원리를 이용해 영어공부를 단기간 효과적으로 진행할 수 있도록 도와주는 과학적이고 체계적인 학습법입니다.

방송으로 검증된 과학적 해마학습법

JTBC 알짜왕 장기기억 암기력 평균 10배 향상!

장기적인 효과까지 차원이 다르다!

중학 영단어 초단기 완성

"1년 7개월이 지난 지금 다시 복습테스트를 봐서 100점을 받았습니다."

이틀 만에 완강하게 되어 기뻤고, 48일 후 단어시험 100점 그리고 1년 7개월이 지난 후에도 복습 테스트에 100점을 받게되었습니다.

영단어 암기만으로도 성적향상 가능하다!

중학 영어 점수 급상승

경선식을 할까? 말까? 고민하시는 분들에게 무조건 추천드립니다.
한번 강의를 수강하면 거의 안 잊어버려요! 제 인생 최고의 강의였습니다.

67점 향상

30점 → 97점

경선식영단어를 공부하며 좋았던 점은, **10배 더 오래가는 경선식영단어였어요. 단어를 먼저 완벽하게 암기해놓으니까, 문법 독해할 때 막힘이 없어 빠르게 공부**할 수 있었답니다!

이*원 수강생

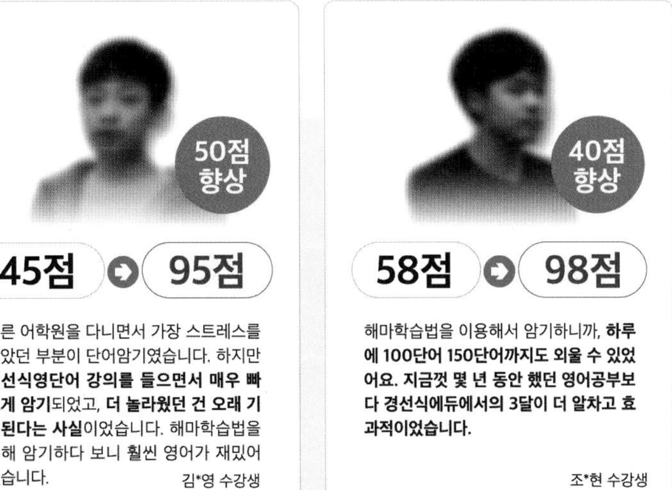

50점 향상

45점 → 95점

다른 어학원을 다니면서 가장 스트레스를 받았던 부분이 단어암기였습니다. 하지만 **경선식영단어 강의를 들으면서 매우 빠르게 암기**되었고, **더 놀라웠던 건 오래 기억된다는 사실**이었습니다. 해마학습법을 통해 암기하다 보니 훨씬 영어가 재밌어졌습니다.

김*영 수강생

40점 향상

58점 → 98점

해마학습법을 이용해서 암기하니까, **하루에 100단어 150단어까지도 외울 수 있었어요. 지금껏 몇 년 동안 했던 영어공부보다 경선식에듀에서의 3달이 더 알차고 효과적이었습니다.**

조*현 수강생

학습효율 업그레이드
중학 영단어 200% 활용 가이드

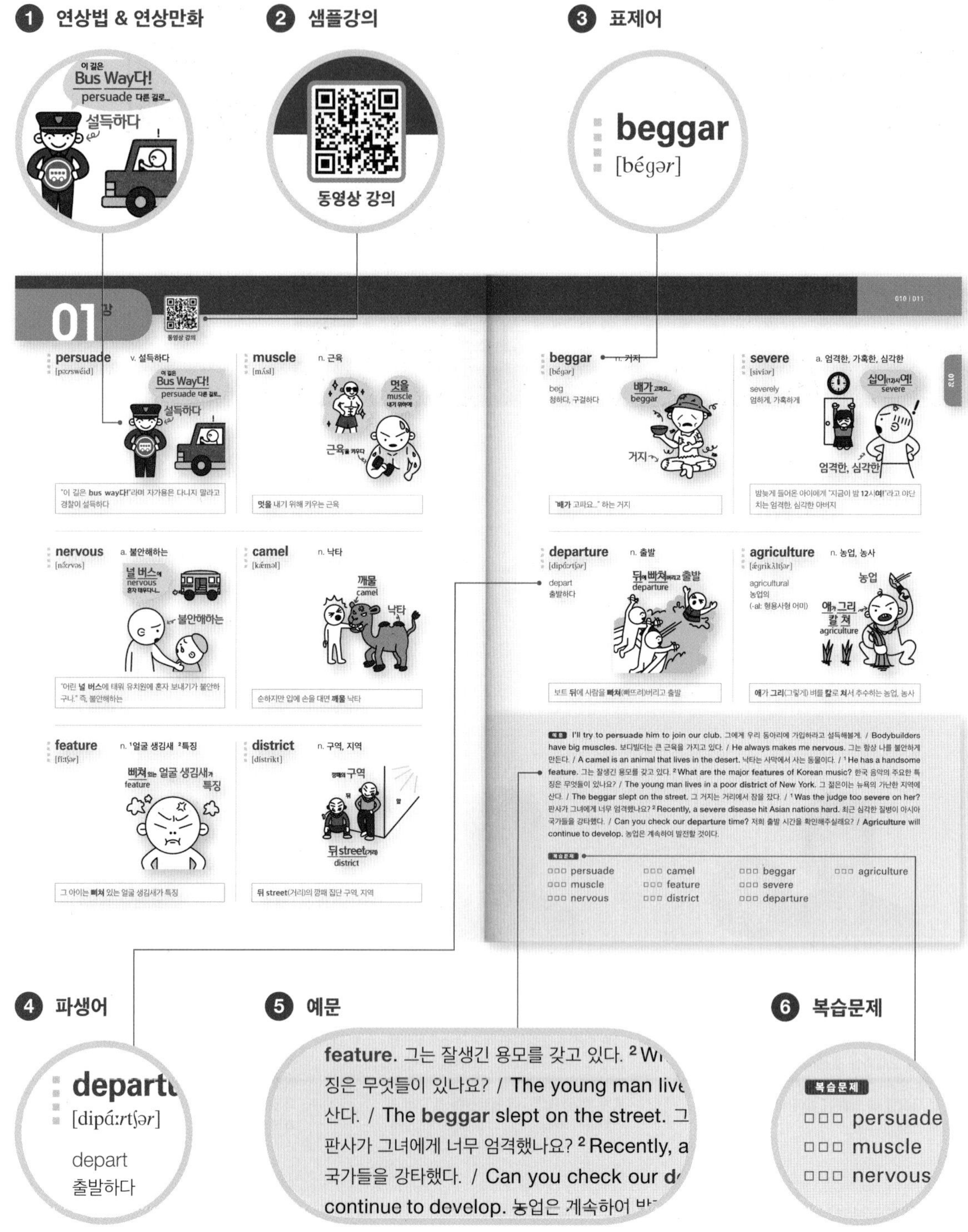

7 복습관리 01 1강 단위 복습 05 5강 단위 복습 15 15강 단위 복습 30 30강 단위 복습 / 파생어 복습 **8 경쌤's TIP**

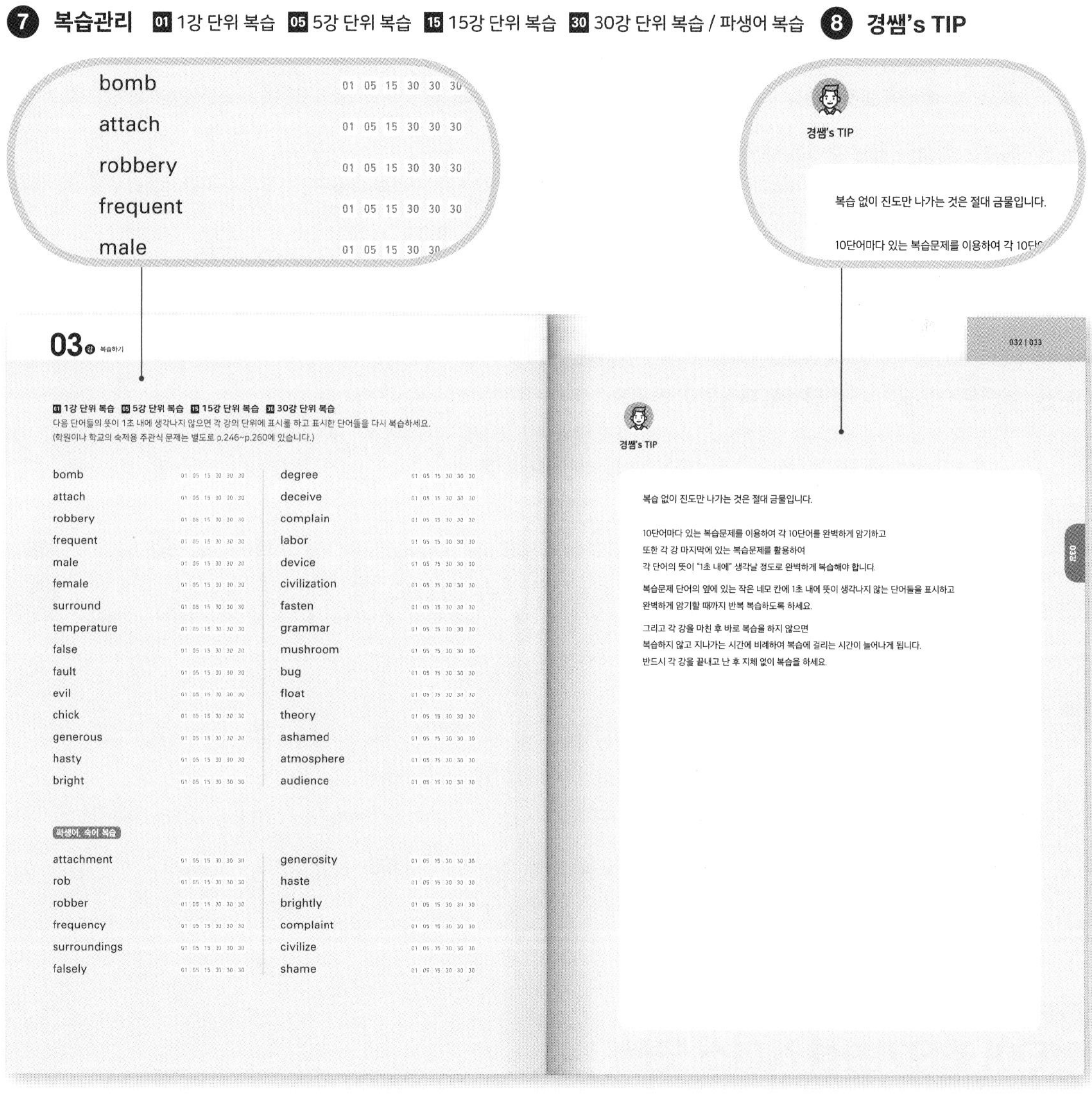

bomb 01 05 15 30 30 30
attach 01 05 15 30 30 30
robbery 01 05 15 30 30 30
frequent 01 05 15 30 30 30
male 01 05 15 30 30

경쌤's TIP

복습 없이 진도만 나가는 것은 절대 금물입니다.

03강 복습하기

01 1강 단위 복습 05 5강 단위 복습 15 15강 단위 복습 30 30강 단위 복습

다음 단어들의 뜻이 1초 내에 생각나지 않으면 각 강의 단위에 표시를 하고 표시한 단어들을 다시 복습하세요.
(학원이나 학교의 숙제용 주관식 문제는 별도로 p.246~p.260에 있습니다.)

bomb	01 05 15 30 30 30	degree	01 05 15 30 30 30
attach	01 05 15 30 30 30	deceive	01 05 15 30 30 30
robbery	01 05 15 30 30 30	complain	01 05 15 30 30 30
frequent	01 05 15 30 30 30	labor	01 05 15 30 30 30
male	01 05 15 30 30 30	device	01 05 15 30 30 30
female	01 05 15 30 30 30	civilization	01 05 15 30 30 30
surround	01 05 15 30 30 30	fasten	01 05 15 30 30 30
temperature	01 05 15 30 30 30	grammar	01 05 15 30 30 30
false	01 05 15 30 30 30	mushroom	01 05 15 30 30 30
fault	01 05 15 30 30 30	bug	01 05 15 30 30 30
evil	01 05 15 30 30 30	float	01 05 15 30 30 30
chick	01 05 15 30 30 30	theory	01 05 15 30 30 30
generous	01 05 15 30 30 30	ashamed	01 05 15 30 30 30
hasty	01 05 15 30 30 30	atmosphere	01 05 15 30 30 30
bright	01 05 15 30 30 30	audience	01 05 15 30 30 30

파생어, 숙어 복습

attachment	01 05 15 30 30 30	generosity	01 05 15 30 30 30
rob	01 05 15 30 30 30	haste	01 05 15 30 30 30
robber	01 05 15 30 30 30	brightly	01 05 15 30 30 30
frequency	01 05 15 30 30 30	complaint	01 05 15 30 30 30
surroundings	01 05 15 30 30 30	civilize	01 05 15 30 30 30
falsely	01 05 15 30 30 30	shame	01 05 15 30 30 30

032 | 033

경쌤's TIP

복습 없이 진도만 나가는 것은 절대 금물입니다.

10단어마다 있는 복습문제를 이용하여 각 10단어를 완벽하게 암기하고
또한 각 강 마지막에 있는 복습문제를 활용하여
각 단어의 뜻이 "1초 내에" 생각날 정도로 완벽하게 복습해야 합니다.

복습문제 단어의 옆에 있는 작은 네모 칸에 1초 내에 뜻이 생각나지 않는 단어들을 표시하고
완벽하게 암기할 때까지 반복 복습하도록 하세요.

그리고 각 강을 마친 후 바로 복습을 하지 않으면
복습하지 않고 지나가는 시간에 비례하여 복습에 걸리는 시간이 늘어나게 됩니다.
반드시 각 강을 끝내고 난 후 지체 없이 복습을 하세요.

03강

암기 효과 극대화!!!
최고의 효율을 위해 이렇게 공부하세요

TIP 1 목표는 '뜻'을 암기하는 것입니다.

목표는 뜻을 암기하는 것입니다. 연상을 뜻으로 연결시키는 부분에 집중하면서 감정이입을 통해 그 뜻을 직접 느끼고, 행동하고, 생각하면서 암기하세요.

TIP 2 1초 이내에 뜻이 생각나지 않는다면 복습하세요.

복습할 때 1초 내에 그 뜻이 생각나지 않는 단어는 완벽하게 암기한 단어가 아니니 복습 표기란에 표시해 두고 반복해서 암기하세요.

TIP 3 복습은 학습이 끝난 후 5분 내외로 해야 합니다.

강의가 끝난 직후 3분 내외의 복습이면 완벽하게 암기할 수 있지만 시간이 더 흐른 후에 복습하면 더욱 많은 시간이 걸리게 됩니다. (에빙하우스의 망각곡선을 검색해보세요.)

TIP 4 예문 학습은 어휘를 100% 암기한 후에 하세요.

책에 나오는 어휘를 첫 강부터 마지막 강까지 100% 다 암기했다는 자신감이 생겼을 때, 그때 예문을 공부하도록 하세요. 단, 단어 뜻이 잘 와닿지 않거나 그 단어 활용이 어떻게 될지 잘 모를 때는 처음 단계라도 예문을 보도록 하세요.

TIP 5 복습은 1강, 5강, 15강 단위로 빠짐없이 하세요.

각 강마다 복습문제가 있습니다. 1강 단위, 5강 단위, 15강 단위, 전체 복습을 빠짐없이 해야 합니다. 복습하면서 잘 생각나지 않는 단어는 표시를 하고 완벽하게 암기될 때까지 그 표시한 단어들을 반복 복습하세요.

TIP 6 처음에는 표제어 암기에만 집중하세요.

처음에는 표제어 암기에만 집중하세요. 책이나 강의 전체 1회독을 마친 후에 파생어를 공부하도록 하세요. 파생어 공부 방법은 표제어에서 어떻게 변화가 되었는지 어미변화에 신경 쓰면서 1~2번 정도 가볍게 읽고 넘어가세요. 그렇게 공부해 나가다 보면 파생어의 어미변화에 대해 자연스럽게 터득하면서 책 전체의 파생어를 공부하게 될 것입니다. 그 이후 다시 1강부터 파생어를 좀 더 완벽하게 암기해 나가는 것이 효율적인 방법이 될 것입니다.

TIP 7 강의 들을 때는 절대 필기하지 마세요!

강의 자체가 단어 암기하는 시간입니다. 필기를 하게 되면 강의에 집중하지 못할 수 있습니다. 최대한 강의에만 집중해서 선생님의 발음을 따라하면서 암기하고 때로는 행동까지 따라하면서 단어 암기 자체에만 집중하도록 하세요.

TIP 8 강의 배속을 높여 학습시간을 절약하세요.

강의에 익숙해지면 암기에 방해되지 않는 선에서 강의 배속을 높여서 들어보세요. 더 많은 시간을 절약할 수 있습니다.
(한 강을 10~15분 안에 완벽하게 암기할 수 있게 됩니다.)

하루 1시간 10일 완성
영단어 초단기완성 레이스 도전!

하루 3강 (강의당 15분 / 평균 45분) + 복습 (강의당 3분 + 누적복습 5분) / 총 15분) - 하루 1시간

1일 1시간! 10일 집중 코스

1DAY	2DAY	3DAY	4DAY	5DAY
1~3강 □	4~6강 □	7~9강 □	10~12강 □	13~15강 □
복습 □	복습 □	복습 □	복습 □	복습 □
6DAY	**7DAY**	**8DAY**	**9DAY**	**10DAY**
16~18강 □	19~21강 □	22~24강 □	25~27강 □	28~30강 □
복습 □	복습 □	복습 □	복습 □	복습 □

CONTENTS

중학 필수+고등 기초 단어로 30강으로 구성하였습니다.

동영상 강의

persuade
[pərswéid]

v. 설득하다

이 길은
Bus Way다!
persuade 다른 길로...
설득하다
!

"이 길은 **bus way다!**"라며 자가용은 다니지 말라고 경찰이 설득하다

muscle
[mʌ́sl]

n. 근육

멋을
muscle
내기 위하여!
근육을 키우다

멋을 내기 위해 키우는 근육

nervous
[nə́:rvəs]

a. 불안해하는

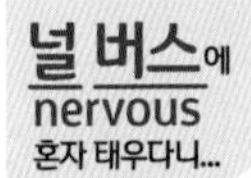
널 버스에
nervous
혼자 태우다니...

불안해하는

"어린 **널 버스**에 태워 유치원에 혼자 보내기가 불안하구나." 즉, 불안해하는

camel
[kǽməl]

n. 낙타

깨물
camel
낙타

순하지만 입에 손을 대면 **깨물** 낙타

feature
[fí:tʃər]

n. 1얼굴 생김새 2특징

삐쳐 있는 얼굴 생김새가
feature
특징

그 이이는 **삐쳐** 있는 얼굴 생김새가 특징

district
[dístrikt]

n. 구역, 지역

깡패의 구역
뒤
앞
뒤 street(거리)
district

뒤 street(거리)의 깡패 집단 구역, 지역

beggar n. 거지

[bégər]

beg
청하다, 구걸하다

"**배가** 고파요..." 하는 거지

severe a. 엄격한, 가혹한, 심각한

[sivíər]

severely
엄하게, 가혹하게

밤늦게 들어온 아이에게 "지금이 밤 **12**시**여!**"라고 야단 치는 엄격한, 심각한 아버지

departure n. 출발

[dipɑ́ːrtʃər]

depart
출발하다

보트 **뒤**에 사람을 **빠쳐**(빠뜨려)버리고 출발

agriculture n. 농업, 농사

[ǽgrikʌ̀ltʃər]

agricultural
농업의
(-al: 형용사형 어미)

애가 **그리**(그렇게) 벼를 **칼**로 **쳐**서 추수하는 농업, 농사

예문 I'll try to **persuade** him to join our club. 그에게 우리 동아리에 가입하라고 설득해볼게. / Bodybuilders have big **muscles.** 보디빌더는 큰 근육을 가지고 있다. / He always makes me **nervous.** 그는 항상 나를 불안하게 만든다. / A **camel** is an animal that lives in the desert. 낙타는 사막에서 사는 동물이다. / [1] He has a handsome **feature.** 그는 잘생긴 용모를 갖고 있다. [2] What are the major **features** of Korean music? 한국 음악의 주요한 특징은 무엇들이 있나요? / The young man lives in a poor **district** of New York. 그 젊은이는 뉴욕의 가난한 지역에 산다. / The **beggar** slept on the street. 그 거지는 거리에서 잠을 잤다. / [1] Was the judge too **severe** on her? 판사가 그녀에게 너무 엄격했나요? [2] Recently, a **severe** disease hit Asian nations hard. 최근 심각한 질병이 아시아 국가들을 강타했다. / Can you check our **departure** time? 저희 출발 시간을 확인해주실래요? / **Agriculture** will continue to develop. 농업은 계속하여 발전할 것이다.

복습문제

- □□□ persuade
- □□□ muscle
- □□□ nervous
- □□□ camel
- □□□ feature
- □□□ district
- □□□ beggar
- □□□ severe
- □□□ departure
- □□□ agriculture

opportunity
[미 ɑ̀pərtjúːnəti]
[영 ɔ̀pətjúːnəti]

n. 기회

당첨 기회!
아파트
분양 신청서
넣지
opportunity
분양신청서

아파트 분양 신청서를 너티(넣지)! 분양받을 기회!

seek
[siːk]

v. 찾다, 구하다
(seek-sought-sought)

seek for
~을 찾다
(=look for)

눈 씻구 찾다
seek
어딨지?

눈 씻구(씻고서) 찾아보다, 즉 찾다, 구하다

admit
[ədmít]

v. ¹ 인정하다
² (입학·입국 등을) 허가하다

admission
인정, 입장(허가),
입학(허가)
(-sion: 명사형 어미)

북한군이 땅굴의 어두운 밑을 통해 월남하자 정부에서 탈북자로 인정하다, 입국을 허가하다

땅굴의 어두운 밑을 통해 월남
admit
잘 오셨습니다
탈북자로 인정하다,
입국을 허가하다

slip
[slip]

v. 미끄러지다 n. 미끄러짐

슬리퍼
slip
미끄러지다

목욕탕에서 슬리퍼를 신고 미끄러지다

oppose
[əpóuz]

v. 반대하다

그 법안 반대한다!
엎어주라
oppose
NO
NO
NO

"그 법안을 (뒤)엎어주세요!" 하고 반대하다

opponent
[əpóunənt]

n. (경기·대회 등의) 상대, 반대자

상대를 엎어놓은 후 패다
opponent

1. 격투기 경기에서 상대를 엎어놓은 후 패다
2. oppose(반대하다) + ent(~사람): 상대, 반대자

volunteer
[㊊vὰləntíər]
[㊍vɔ̀ləntíər]

n. 자원봉사자, 지원자
v. 자진하여 ~하다

voluntary
자발적인

자원봉사자
있어요?
저요!
제발로 튀어나오는
volunteer

"제가 할게요!" 하고 (제)**발로 튀어**나오는 자원봉사자

turkey
[tə́ːrki]

n. 칠면조

털도 많고 **키**도 큰 칠면조

purchase
[pə́ːrtʃəs]

v. 사다, 구입하다 n. 구입

시장 바닥에 좌판을 **펼쳤수**, 그러자 사람들이 사다, 구입하다

illegal
[ilíːgəl]

a. 불법적인

나는 일리(이리로) 갈 거야
illegal
불법적인 무단횡단

"나는 **일리**(이리로) **갈** 거야." 하며 도로를 건너는 불법적인 무단횡단

예문 There aren't many job **opportunities** in this town. 이 동네에는 취업 기회가 많지 않다. / Are you still **seeking** for a job? 당신은 여전히 일자리를 찾는 중인가요? / [1] She **admitted** that she had made a mistake. 그녀는 자신이 실수했음을 인정했다. [2] She has been **admitted** to two universities. 그녀는 두 개의 대학에서 입학 허가를 받았다. / She **slipped** on the ice. 그녀는 얼음판에서 미끄러져 넘어졌다. / We **oppose** to any building in the green belt. 우리는 그린벨트 내에 어떠한 건물도 반대하다. / The boxer knocked down the **opponent**. 그 권투선수는 상대방을 쓰러뜨렸다. / The students **volunteered** to paint the wall. 학생들은 자진해서 벽에 페인트칠을 했다. / They eat **turkey** on Thanksgiving Day. 그들은 추수감사절에 칠면조를 먹는다. / I **purchased** the ticket with cash. 나는 현금으로 표를 구입했다. / It's **illegal** to drive without a license. 무면허 운전은 불법이다.

복습문제

□□□ opportunity
□□□ seek
□□□ admit
□□□ slip
□□□ oppose
□□□ opponent
□□□ volunteer
□□□ turkey
□□□ purchase
□□□ illegal

climb [klaim] v. 오르다, 기어오르다

climber
기어오르는 사람, 등산가
(-er: ~사람, ~것)

큰 라임을 따라 나무에 기어오르다

fellow [félou] n. 친구, 녀석

Hello라고 인사하는 친구, 녀석

claw [klɔː] n. 발톱

고양이가 숨겼던 발톱을 **클러**(끌러)내다

palm [pɑːm] n. 손바닥

엉덩이를 **팡! 팡!** 손바닥으로 때리다

secure [sikjúər] a. 안전한 v. 안전하게 하다

security
안전, 보안, 경비
(-ity: 명사형 어미)

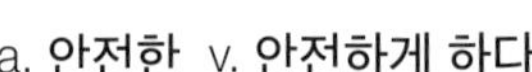

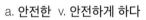

추운 겨울 **씨**(씨앗)을 온실에서 **키워** 씨앗이 안전한, 안전하게 하다

baggage [bǽgidʒ] n. (여행할 때의) 수하물, 짐

여행할 때 가지고 가는 **bag이지**(가방이지), 즉 여행용 수하물, 짐

range
[réindʒ]

n. 범위, 영역
v. ~의 범위에 걸치다

일기예보에서 알려주는 **rain**(비)가 오는 **地**(땅 지)의 범위, 영역

donkey
[㊀dáŋki]
[㊂dɔ́ŋki]

n. 당나귀

돈키호테가 타는 당나귀

bark
[bɑːrk]

v. 짖다

개가 **박! 박!** 짖다

task
[tæsk]

n. 해야 할 일, 직무

desk(책상)에 앉아 해야 할 일, 직무

예문 **Climbing** the mountain was very difficult. 그 산에 오르는 것은 매우 어려웠다. / He is a merry **fellow.** 그는 유쾌한 녀석이다. / Cats' front feet have sharp **claws.** 고양이의 앞발은 날카로운 발톱을 가지고 있다. / He placed a ring on her **palm.** 그는 그녀의 손바닥에 반지를 놓았다. / The evidence is **secure** in the desk drawer. 그 증거는 책상 서랍 안에 안전하게 보관되어 있다. / Please keep this **baggage** until tomorrow. 내일까지 이 수하물을 보관해 주십시오. / [1] The police station covers a wide **range.** 그 경찰서는 넓은 영역을 담당한다. [2] This plant **ranges** from Canada to Mexico. 이 식물은 캐나다에서부터 멕시코에 걸쳐 분포하고 있다. / The **donkey** has big ears. 그 당나귀는 귀가 크다. / My dog **barked** at a stranger. 내 개가 낯선 사람에게 짖었다. / This **task** is beyond my ability. 이번 일은 제 능력으로는 감당하기 힘듭니다.

복습문제

□□□ climb	□□□ palm	□□□ range	□□□ task
□□□ fellow	□□□ secure	□□□ donkey	
□□□ claw	□□□ baggage	□□□ bark	

강 복습하기

01 1강 단위 복습 05 5강 단위 복습 15 15강 단위 복습 30 30강 단위 복습

다음 단어들의 뜻이 1초 내에 생각나지 않으면 각 강의 단위에 표시를 하고 표시한 단어들을 다시 복습하세요.
(학원이나 학교의 숙제용 주관식 문제는 별도로 p.246~p.260에 있습니다.)

단어						
persuade	01	05	15	30	30	30
muscle	01	05	15	30	30	30
nervous	01	05	15	30	30	30
camel	01	05	15	30	30	30
feature	01	05	15	30	30	30
district	01	05	15	30	30	30
beggar	01	05	15	30	30	30
severe	01	05	15	30	30	30
departure	01	05	15	30	30	30
agriculture	01	05	15	30	30	30
opportunity	01	05	15	30	30	30
seek	01	05	15	30	30	30
admit	01	05	15	30	30	30
slip	01	05	15	30	30	30
oppose	01	05	15	30	30	30
opponent	01	05	15	30	30	30
volunteer	01	05	15	30	30	30
turkey	01	05	15	30	30	30
purchase	01	05	15	30	30	30
illegal	01	05	15	30	30	30
climb	01	05	15	30	30	30
fellow	01	05	15	30	30	30
claw	01	05	15	30	30	30
palm	01	05	15	30	30	30
secure	01	05	15	30	30	30
baggage	01	05	15	30	30	30
range	01	05	15	30	30	30
donkey	01	05	15	30	30	30
bark	01	05	15	30	30	30
task	01	05	15	30	30	30

파생어, 숙어 복습

beg	01	05	15	30	30	30
severely	01	05	15	30	30	30
depart	01	05	15	30	30	30
agricultural	01	05	15	30	30	30
seek for	01	05	15	30	30	30
admission	01	05	15	30	30	30
voluntary	01	05	15	30	30	30
climber	01	05	15	30	30	30
security	01	05	15	30	30	30

동사의 과거, 과거분사형 복습

단어	과거		과거분사						
seek		—		01	05	15	30	30	30

동영상 강의로 교재보다 암기속도 3배 향상

책으로만 봐도 그 효과에 놀라셨나요?

<경선식영단어>는 강의를 통해서 더욱더 놀라운 효과를 볼 수 있습니다.

수험생에게 중요한 것은 '시간'!!!

강의에 집중만 하면 15분 강의만으로 그 자리에서 한 강의 90~100%까지 암기가 됩니다. 그리고 각 강에 대한 강의를 듣고 난 직후 3분 내외의 복습으로 모든 단어가 1초 내에 생각나는 100% 완벽 암기가 가능합니다.

1 강의를 활용하면 발음기호, 연상 설명, 연상을 뜻으로 연결하는 과정을 한 번에 이해하게 되어 훨씬 빠르게 암기할 수 있습니다.

2 선생님의 어감, 표정, 몸짓을 통해 오감을 자극시켜 암기시켜주고, 연상을 뜻에 연결시키는 핵심 포인트를 정확히 알려주기 때문에 책으로 공부하는 것보다 훨씬 오래 기억을 유지할 수 있습니다.

3 발음을 정확히 할 수 있어야 그 발음에서 연상이 되어 암기되는 방법입니다. 발음기호에 따라 정확히 발음하는 능력이 부족한 학생들은 반드시 동영상 강의를 활용하여 암기할 것을 권해드립니다.

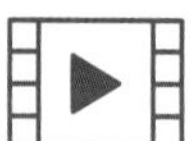

무료 샘플강의 듣는 방법

경선식에듀 홈페이지의 무료강의에서 무료로 올려진 강의를 들어보세요.

수강후기로 읽는 강의가 독학보다 좋은 이유

- 솔직히 강의 보고 안 보고 차이는 엄청납니다. (이*미)
- 정말 빠른 시간 내에 하고 싶으면 꼭 강의를 들어야 합니다. 강의 듣는 게 효과가 3배 정도 훨씬 좋습니다. 이건 산경험에서 나온 겁니다. (김*경)
- 경선식교수님 강의는 100배는 더 집중되고, 아니 집중되는 걸 떠나 완전 빠져듭니다. (유*석)
- 강의를 들으며 공부하니 최소 90% 최대 100%까지 다 맞췄습니다. 암기력과 지속력은 더 뛰어납니다. (박*수)
- 혼자서 하는 것보다 3배 아니 10배 정도 더 효과가 있는 것이 사실입니다. (이*진)
- 확실하게 암기가 되는 것은 물론 암기하는 시간까지 단축되니 강의 수강을 고민할 필요가 전혀 없었습니다. (장*경)

jail
[dʒeil]

n. 교도소

죄 1(하나) 저질러서 들어간 교도소

belong
[bilɔ́ːŋ]

v. (~에) 속하다

belong to
~에 속하다

B조에 **long**(길게) 줄을 서 있는 사람들은 B조에 속하다

civilian
[sivíljən]

n. 일반 시민, 민간인
a. 민간(인)의

civil
시민의, 민간의

시 땅을 **빌려** 쓰는 사람들, 즉 일반 시민, 민간인

hook
[huk]

n. 갈고리

피터팬의 **후크** 선장의 갈고리

bubble
[bʌ́bl]

n. 거품, 비눗방울

밥을 할 때 부글부글 생기는 거품

recognize
[rékəgnàiz]

v. [1]알아차리다 [2]인정하다

recognition
인식, 인정
(-tion: 명사형 어미)

"내 꺼구나!(이즈)" 하고 잃어버렸던 자신의 책을 알아차리다, 그 책에 쓰여 있는 이름을 보고 내 것임을 인정하다

decorate v. 장식하다
[dékərèit]

decoration
장식

장식하다
大(대) 코
레이트
decorate

아프리카 원주민이 **大**(큰) **코**를 뼈 조각 등으로 장식하다

athlete n. 운동선수
[ǽθliːt]

athletic
운동 경기의, 체육의
(-tic: 형용사형 어미)

운동선수
애쓸리(트)
athlete

올림픽 금메달을 위하여 운동선수들이 열심히 **애쓸리(트)**

selection n. 선택, 선발
[silékʃən]

select
선택하다,
선발하다

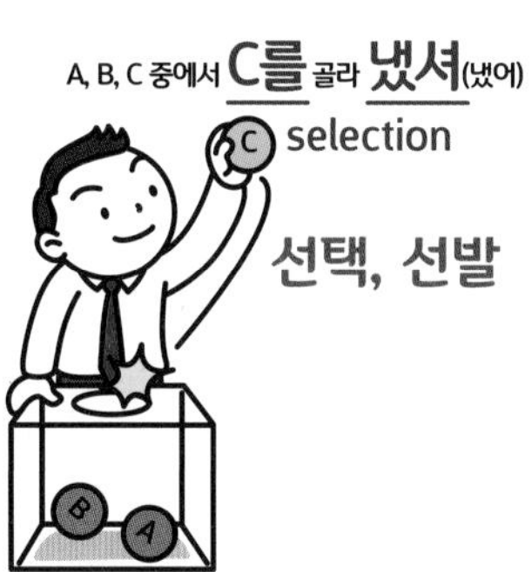
A, B, C 중에서 C를 골라 냈셔(냈어)
selection
선택, 선발

A, B, C 중에서 **C를 냈션**(내다), 즉 C를 선택, 선발

pollution n. 오염
[pəlúːʃən]

pollute
오염시키다

pollutant
오염 물질
(-ant: ~것 or
형용사형 어미)

호수에 펄! 펄! 오줌을 누션(누다)
pollution
펄! 펄!
호수의 오염

호수에 **펄! 펄!** 오줌을 **누션**(누다), 즉 호수의 오염

예문 The criminal is locked in a **jail**. 그 범인은 교도소에 갇혀 있다. / I **belong** to a badminton sports club. 나는 배드민턴 스포츠 클럽에 속해있다. / Three policemen and one **civilian** were killed in the attack. 세 명의 경찰과 한 명의 민간인이 그 공격으로 사망했다. / He hung his coat on a **hook**. 그는 외투를 갈고리에 걸었다. / The kid is blowing **bubbles** into water through a straw. 아이가 빨대를 물 속에 대고 거품을 불고 있다. / [1] He **recognized** his old friend. 그는 옛 친구를 알아보았다. [2] The teacher **recognized** the student's hard work. 선생님은 그 학생의 노고를 인정했다. / She **decorated** the room with flowers. 그녀는 꽃으로 방을 장식했다. / The **athlete** won a gold medal. 그 선수는 금메달을 땄다. / Her **selection** of music was fantastic. 그녀의 음악 선곡은 환상적이었다. / Air **pollution** in the city is getting worse. 이 도시의 대기 오염이 갈수록 심해지고 있다.

복습문제

□□□ jail	□□□ hook	□□□ decorate	□□□ pollution
□□□ belong	□□□ bubble	□□□ athlete	
□□□ civilian	□□□ recognize	□□□ selection	

peak n. 꼭대기, 최고점
[piːk]

픽! 솟아있는
peak 꼭대기, 최고점
픽!

픽! 솟아있는 산 꼭대기, 최고점

goose n. 거위 (*pl.* geese)
[guːs]

거위를 구스(구웠스)
goose

추수감사절에 거위를 오븐에 **구스**(구웠수)

sweat n. 땀 v. 땀을 흘리다
[swet]

땀 흘린 뒤...
포카리
스웨트
sweat

땀을 흘린 뒤 마시는 포카리 **스웨트**

aware a. ~을 알고 있는
[əwέər]

be aware of / be aware that ~을 알고 있다

어! 외워서
aware
~을 알고 있는!
X 구구단 X
1단 2단 3단
4단 5단 6단
7단 8단 9단

A: 이거 알아? B: **어! 외워**서 알고 있어. 즉, 알고 있는

anniversary n. (해마다의) 기념일
[æ̀nivə́ːrsəri]

5월
31
결혼 기념일
아니, 벌써?
anniversary

"**아니, 벌써** 너의 기념일이 됐어?"

divorce n. 이혼 v. 이혼하다
[divɔ́ːrs]

차마 뒤 볼 수 없는
divorce
이혼하다

헤어지면서 차마 서로 **뒤**돌아 **볼 수** 없는 부부가 이혼, 이혼하다

cancer n. 암

[kǽnsər]

매일 통조림 캔을 써서
cancer
암입니다
중금속 때문에 걸린 암

매일 식사로 통조림 **캔**을 **써**서 그 안의 중금속으로 걸린 암

chase v. 쫓다, 추적하다

[tʃeis]

잠자리채 있으
chase
쫓다

잠자리**채**가 **있수**. 그 채로 잠자리를 쫓다, 추적하다

thoroughly ad. 완전히, 철저하게

[θə́ːrouli]

thorough
철저한, 완전한

완전히, 철저하게
써럴리(썰다)
thoroughly

오이를 잘게 채 썰 듯 완전히, 철저하게 **써럴리**(썰다)

guarantee n. 보증 v. 보증하다

[gæ̀rəntíː]

계란을 티셔츠에 감싸서
guarantee
OO농장
절대 안 깨져요!
OO농장
안전한 배달을 보증, 보증하다

계란을 안전하게 **티**셔츠에 감싸서 절대 깨지지 않게 배달해주겠다고 보증, 보증하다

예문 Rice prices reached their **peak** last year. 작년에 쌀값이 최고치에 다다랐다. / The **goose** laid a golden egg. 거위가 황금알을 낳았다. / The long climb made us **sweat**. 오랜 등산으로 우리는 땀이 났다. / She was not **aware** of her danger. 그녀는 자기 앞에 닥친 위험을 알지 못했다. / wedding **anniversary** 결혼기념일 / The **divorce** rate has been increased lately. 이혼율이 최근 증가했다. / Her aunt died with **cancer**. 그녀의 이모는 암으로 죽었다. / A policeman was **chasing** after the thief. 경찰관이 그 도둑을 추격하고 있었다. / Read the book **thoroughly**. 책을 꼼꼼히 읽으세요. / We **guarantee** to deliver within a week. 저희는 1주일 이내 배달을 보장합니다.

복습문제

□□□ peak	□□□ aware	□□□ cancer	□□□ guarantee
□□□ goose	□□□ anniversary	□□□ chase	
□□□ sweat	□□□ divorce	□□□ thoroughly	

pet [pet] n. 반려동물, 애완동물

페트병을 굴리며 노는 애완동물
pet

페트병을 굴리며 노는 강아지 반려동물, 애완동물

flood [flʌd] n. 홍수 v. 넘치다, 쇄도하다

수문을 모두 **풀러두**(풀러도) 댐이 넘치다, 즉 홍수, 물이 넘치다, 쇄도하다

수문을 모두 풀러두(풀러도)
flood
홍수, 물이 넘치다, 쇄도하다

panic [pǽnik] n. 공포, 공황상태

어쩜 저렇게 패니?
panic
공포

"어쩜 사람을 저렇게 **패니?**" 하며 공포에 질린 포로들

hardly [hɑ́ːrdli] ad. 거의 ~않다

하~ 하나도 들리지 않아
hardly
시험이 끝났습니다
듣기 시험
하~
거의 ~않다

듣기평가가 **하~ 들리**지 않아. 즉, 거의 ~않다

soul [soul] n. 정신, 영혼

솔향기에 맑아지는 정신, 영혼
soul

소나무 숲 **솔**향기에 맑아지는 정신, 영혼

spirit [spírit] n. 정신, 마음

spiritual
정신의, 정신적인
(-al: 형용사형 어미)

숲이 it(그것을) 맑게 해줌
spirit
정신, 마음을

소나무 **숲이 it**(그것을) 맑게 해준다, 즉 정신, 마음을 맑게 해준다

swing [swiŋ]

[1] n. 그네 v. 흔들리다
[2] v. (야구에서 방망이를) 휘두르다 (swing-swung-swung)

스윙! 스윙! 소리를 내며
swing
스윙!
스윙!
그네가 흔들리다

스윙! 스윙! 소리를 내며 그네가 흔들리다

acquire [əkwáiər]

v. 얻다, 획득하다

acquirement
획득
(-ment: 명사형 어미)

쌀을 얻구(얻다) 와요!
acquire
이재민 쌀 배급소
얻다, 획득하다

이재민에게 나눠주는 쌀을 **얻구**(얻다) **와요!** 즉, 얻다, 획득하다

award [əwɔ́ːrd]

n. 상, 수상 v. (상 등을) 수여하다

어! word(단어) 시험 1등에게
award
상을 수상
단어시험
1등상

어! word(단어) 시험 1등에게 상을 수상

collect [kəlékt]

v. 모으다, 수집하다

collection
수집, 수집물

걸레 two(2)개로 먼지를 한곳에
collect
모으다, 수집하다

걸레 two(2)개로 먼지를 한곳에 모으다, 수집하다

예문 I want to have a **pet** dog. 나는 애완견 한 마리를 기르고 싶다. / [1] Their house was washed away in the **flood**. 그들의 집이 홍수에 떠내려갔다. [2] We are **flooded** by much information. 많은 정보가 쇄도하고 있다. / There was a **panic** in his voice. 그의 목소리에 공포감이 있었다. / She **hardly** shows how she feels. 그녀는 감정 표현을 거의 하지 않는다. / The teacher trained his mind and **soul**. 그 선생님은 심신을 단련했다. / He is dead, but his **spirit** lives on. 그는 죽었지만 그 정신은 계속 살아 있다. / [1] The bucket was **swinging** from the end of a rope. 밧줄 끝에서 양동이가 흔들거리고 있었다. [2] The player **swung** the bat and hit the ball. 선수가 방망이를 휘둘러 공을 쳤다. / We **acquire** knowledge from books. 우리는 책으로부터 지식을 얻는다. / She won an **award** in a piano competition. 그녀는 피아노 대회에서 상을 받았다. / My grandpa **collects** stamps. 우리 할아버지는 우표를 수집하신다.

복습문제

□□□ pet
□□□ flood
□□□ panic
□□□ hardly
□□□ soul
□□□ spirit
□□□ swing
□□□ acquire
□□□ award
□□□ collect

01 1강 단위 복습 05 5강 단위 복습 15 15강 단위 복습 30 30강 단위 복습

다음 단어들의 뜻이 1초 내에 생각나지 않으면 각 강의 단위에 표시를 하고 표시한 단어들을 다시 복습하세요.
(학원이나 학교의 숙제용 주관식 문제는 별도로 p.246~p.260에 있습니다.)

jail	01 05 15 30 30 30
belong	01 05 15 30 30 30
civilian	01 05 15 30 30 30
hook	01 05 15 30 30 30
bubble	01 05 15 30 30 30
recognize	01 05 15 30 30 30
decorate	01 05 15 30 30 30
athlete	01 05 15 30 30 30
selection	01 05 15 30 30 30
pollution	01 05 15 30 30 30
peak	01 05 15 30 30 30
goose	01 05 15 30 30 30
sweat	01 05 15 30 30 30
aware	01 05 15 30 30 30
anniversary	01 05 15 30 30 30
divorce	01 05 15 30 30 30
cancer	01 05 15 30 30 30
chase	01 05 15 30 30 30
thoroughly	01 05 15 30 30 30
guarantee	01 05 15 30 30 30
pet	01 05 15 30 30 30
flood	01 05 15 30 30 30
panic	01 05 15 30 30 30
hardly	01 05 15 30 30 30
soul	01 05 15 30 30 30
spirit	01 05 15 30 30 30
swing	01 05 15 30 30 30
acquire	01 05 15 30 30 30
award	01 05 15 30 30 30
collect	01 05 15 30 30 30

파생어, 숙어 복습

belong to	01 05 15 30 30 30
civil	01 05 15 30 30 30
recognition	01 05 15 30 30 30
decoration	01 05 15 30 30 30
athletic	01 05 15 30 30 30
select	01 05 15 30 30 30
pollute	01 05 15 30 30 30
pollutant	01 05 15 30 30 30
be aware of / be aware that	01 05 15 30 30 30
thorough	01 05 15 30 30 30
spiritual	01 05 15 30 30 30
acquirement	01 05 15 30 30 30
collection	01 05 15 30 30 30

동사의 과거, 과거분사형 복습

단어	과거	과거분사	복습
swing			01 05 15 30 30 30

경선식 영단어 생생 학습 후기

4일 만에 모두 끝냈네요. 강좌 듣는 것만으로도 99.9% 다 외워져요! (윤*원)

며칠 전에 강좌 신청해서 오늘까지 치면 4일 만에 모두 끝냈네요~~ 솔직히 기억 안 날 법도 한데 너무나 잘 외워져서 감동 ㅜㅜㅜ 일단 듣는 것만으로도 99.9% 다 외워져요! 당연히 열심히 들으니깐 효과는 더 좋았겠죠~! 들으니깐 정말 다 기억나네요. 스펠링 좀 헷갈리는 것들은 공책에 정리해가면서 외웠어요.^^ 그리고 복습은 선생님 말씀대로 주기적으로 했어요.ㅎ 한 강의 끝날 때마다 책 뜻 가리고 바로 복습하고 10강 단위로 끊어서 복습했거든요! 기억에 너무 잘 남아요~~ 그리고 더 좋은 건 제가 중2 독해 책을 샀었는데 일단 단어를 모르니깐 단어 일일이 뜻 하나씩 다 찾기도 어렵고 한 문제 풀기에도 너무 버거웠었는데 경선식 선생님을 만나고 나선! 독해도 술술 풀려요. 문법적으로 암기하지 않아도 일단 단어가 바탕이 되니깐 문제도 잘 풀리고~ 단어를 외우려고 하면 금방 잊어먹고 잘 안 풀리는 문제는 포기해버리고 그랬었거든요~~ 그런 저에게 부족한 점을 채워주신 분입니다~~ㅎㅎ 그리고 4일 만에 저에게 신기한 변화가 생겼어요. 아는 단어가 생기니깐 아는 단어는 영어로 말하고.ㅎㅎ 정말 선생님께도 감사 드리지만 제가 이 단어들을 모두 외웠다는 게 너무 기특하더라고요. 정말 연상학습법이 사람 뇌의 한계를 깨버리는 것 같아요! 경선식 선생님 짱짱!

bomb n. 폭탄 v. 폭격하다
[bɑm]

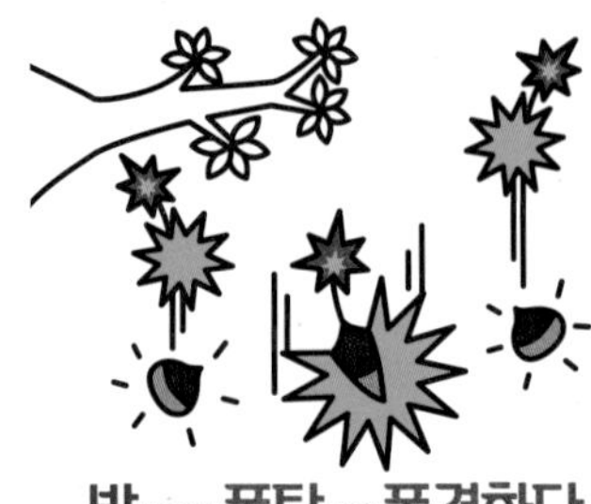

밤송이가 폭탄처럼 폭격하다

attach v. 붙이다, 첨부하다
[ətǽtʃ]

attachment
부착

"**어!** 이거 네가 **뗐지**? 다시 붙여!" 즉, 붙이다, 첨부하다

robbery n. 강도질, 강탈
[㉯rάbəri]
[㉰rɔ́bəri]

rob
강도질하다, 강탈하다
robber
강도

"이 가방 손에서 **놔버리!**" 하며 뺏는 강도질, 강탈

frequent a. 자주 일어나는, 빈번한
[fríːkwənt]

frequency
자주 일어남,
주파수, 진동수

자르면 또 풀이 컨(크는) 투로
frequent

빈번한

자르면 또 **풀이 컨**(크는) **투**, 즉 자주 일어나는, 빈번한

male a. 남자의, 수컷의 n. 남자, 수컷
[meil]

매일 여자를 쫓아다니는 남자

female a. 여자의, 암컷의 n. 여자, 암컷
[fíːmeil]

남자를 **피**하여 **매일** 도망가는 여자

surround
[səráund]
v. 둘러싸다, 포위하다

surroundings
환경, 주변(← 우리를 둘러싸고 있는 것)

1. 사람들이 **서**서 **round**(둥근) 모양으로 둘러싸다, 포위하다
2. **써라운드** 입체음향이란 소리가 앞 뒤 옆 사방에서 둘러싸는 음향

temperature
[témpərətʃər]
n. 온도, 기온

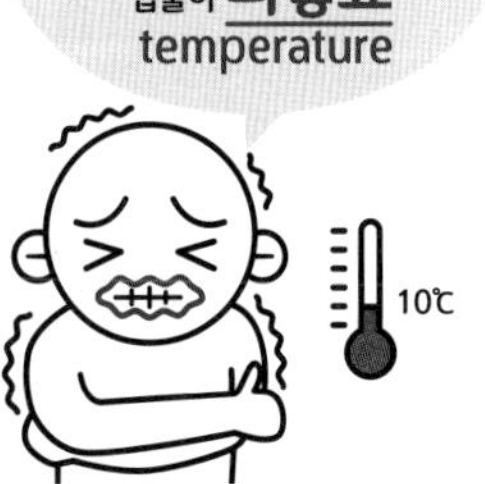

온도가 **ten**(10)℃면 추워서 입술이 **퍼렇죠**.

false
[fɔːls]
a. 잘못된, 거짓된

falsely
거짓으로, 잘못하여
(-ly: 부사형 어미)

팔을 **스**윽 들고 벌서는 이유는 잘못된, 거짓된 행동을 해서

fault
[fɔːlt]
n. 잘못

학생이 **팔 two**(2)개를 올리고 벌서고 있는 이유는 잘못이 있기 때문

예문 [1]an atomic **bomb** 원자 폭탄 [2]They **bombed** the village. 그들은 마을을 폭격했다. / I checked the **attached** file. 나는 첨부 파일을 확인했다. / The **robbery** was caught on CCTV camera. 강도 사건이 CCTV 카메라에 찍혔다. / My friend Bob travels **frequently** to Busan. 내 친구 밥은 자주 부산으로 여행을 간다. / He plays the **male** lead role in the drama. 그가 드라마에서 남자 주인공 역할을 한다. / Male dolphins are usually bigger than **females**. 보통 수컷 돌고래는 암컷보다 몸집이 더 크다. / Tall trees **surround** the lake. 키 큰 나무들이 그 호수를 둘러싸고 있다. / The **temperature** here is so high. 이곳의 기온은 아주 높다. / The Youtuber shared **false** information. 그 유튜버는 거짓 정보를 공유했다. / It was all my **fault**. 그건 모두 내 잘못이었다.

복습문제

□□□ bomb
□□□ attach
□□□ robbery
□□□ frequent
□□□ male
□□□ female
□□□ surround
□□□ temperature
□□□ false
□□□ fault

03강

evil [íːvəl] a. 사악한 n. 악

이 벌을 받아라, 사악한 놈아!

chick [tʃík] n. 병아리

찍! 찍! 우는 병아리

generous [dʒénərəs] a. 관대한, 너그러운

generosity
관대함, 너그러움
(-ity: 명사형 어미)

재가 우리 빨래까지 모두 **널었수**. 참으로 너그러운 아이야.

hasty [héisti] a. 서두르는, 성급한

haste
서두름

밤이 되면 산길은 위험하니 **해 있을** 때 **튀**자, 즉 서두르는, 성급한

bright [brait] a. 빛나는, 밝은

brightly
밝게, 환히

불빛 찬란한 **나이트**클럽 간판이 빛나는, 밝은

degree [digríː] n. 등급, 정도

D학점 정도로 그림을 **그리**다, 즉 D 등급, 정도

deceive
[disíːv]

v. 속이다

뒤에서 씹으
deceive
속이다
뒤

친구를 **뒤**에서 **씹으**며(욕하며) 앞에서는 친한 척 속이다

complain
[kəmpléin]

v. 불평하다, 항의하다

complaint
불평, 항의

큰plane(비행기) 탈 걸
complain
불평하다

작은 비행기를 타서 너무 좁다고 "**큰 플레인**(plane: 비행기) 탈 걸!" 하고 불평하다, 항의하다

labor
[léibər]

n. 노동 v. 노동하다 (=labour)

일꾼들이 여름 **내의**만 입고 시멘트를 **붜**(부어)대며 노동, 노동하다

device
[diváis]

n. 장치

지붕이 바람에
날아가지 않도록 하는
장치
집 뒤 바위
쓰다
device

지붕이 바람에 날아가지 않도록 하는 장치로 집 **뒤**에 있는 **바위**를 **쓰**다

예 문 The novel is about an **evil** king. 그 소설은 어떤 사악한 왕에 관한 것이다. / My son brought a **chick** to the house. 내 아들이 병아리 한 마리를 집으로 데려왔다. / My father is **generous** with my school records. 우리 아버지는 내 학교 성적에 대하여 관대하시다. / I don't want to make a **hasty** decision. 난 성급한 결정을 내리고 싶지 않다. / The moon is very **bright** tonight. 오늘밤은 달이 무척 밝다. / She shows a high **degree** of skill in her work. 그녀는 자기 일에서 높은 수준의 솜씨를 보인다. / It is wrong to **deceive** your parents. 당신의 부모님을 속이는 것은 잘못된 일이다. / She is always **complaining**. 그녀는 항상 불평을 한다. / Child **labor** is being done in many countries. 아동 노동은 많은 나라에서 행해지고 있다. / The audio **device** may only be used with headphones. 그 오디오 장치는 헤드폰으로만 사용할 수 있다.

복습문제

□□□ evil	□□□ hasty	□□□ deceive	□□□ device
□□□ chick	□□□ bright	□□□ complain	
□□□ generous	□□□ degree	□□□ labor	

03

civilization n. 문명, 개화
[미 sìvəlizéiʃən]
[영 sìvəlaizéiʃən]

civilize
문명화하다, 개화하다

초가집 없애고 시에 빌라를 지으션
civilization

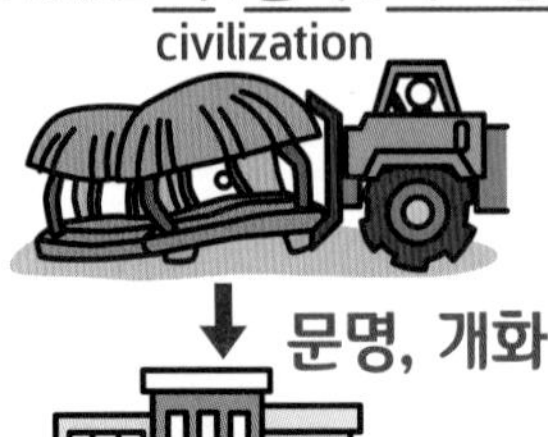

초가집을 없애고 **시**에 **빌라**를 **지으션**, 즉 문명, 개화

fasten v. 묶다, 채우다
[미 fǽsn]
[영 fɑ́:sn]

남의 물건을 **뺏은** 사람을 포승줄로 묶다, (수갑을) 채우다

grammar n. 문법
[grǽmər]

〈문법〉
I LOVE YOU
S V O
주어 + 동사 + 목적어
글에 뭐가 구성되어 있는지 설명하다
grammar

글에 뭐가 구성되어 있는지 설명하는 것이 문법

mushroom n. 버섯
[mʌ́ʃru:m]

버섯 모양 멋이 있는 room(방)
mushroom

버섯 모양으로 만든 스머프의 **멋이** 있는 **room**(방)

bug n. 곤충, 벌레
[bʌg]

벌레
버글버글
bug

버글버글한 벌레

float v. (물 위나 공중에) 뜨다, 띄우다
[flout]

흘러가는 물 위에 뜨다
float 뜨다, 띄우다

flow(흐르는) 물 위에 **뜨**다, 즉 뜨다, 띄우다

theory [θíːəri] n. 이론

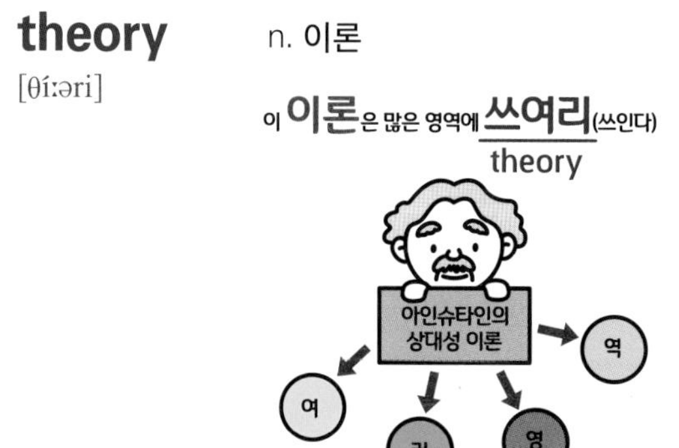
이 이론은 많은 영역에 쓰여리(쓰인다)
theory
아인슈타인의 상대성 이론
역
여
러
영

아인슈타인의 상대성 이론은 많은 과학 영역에 **쓰여리**(쓰인다)

ashamed [əʃéimd] a. 창피한, 부끄러운

shame
부끄러움, 창피함;
창피를 주다

어, 새임(선생님)도 참..
ashamed
창피하게
2 x 3 = 7

빵점 받았다는 선생님의 발표에 "**어, 새임도**(선생님도) 참…" 친구들에게 창피한, 부끄러운

atmosphere [ǽtməsfìər] n. 분위기, 공기

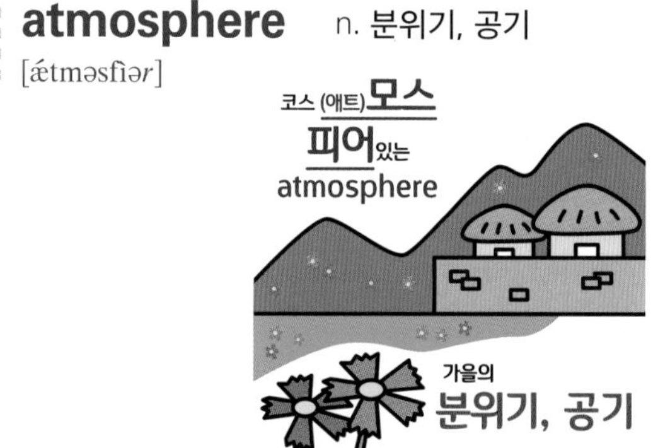
코스 (애트)모스
피어있는
atmosphere
가을의
분위기, 공기

애트모스(코스모스)가 가득 **피어** 있는 가을의 분위기, 공기

audience [ɔ́ːdiəns] n. 청중

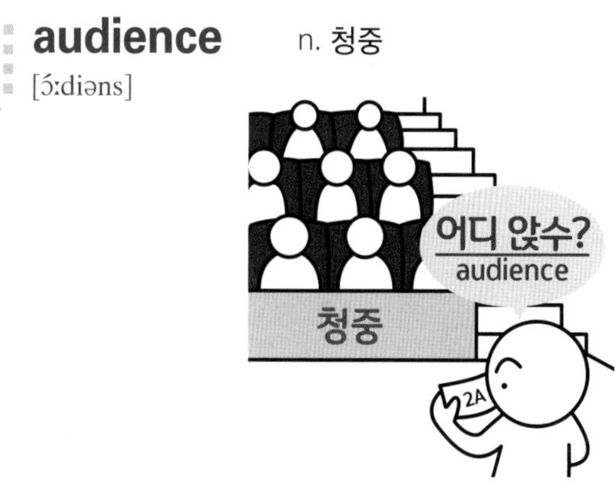
어디 앉수?
audience
청중
2A

"**어디 앉수?**" 하고 물으며 공연장의 좌석을 찾는 청중

예문 the **civilization** of China 중국 문명 / Please **fasten** your seatbelt. 좌석 벨트를 매 주세요. / She made some mistakes in **grammar**. 그녀는 문법에서 실수를 약간 했다. / I found a big **mushroom** in the forest. 나는 숲에서 큰 버섯을 발견했다. / I really hate **bugs**. 나는 벌레라면 질색을 한다. / Boats **float** in the ocean. 배들이 대양에 떠있다. / Darwin's **theory** of evolution 다윈의 진화론 / We need not feel **ashamed** of making mistakes. 우리는 실수하는 것을 부끄럽게 느낄 필요는 없다. / The restaurant offers a friendly **atmosphere**. 그 식당은 친숙한 분위기를 제공한다. / The **audience** clapped and cheered. 청중들이 박수를 치며 환호했다.

복습문제

□□□ civilization □□□ fasten □□□ grammar
□□□ mushroom □□□ bug □□□ float
□□□ theory □□□ ashamed □□□ atmosphere
□□□ audience

01 1강 단위 복습 05 5강 단위 복습 15 15강 단위 복습 30 30강 단위 복습

다음 단어들의 뜻이 1초 내에 생각나지 않으면 각 강의 단위에 표시를 하고 표시한 단어들을 다시 복습하세요.
(학원이나 학교의 숙제용 주관식 문제는 별도로 p.246~p.260에 있습니다.)

bomb	01 05 15 30 30 30	degree	01 05 15 30 30 30
attach	01 05 15 30 30 30	deceive	01 05 15 30 30 30
robbery	01 05 15 30 30 30	complain	01 05 15 30 30 30
frequent	01 05 15 30 30 30	labor	01 05 15 30 30 30
male	01 05 15 30 30 30	device	01 05 15 30 30 30
female	01 05 15 30 30 30	civilization	01 05 15 30 30 30
surround	01 05 15 30 30 30	fasten	01 05 15 30 30 30
temperature	01 05 15 30 30 30	grammar	01 05 15 30 30 30
false	01 05 15 30 30 30	mushroom	01 05 15 30 30 30
fault	01 05 15 30 30 30	bug	01 05 15 30 30 30
evil	01 05 15 30 30 30	float	01 05 15 30 30 30
chick	01 05 15 30 30 30	theory	01 05 15 30 30 30
generous	01 05 15 30 30 30	ashamed	01 05 15 30 30 30
hasty	01 05 15 30 30 30	atmosphere	01 05 15 30 30 30
bright	01 05 15 30 30 30	audience	01 05 15 30 30 30

파생어, 숙어 복습

attachment	01 05 15 30 30 30	generosity	01 05 15 30 30 30
rob	01 05 15 30 30 30	haste	01 05 15 30 30 30
robber	01 05 15 30 30 30	brightly	01 05 15 30 30 30
frequency	01 05 15 30 30 30	complaint	01 05 15 30 30 30
surroundings	01 05 15 30 30 30	civilize	01 05 15 30 30 30
falsely	01 05 15 30 30 30	shame	01 05 15 30 30 30

경쌤's TIP

복습 없이 진도만 나가는 것은 절대 금물입니다.

10단어마다 있는 복습문제를 이용하여 각 10단어를 완벽하게 암기하고
또한 각 강 마지막에 있는 복습문제를 활용하여
각 단어의 뜻이 "1초 내에" 생각날 정도로 완벽하게 복습해야 합니다.

복습문제 단어의 옆에 있는 작은 네모 칸에 1초 내에 뜻이 생각나지 않는 단어들을 표시하고
완벽하게 암기할 때까지 반복 복습하도록 하세요.

그리고 각 강을 마친 후 바로 복습을 하지 않으면
복습하지 않고 지나가는 시간에 비례하여 복습에 걸리는 시간이 늘어나게 됩니다.
반드시 각 강을 끝내고 난 후 지체 없이 복습을 하세요.

sore [sɔːr] a. 아픈, 쓰린

벌이 **쏘아** 아픈, 쓰린

cartoon [kɑːrtúːn] n. 만화

똑**같은** 모습으로 그린 만화

rust [rʌst] n. 녹 v. 녹슬다

가구 밑에서 오랫동안 **lost**(잃어버렸던) 가위에 생긴 녹, 녹슬다

grocery [gróusəri] n. 식료품점, 식료품

서울의 **구로**에서 재배한 **쌀이** 팔리고 있는 식료품점

plain❶ [plein] a. ¹ 평범한, 쉬운 ² 명백한

이 문제는 내가 **풀래잉~** 평범한, 쉬운, 답이 명백한 문제니까.

plain❷ [plein] n. 평원, 벌판

아이들이 뛰어다니며 **playing**(놀고 있는) 평원, 벌판

cock
[㉠kak]
[㉡kɔk]

n. 수탉

수탉
콕콕
cock
모이

모이를 **콕! 콕!** 쪼아 먹는 수탉

hen
[hen]

n. 암탉

암탉으로 만든 햄
hen

암탉으로 만든 닭고기 **햄**

brick
[brik]

n. 벽돌

찰흙으로 빚은 후에 불에 익혀서 만든
brick
벽돌

찰흙으로 모양을 만든 후 **불**에 **익**혀서 만든 벽돌

emigrant
[émigrənt]

a. (타국으로) 이주해 나가는
n. 이주민, 이민

immigrant
(타국에서) 이주해 들어오는; 이주민, 이민

애미가 혀 꼬부라진 그런 투로 말한다
emigrant
미국 이주민
이 park는
air가
so fresh하네

애미가 혀 꼬부라진 **그런 투**로 말하는 것은 미국 이주민이기 때문

04강

예문 I have a **sore** throat. 나는 목이 아프다. / My children are watching a **cartoon** film. 내 아이들이 만화영화를 보고 있다. / The pipes are covered with **rust**. 배관은 녹으로 뒤덮여 있다. / My parents went to a **grocery** store. 우리 부모님은 식료품점에 가셨다. / [1] She is a **plain** high school girl. 그녀는 평범한 고등학생이다. [2] It is **plain** that he will fail. 그가 실패할 것은 명백하다. / Mongolians build a tent on the **plains**. 몽골 사람들은 평원에 텐트를 짓습니다. / The **cock** led the hens to the cage. 수탉이 암탉들을 우리로 이끌었다. / The **hen** is sitting on eggs. 암탉이 알을 품고 있다. / The house is made of **bricks**. 그 집은 벽돌로 만들어졌다. / He is a Japanese **emigrant** to the UK. 그는 영국으로 이주한 일본인이다.

복습문제

- □□□ sore
- □□□ cartoon
- □□□ rust
- □□□ grocery
- □□□ plain[1]
- □□□ plain[2]
- □□□ cock
- □□□ hen
- □□□ brick
- □□□ emigrant

escape v. 달아나다 n. 탈출
[iskéip]

이 수캐가 **이쁘**다고 소문난 암캐를 쫓아 줄을 끊고 달아나다, 탈출

route n. 길, 경로
[ruːt]

요구**루트**를 집집마다 순서대로 배달하는 길, 경로

greenhouse n. 온실, 비닐하우스
[gríːnhàus]

green(초록의) 식물들을 키우는 **house**(집), 즉 온실, 비닐하우스

license n. 면허, 허가
[láisəns]

위험해서 **나이** 든 성인 **선수**에게만 주는 자동차 경주 면허, 허가

mill n. 방앗간
[mil]

밀을 빻는 방앗간

windmill n. 풍차
[wíndmìl]

wind(바람)을 이용한 **mill**(방앗간), 즉 풍차

swallow
[swálou]

[1] v. (꿀꺽) 삼키다 [2] n. 제비

제비의 수많은 알로
swallow
내 새끼들!
꿀꺽!
뱀이 꿀꺽 삼키다

제비의 **수**많은 **알로**(알을) 뱀이 꿀꺽 삼키다

melt
[melt]

v. 녹다, 녹이다

캐러멜 two(2)개가
melt
입속에서 녹다, 녹이다

캐러**멜 two**(2)개가 입속에서 녹다, 녹이다

instance
[ínstəns]

n. 예, 사례

for instance
예를 들면

인스턴트 식품 예, 사례를
instance 답으로 쓰라는 시험문제
(환경)
문제1.
인스턴트 식품의
예, 사례를 쓰시오

선생님이 **인스턴**트 식품에는 뭐가 있는지 **쓰**라고 하면서 그 예, 사례를 들라고 하다

amusing
[əmjú:ziŋ]

a. 재미있는, 즐거운

amuse
재미나게 하다
amusement
즐거움, 놀이

어! music(음악)에 맞춰 춤춰서
amusing
재미있는, 즐거운

어! music(음악)에 맞춰 춤춰서 재미있는, 즐거운

04강

예문 A monkey **escaped** from the zoo. 원숭이 한 마리가 동물원에서 탈출했다. / Do you know the quickest **route** to go there? 당신은 거기로 가는 가장 빠른 길을 알고 있나요? / Carbon dioxide causes a **greenhouse** effect. 이산화탄소는 온실 효과를 일으킨다. / Do you have a driver's **license**? 운전면허증 있으세요? / We walked past the old **mill**. 우리는 옛날 방앗간을 지나갔다. / The Netherlands is famous for **windmills**. 네덜란드는 풍차로 유명하다. / [1] It is hard to **swallow** a large pill. 큰 알약은 삼키기 힘들다. [2] The **swallow** came back to return Heungbu's kindness. 제비는 흥부의 친절에 보답하기 위해 돌아왔다. / The snow of the mountain is starting to **melt**. 산에 있는 눈이 녹기 시작하고 있다. / The lawyer found many **instances** of hate crime. 그 변호사는 증오 범죄에 대한 많은 사례를 찾아냈다. / The band played **amusing** songs. 그 밴드는 재미있는 곡들을 연주했다.

복습문제

□□□ escape	□□□ license	□□□ swallow	□□□ amusing
□□□ route	□□□ mill	□□□ melt	
□□□ greenhouse	□□□ windmill	□□□ instance	

carpenter [káːrpəntər] n. 목수, 목공

까페로 쓸 터에 기초공사를 하는 목수
carpenter
카페 예정 부지

까페(카페)로 쓸 **터**에 기초공사를 하고 있는 목수

consist [kənsíst] v. ¹ 구성되다 ² 일치하다

consistent 일치하는, 일관된 (-ent: 형용사형 어미)

consist of ~로 구성되다

내 형제는
나, 작은누나, 큰 sister(누나)로
consist
구성되다,
생김새가 일치하다

내 형제는 나, 작은누나, **큰 sister**(누나)로 구성되다, 모두 생김새가 일치하다

acid [ǽsid] a. (맛이) 신, 산성의 n. 산

액! 시다
acid
신, 산성의

액! 시다. 즉, 신, 산성의, 산

fence [fens] n. 담장, 울타리

팬s(팬들)이 기웃거리는
fence
담장
스타

팬s(팬들)이 유명 가수를 보려고 기웃거리는 담장

defense [diféns] n. 방어, 수비 (=defence)

defend 방어하다, 수비하다

뒤 fence(담장)에서
defense
방어

뒤 fence(담장)에서 적의 총알을 피하며 방어, 수비

offense [əféns] n. ¹ 공격 ² 위법행위 ³ 화나게 하는 행위 (=offence)

offend 화나게 하다, 기분을 상하게 하다

offensive 공격적인, 화나게 하는

오! fence(담장)을 넘어와 나를 공격하는 위법행위, 화나게 하는 행위

오! fence(담장)을 넘어와 공격하는
offense
물 튀기지 말랬지!
위법행위,
화나게 하는 행위

chimney
[tʃímni]

n. 굴뚝

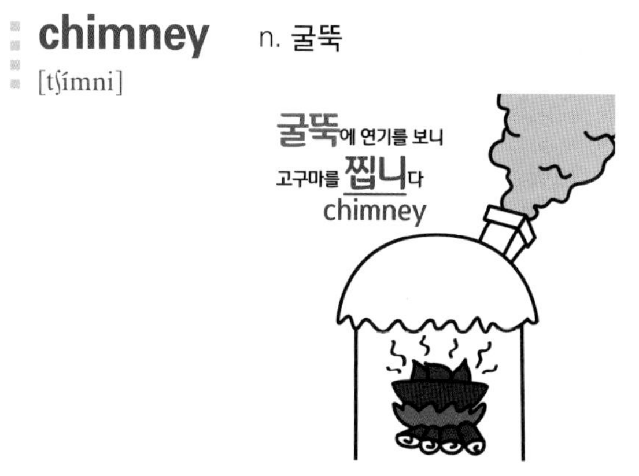

굴뚝에 연기를 보니
고구마를 찝니다
chimney

굴뚝에서 나는 연기를 보니 고구마나 뭔가를 **찝니**다.

deny
[dinái]

v. 부인하다, 거절하다

denial
부인, 부정, 거절

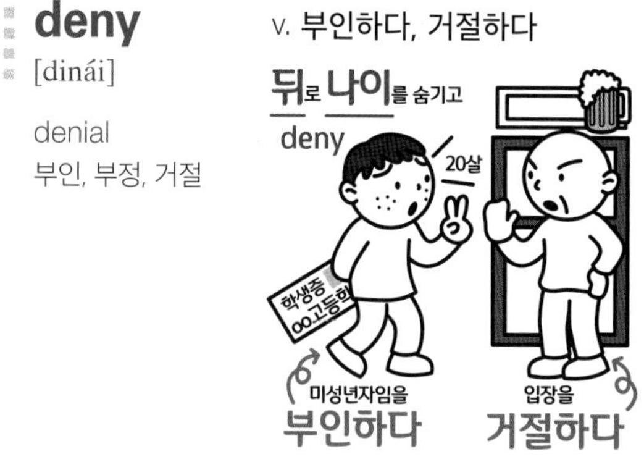

뒤로 **나이**를 숨기고 미성년자임을 부인하다, 술집 주인은 입장을 거절하다

tax
[tæks]

n. 세금

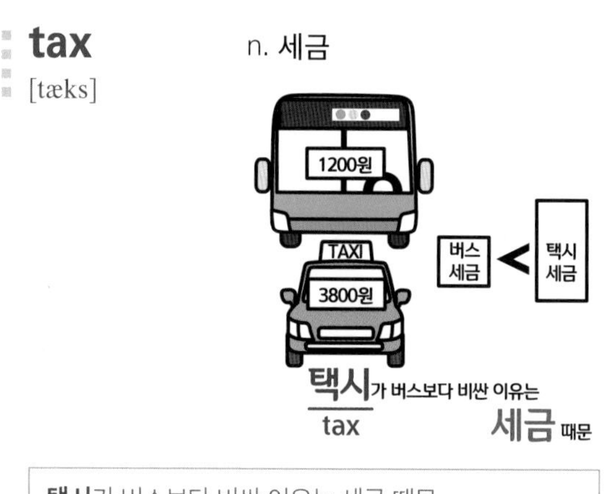

택시가 버스보다 비싼 이유는 세금 때문

lift
[lift]

v. 들어 올리다

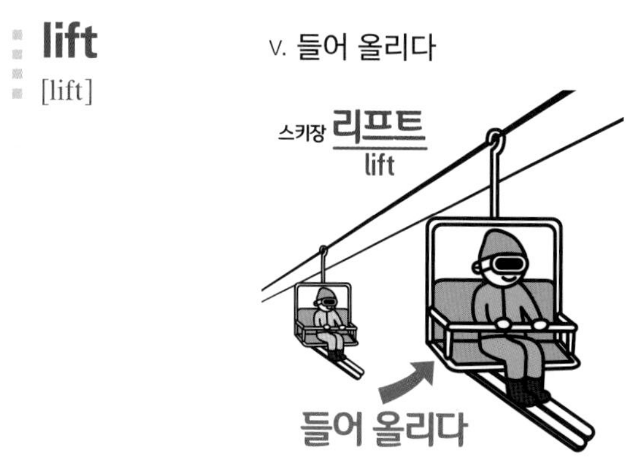

스키장의 **리프트**가 사람을 번쩍 들어 올리다

예문 The **carpenter** made a chair. 목수가 의자를 만들었다. / [1] The committee **consists** of ten members. 그 위원회는 10명으로 구성되어 있다. [2] His story doesn't **consist** with the evidence. 그의 말은 증거와 일치하지 않는다. / A lemon is an **acid** fruit. 레몬은 신 과일이다. / My neighbor built **fences** around the house. 내 이웃은 집 주위에 울타리를 쳤다. / The player is better at **defense**. 그 선수는 수비를 더 잘한다. / [1] He played **offense** for the team. 그는 팀의 공격진으로 뛰었다. [2] Driving too fast is a serious **offense**. 과속운전은 심각한 위법행위이다. [3] I meant no **offense**. 내가 악의로 한 일이 아니에요. / Santa Claus is coming down the **chimney**. 산타클로스는 굴뚝으로 내려올 거야. / The thief **denied** his fault. 그 도둑은 자신의 잘못을 부인했다. / He paid $500 in **taxes**. 그는 500달러의 세금을 냈다. / I wasn't able to **lift** the suitcase. 나는 그 가방을 들 수가 없었다.

복습문제

□□□ carpenter	□□□ fence	□□□ chimney	□□□ lift
□□□ consist	□□□ defense	□□□ deny	
□□□ acid	□□□ offense	□□□ tax	

01 1강 단위 복습 05 5강 단위 복습 15 15강 단위 복습 30 30강 단위 복습

다음 단어들의 뜻이 1초 내에 생각나지 않으면 각 강의 단위에 표시를 하고 표시한 단어들을 다시 복습하세요.
(학원이나 학교의 숙제용 주관식 문제는 별도로 p.246~p.260에 있습니다.)

sore	01 05 15 30 30 30
cartoon	01 05 15 30 30 30
rust	01 05 15 30 30 30
grocery	01 05 15 30 30 30
plain ❶	01 05 15 30 30 30
plain ❷	01 05 15 30 30 30
cock	01 05 15 30 30 30
hen	01 05 15 30 30 30
brick	01 05 15 30 30 30
emigrant	01 05 15 30 30 30
escape	01 05 15 30 30 30
route	01 05 15 30 30 30
greenhouse	01 05 15 30 30 30
license	01 05 15 30 30 30
mill	01 05 15 30 30 30
windmill	01 05 15 30 30 30
swallow	01 05 15 30 30 30
melt	01 05 15 30 30 30
instance	01 05 15 30 30 30
amusing	01 05 15 30 30 30
carpenter	01 05 15 30 30 30
consist	01 05 15 30 30 30
acid	01 05 15 30 30 30
fence	01 05 15 30 30 30
defense	01 05 15 30 30 30
offense	01 05 15 30 30 30
chimney	01 05 15 30 30 30
deny	01 05 15 30 30 30
tax	01 05 15 30 30 30
lift	01 05 15 30 30 30

파생어, 숙어 복습

immigrant	01 05 15 30 30 30
for instance	01 05 15 30 30 30
amuse	01 05 15 30 30 30
amusement	01 05 15 30 30 30
consistent	01 05 15 30 30 30
consist of	01 05 15 30 30 30
defend	01 05 15 30 30 30
offend	01 05 15 30 30 30
offensive	01 05 15 30 30 30
denial	01 05 15 30 30 30

경쌤's TIP

책으로 공부하다가 강의를 수강한 대부분의 학생들은
책만으로 공부하는 것과 강의를 들으면서 공부하는 것의 효과 차이가 매우 크다고 말합니다.

한 강의 단어를 완벽하게 암기하는 데 25분 이상 걸리거나,
한 강을 완성하고 생각나지 않는 단어가 5개 이상이라면
강의를 꼭 듣도록 하세요.

점차 배속에 따라 10~15분 강의로 90~100%까지 암기할 수 있고
3분 내외의 복습으로 100% 완벽하게 암기할 수 있습니다.

경선식 영단어 생생 학습 후기

만화로 배우니까 외우기 쉽고, 이중효과(단어 외우기+발음)가 대박입니다! (박*연)

영어단어 외우기에 진절머리가 나 사실상 영포자였습니다. 영어가 정말 싫었습니다. 영포자... 아니, 영어 혐오자였죠... 눈물을 머금고 영어단어를 외우다가 (또 포기할 뻔...) 영어단어 검색하던 중에 경선식 영단어를 알게 되었습니다. 지푸라기라도 잡는 심정으로 신청했습니다. 강의를 들으면 배로 잘 외워진다고 해서... 근데..... 진짜 대박인 것 같습니다!!!!!!! 너무 늦게 안 걸 후회해요.ㅠㅠㅠ 만화로 배우니까 외우기 쉽고, 그 만화 장면이 영어단어 볼 때마다 연상된다고 할까요? 나중에는 그 영어단어가 쓱 하고 의미랑 바로 연결돼서!!! 경선식 영단어만 있으면 네버!! 전혀 헷갈리지 않고요. 발음도 아주 정확하게 해서 외워집니다. 이 이중효과(단어 외우기+발음)가 대박입니다. 공부하면서 제가 얼마나 영어단어를 한심하게 외우고 있었는지 느끼게 되었네요. 영어단어 공부를 하면서 재미를 느낄 수 있어 너무 기쁘고요. 모두 차근차근 경선식 영단어 듣고 '영어 꽃길'만 걸으세요!!!!

05강

contaminate v. 오염시키다, 더럽히다
[kəntǽminèit]

contamination
오염

큰 때를 미네(이트)
contaminate
오염시키다

대중목욕탕 욕조에서 **큰 때**를 **미네(이트)**! 즉, 물을 오염시키다, 더럽히다

crop n. 농작물, 수확물
[krɑp]

빨리 크라~압!
crop
농작물
압!

빨리 "**크라**(커라) **압!**" 하고 기합을 넣어주는 농작물, 수확물

poet n. 시인
[póuit]

poetry
시집
poem
시

시인이 말하려고 하는
포인트(요지)가 뭘까?
poet
죽는 날까지
하늘을 우러러
한 점 부끄럼이 없기를

"이 시에서 시인이 말하려고 하는 **포인트**(요지)가 뭘까?"

perform v. ¹ 실행하다
² (연극·연주 등을) 공연하다
[pərfɔ́ːrm]

performance
1. 실행, 이행
2. 공연, 연주

무용수가 **four**(4)가지 **폼**으로 무용을 실행하다, 공연하다

four(4)가지 폼으로 무용을
perform
1
2
3
4
실행하다, 공연하다

notice❶ n. 통지, 통보
[nóutis]

통지, 통보
Know this!
notice
수도관 교체로
1시부터
수돗물 안 나옴
-관리실-

Know This!(이것을 알아라!) 하고 통지, 통보

notice❷ n. 주목 v. 알아차리다
[nóutis]

noticeable
주목할 만한, 현저한
(-able: ~할 만한, ~할 수 있는)

키가 커서 너는 눈에 튀수(튀었수)
notice
모두가 주목, 알아차리다

키가 엄청 커서 **너**는 눈에 **튀수**(튀었수), 그래서 모두가 너를 주목, 알아차리다

seed
[siːd]

n. 씨, 씨앗

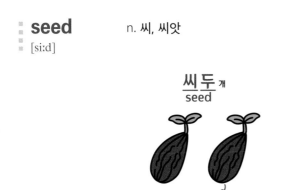

씨(앗) **두** 개, 즉 씨, 씨앗

fury
[fjúəri]

n. 격분, 분노

furious
격노한, 격렬한
(-ous: 형용사형 어미)

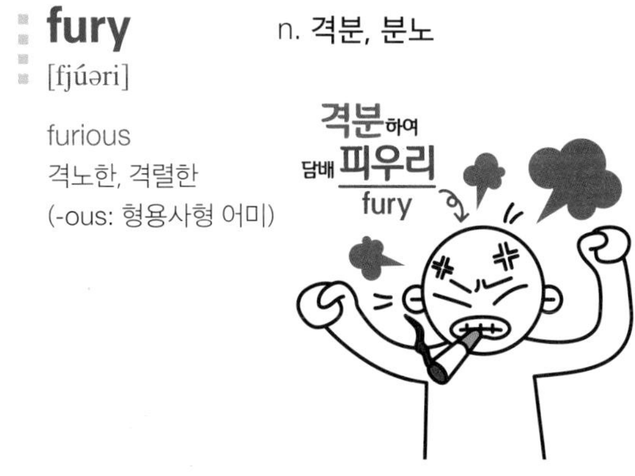

격분, 분노하여 담배를 **피우리**.

lawn
[lɔːn]

n. 잔디, 잔디밭

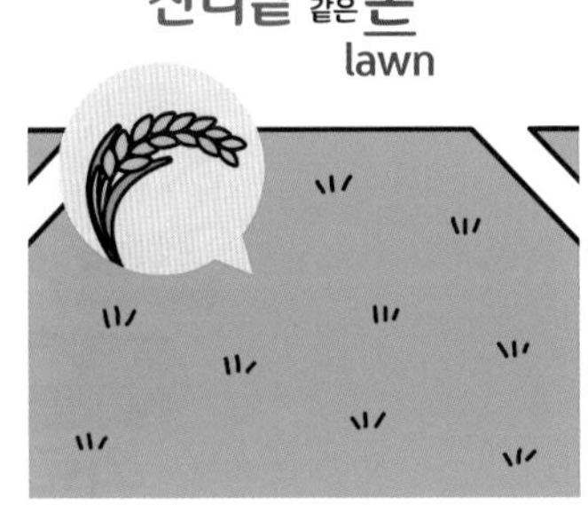

모내기한 **논**에 있는 작은 벼와 비슷하게 자란 잔디

tool
[tuːl]

n. 도구, 연장

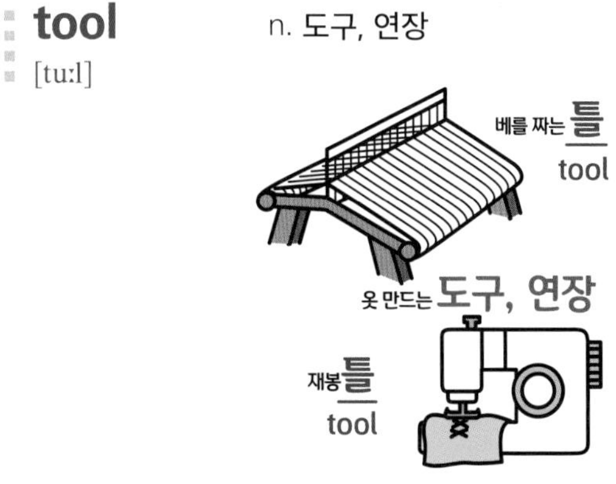

재봉**틀**, 베를 짜는 **틀**과 같은 옷 만드는 도구, 연장

예문 The factory **contaminated** the river. 공장이 강을 오염시켰다. / Corn is the most important **crop** in Mexico. 옥수수는 멕시코의 가장 중요한 농작물이다. / Yun Dong-ju is a famous **poet**. 윤동주는 유명한 시인이다. / [1] AI helps machines to **perform** tasks. 인공지능은 기계가 작업을 수행하는 데 도움을 준다. [2] We will **perform** on the first day of the show. 우리는 전시회 첫날 공연을 할 것입니다. / I just received a **notice** saying that I am fired. 방금 전에 내가 해고됐다는 통지를 받았다. / I **noticed** that he left early. 나는 그가 일찍 떠난 것을 알아챘다. / A farmer is sowing **seeds** in the field. 농부가 밭에서 씨를 뿌리고 있다. / He could not hold his **fury**. 그는 분노를 참을 수 없었다. / The kids were playing on the **lawn**. 아이들이 잔디밭에서 놀고 있었다. / She bought a new **tool** box. 그녀는 새 공구 상자를 샀다.

복습문제

□□□ contaminate	□□□ perform	□□□ seed	□□□ tool
□□□ crop	□□□ notice❶	□□□ fury	
□□□ poet	□□□ notice❷	□□□ lawn	

liberty
[líbərti]

n. 자유

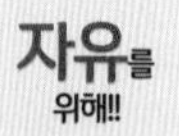

일제의 고문에 "**니**(너), **버티!**(버텨!) 자유를 위해!"

liberal
[líbərəl]

a. 자유주의의, 자유로운

liberate
자유롭게 하다,
해방시키다
(-ate: 동사형 어미)

"**니**가 벌고 싶은 대로 **벌을**(벌다)" 하고 내버려두는 자유주의의, 자유로운

root
[ru:t]

n. 뿌리, 근원

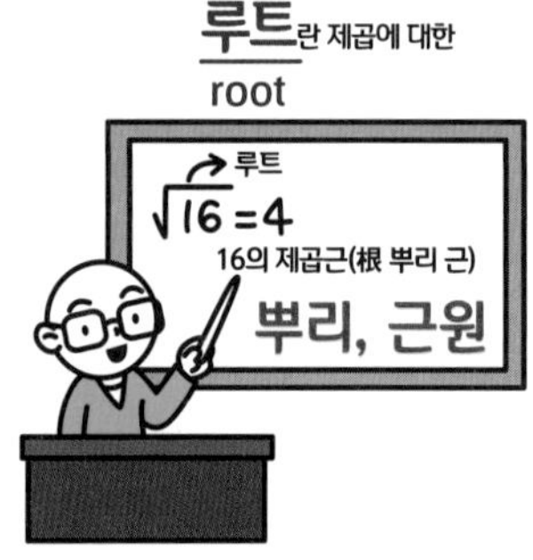

수학에서 루트 16은 4이듯 **루트**는 제곱에 대한 뿌리, 근원

cure
[kjuər]

n. 치료 v. 치료하다

"수술등을 **큐어!**(켜!)"라고 말하고 치료, 치료하다

adult
[ədʌ́lt]

n. 성인 a. 성숙한

"**애덜**(애들)은 가!"라며 **투!** 하고 침까지 뱉으며 성숙한, 성인들만 오라는 약장수

anxious
[ǽŋkʃəs]

a. ¹ 걱정하는 ² 열망하는

서울대를 목표로 공부해야 하는데 1시간이나 **앵! 쉬었수** ㅠㅠ 하고 걱정하는, 서울대를 그토록 열망하는

05일

grain
[grein]

n. 곡물, (쌀·보리 등의) 낟알

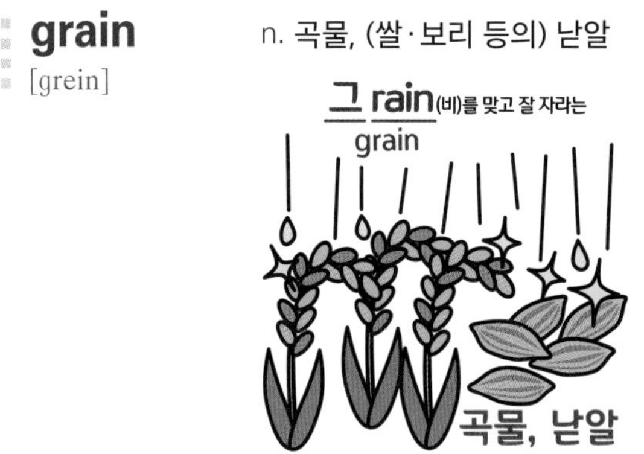
그 rain(비)를 맞고 잘 자라는
grain
곡물, 낟알

하늘에서 내리는 **그 rain**(비)를 맞고 잘 자라는 곡물, 낟알

snail
[sneil]

n. 달팽이

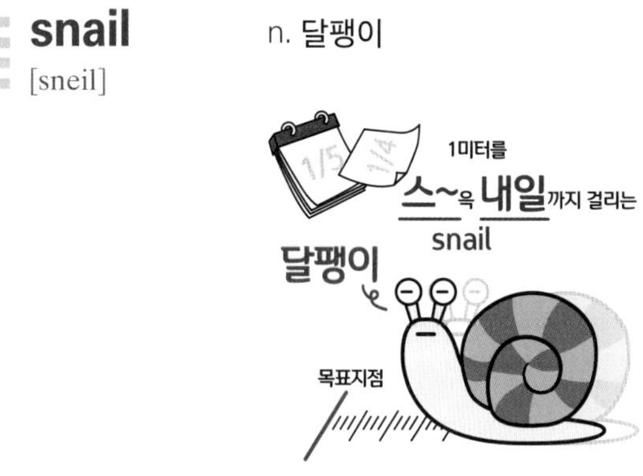
1미터를
스~윽 내일까지 걸리는
snail
달팽이
목표지점

1미터 지나가는 데 **스~**윽 **내일**까지 걸리는 달팽이

goat
[gout]

n. 염소

Go! to(~로)
goat
고집 센
염소

Go!(가자!) **to**(~쪽으로) 하고 고집 센 염소를 끌고 가다

grief
[griːf]

n. 슬픔, 비탄

grieve
몹시 슬퍼하다

슬픔
그리워
프~
grief

북한에 계신 부모님이 **그리**워 **프~** 하고 우는 슬픔, 비탄

예문 They give their children a great deal of **liberty**. 그들은 자녀들에게 많은 자유를 준다. / [1] **liberal** democracy 자유민주주의 [2] He has a very **liberal** views. 그는 매우 자유로운 견해를 가지고 있다. / The **root** grew out of the pot. 뿌리가 화분 밖으로 자라 나왔다. / This medicine will **cure** your pain. 이 약이 네 통증을 치료해줄 것이다. / Children under 8 must come with an **adult.** 8세 이하의 아이들은 성인과 함께 와야 한다. / [1] I'm **anxious** about his health. 나는 그의 건강이 염려된다. [2] I'm very **anxious** to meet him. 나는 그를 만나기를 열망한다. / The store sells **grains** to bakeries. 그 가게는 빵집에 곡물을 판다. / He is as slow **as a snail.** 그는 달팽이처럼 느릿느릿하다. / fresh **goat**'s milk 신선한 염소 우유 / She is in great **grief.** 그녀는 엄청난 슬픔에 빠져있다.

복습문제

□□□ liberty	□□□ cure	□□□ grain	□□□ grief
□□□ liberal	□□□ adult	□□□ snail	
□□□ root	□□□ anxious	□□□ goat	

fairy [fέəri] n. 요정 a. 요정의

회오리 바람을 일으키며 나타나는 요정

flat [flæt] a. 평평한, 납작한

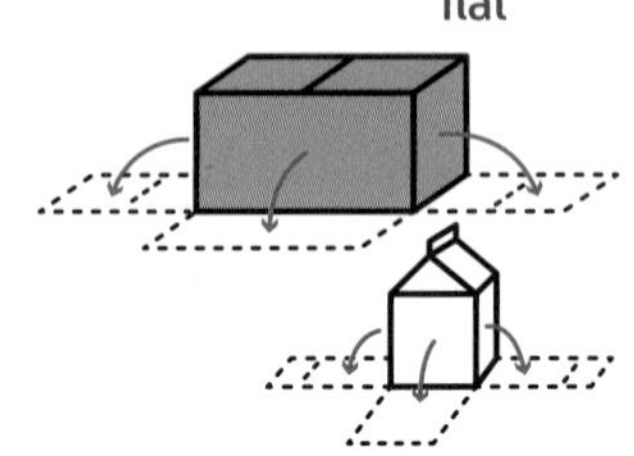

재활용 종이 상자를 눌러서 **풀래**, 평평한, 납작한 모양으로

peach [piːtʃ] n. 복숭아

피치 못할 유혹으로 손오공이 따먹은 (천도)복숭아

tradition [trədíʃən] n. 전통

traditional 전통적인, 전설의

손윗사람 앞에서 술을 마실 때는 고개를 **틀어 드션**(드시다). 그것이 우리의 전통

behavior [bihéivjər] n. 행동, 태도 (=behaviour)

behave 행동하다

행동이 느리다고 "**be heavy여!**(무거워!) 너의 행동, 태도가."

contrast n.[㊐kάntræst] [㊊kɔ́ntrɑːst] v.[㊐kəntræ̋st] [㊊kəntrάːst] n. 대조 v. 대조하다

in contrast 대조적으로

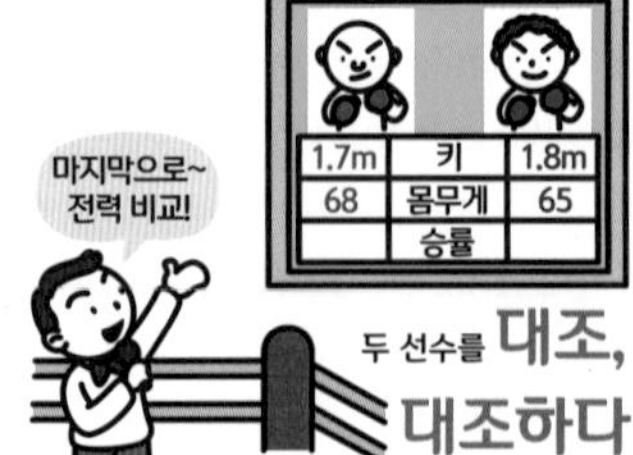

권투 선수 소개 **last**(마지막)에 두 선수의 키, 몸무게, 승률 등을 대조, 대조하다

tap [tæp]

v. (가볍게) 두드리다
n. 두드리는 소리

갤럭시**탭**의 앱을 열기 위해 톡 두드리다

liquid [líkwid]

a. 액체의 n. 액체

1. 이 **키위두**(키위도) 액체의 즙이 많다.
2. 에프킬라 **리퀴드**는 액체 모기향

leopard [lépərd]

n. 표범

앞발을 **내뻗으**며 달리는 표범

gym [dʒim]

n. 체육관 (=gymnasium)

수재민들이 **짐**을 싸서 피신하는 체육관

예문 Do you believe **fairies** exist? 당신은 요정들이 존재한다고 믿으세요? / The earth looks **flat** but it's not. 지구는 평평해 보이지만 (실제로는) 그렇지 않다. / I bought **peaches** from the market. 나는 시장에서 복숭아를 샀다. / Korean mask dance has a long **tradition**. 한국의 탈춤은 오랜 전통을 가지고 있다. / Your **behavior** is unacceptable. 너의 행동은 용납될 수 없다. / It is interesting to **contrast** the two writers. 그 두 작가를 대조하는 것은 흥미로운 일이다. / They heard a **tap** at the door. 그들은 문을 두드리는 소리를 들었다. / He bought a **liquid** soap. 그는 액체 비누를 샀다. / The **leopard** began to attack dogs. 표범이 개들을 공격하기 시작했다. / We went to the **gym** to play basketball. 우리는 농구하러 체육관에 갔다.

복습문제

□□□ fairy	□□□ tradition	□□□ tap	□□□ gym
□□□ flat	□□□ behavior	□□□ liquid	
□□□ peach	□□□ contrast	□□□ leopard	

01 1강 단위 복습 05 5강 단위 복습 15 15강 단위 복습 30 30강 단위 복습

다음 단어들의 뜻이 1초 내에 생각나지 않으면 각 강의 단위에 표시를 하고 표시한 단어들을 다시 복습하세요.
(학원이나 학교의 숙제용 주관식 문제는 별도로 p.246~p.260에 있습니다.)

contaminate	01 05 15 30 30 30
crop	01 05 15 30 30 30
poet	01 05 15 30 30 30
perform	01 05 15 30 30 30
notice❶	01 05 15 30 30 30
notice❷	01 05 15 30 30 30
seed	01 05 15 30 30 30
fury	01 05 15 30 30 30
lawn	01 05 15 30 30 30
tool	01 05 15 30 30 30
liberty	01 05 15 30 30 30
liberal	01 05 15 30 30 30
root	01 05 15 30 30 30
cure	01 05 15 30 30 30
adult	01 05 15 30 30 30
anxious	01 05 15 30 30 30
grain	01 05 15 30 30 30
snail	01 05 15 30 30 30
goat	01 05 15 30 30 30
grief	01 05 15 30 30 30
fairy	01 05 15 30 30 30
flat	01 05 15 30 30 30
peach	01 05 15 30 30 30
tradition	01 05 15 30 30 30
behavior	01 05 15 30 30 30
contrast	01 05 15 30 30 30
tap	01 05 15 30 30 30
liquid	01 05 15 30 30 30
leopard	01 05 15 30 30 30
gym	01 05 15 30 30 30

파생어, 숙어 복습

contamination	01 05 15 30 30 30
poetry	01 05 15 30 30 30
poem	01 05 15 30 30 30
performance	01 05 15 30 30 30
noticeable	01 05 15 30 30 30
furious	01 05 15 30 30 30
liberate	01 05 15 30 30 30
grieve	01 05 15 30 30 30
traditional	01 05 15 30 30 30
behave	01 05 15 30 30 30
in contrast	01 05 15 30 30 30

경쌤's TIP

축하합니다. 여러분은 1강부터 5강까지 완성하였습니다.

각 강을 완벽하게 복습했다 하더라도 반드시! 꼭! 1강~5강의 전체 단어를 복습하세요.

1 1강의 복습문제 단어 옆의 5강 단위 표시 란에 1초 내에 바로 생각나지 않는 단어들을 표시하고 그것들 위주로 완벽하게 복습한 후 2강, 3강, 4강, 5강을 같은 방식으로 복습합니다.

2 그런 후에 마지막으로 위 1번에서 5강 단위 표시 란에 표시한 단어들을 다시 한 번 완벽하게 복습하도록 하세요.

지금 복습하면 5강 전체 복습이 5분~10분 걸리지만, 복습을 나중으로 미루면 더 많은 시간이 걸리게 됩니다.

sort
[sɔːrt]

n. 종류 v. 종류별로 분류하다

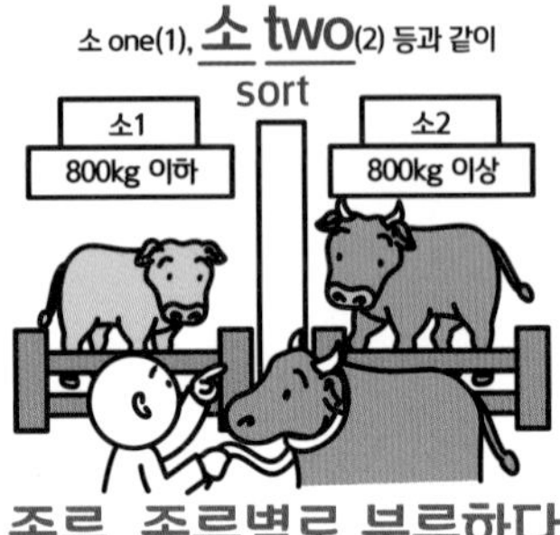

소를 품종에 따라 소 one(1), **소 two**(2) 등과 같이 종류, 종류별로 분류하다

tidy
[táidi]

a. 단정한, 깔끔한

타이(넥타이)로 **뒤**에 마무리하여 단정한, 깔끔한

thermometer
[θərmάmitər]

n. 온도계

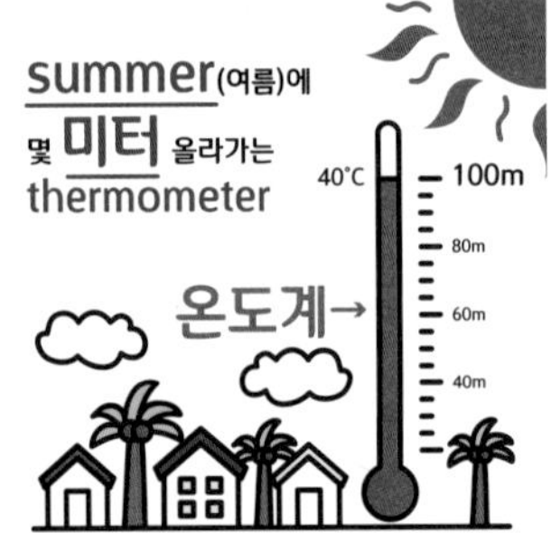

summer(여름)에 수은주가 몇 **미터** 올라가는 온도계

profit
[㉠prάfit]
[㉢prɔ́fit]

n. 이익, 이득

profitable
이익이 되는
(-able: 형용사형 어미)

대전료로 100억을 받는 **프로** 권투선수가 **핏!** 흘리는 피가 안겨주는 이익, 이득

pot
[㉠pαt]
[㉢pɔt]

n. 통, 병, 냄비

커피**포트**는 커피를 담는 통, 병, 냄비

advertise
[ǽdvərtàiz]

v. 광고하다

advertisement
광고(=ad)
(-ment: 명사형 어미)

애두(애도) **보**는 TV에서 야한 망사 **타이즈**를 광고하다

coward

n. 겁쟁이

[káuərd]

cowardly
겁 많은; 비겁하게

cow(황소)가 무서워 **워어~** 하며 떠는 겁쟁이

rude
a. 버릇없는, 무례한

[ru:d]

유교사상을 지키는 양반에게 **누드**화를 선물로 주다니 버릇없는, 무례한

treasure
n. 보물

[tréʒər]

이솝우화(아버지의 보물)에서 아버지가 유언으로 "**뜰에 저**기 파보면 보물이 있을 거야."

chat
v. 잡담하다 n. 잡담

[tʃæt]

chatty
수다스러운

인터넷 채팅(chatting)
안녕하세요
하이루~
반가워요!
잡담하다

인터넷 **채팅**(chatting)이란 인터넷상에서 하는 잡담

예 문 What **sort** of exercise do you do? 당신은 어떤 종류의 운동을 합니까? / My room is always **tidy.** 내 방은 항상 깔끔하다. / The **thermometer** points 30 degrees. 온도계가 30도를 가리키고 있다. / The company made a big **profit** on the new product. 그 회사는 신상품으로 큰 이익을 보았다. / The witch made soup in a **pot.** 마녀는 냄비에 수프를 끓였다. / He **advertised** his product in the newspaper. 그는 신문에 자신의 제품을 광고했다. / He is a dirty **coward.** 그는 비열한 겁쟁이다. / Don't be **rude** to your mother. 엄마께 버릇없이 굴지 마. / They finally found **treasures.** 그들은 마침내 보물을 발견했다. / I was just **chatting** with Monica. 저는 그냥 모니카랑 수다 떨고 있었어요.

복습문제

□□□ sort	□□□ profit	□□□ coward	□□□ chat
□□□ tidy	□□□ pot	□□□ rude	
□□□ thermometer	□□□ advertise	□□□ treasure	

06

threat
n. 위협, 협박

[θret]

threaten
위협하다, 협박하다
(-en: 동사형 어미)

쓰렛빠
threat
위협, 협박
돈 내놔!

쓰렛빠(슬리퍼)로 때리려 하며 위협, 협박

material
n. 물질, 재료 a. 물질적인

[mətíəriəl]

materialism
유물론

뭐가 튀어리얼(튀다)
material
어떤 물질이 튀다

땅에서 **뭐**가 **튀어리얼**(튀다), 즉 어떤 물질이 튀다

clue
n. 실마리, 단서

[kluː]

실마리
복잡한 것을 끌루는
clue

복잡하게 얽힌 것을 **끌르**게(풀게) 해주는 실마리, 단서

ancient
a. 옛날의, 고대의

[éinʃənt]

음식이 에잉! 쉬언트(쉬었다)
ancient
고대사회 생활
옛날의, 고대의 음식

음식이 **에잉! 쉬언트**(쉬었다). 옛날의, 고대의 시대에 만든 음식이기 때문

negative
a. 부정적인

[négətiv]

내가 TV에 나와?
negative
난 못생겨서 안 돼 ㅠ
절레
절레
NO
부정적인

"**내가 TV**에 나와? 흥, 난 못생겨서 어림없지." 하며 부정적인

wage
n. 임금, 급료

[weidʒ]

왜 이렇게 쥐꼬리만큼만 주세요?
wage
임금, 급료를

왜 이렇게 **쥐**꼬리만큼만 주세요? 임금, 급료를

essential a. 필수의, 본질적인
[isénʃəl]

육식동물은 사냥을 위해 **이**가 **센** 것이 필수의, 본질적인

efficient a. 효율적인, 능률적인
[ifíʃənt]

efficiency 능률, 효율
efficiently 효율적으로, 능률적으로

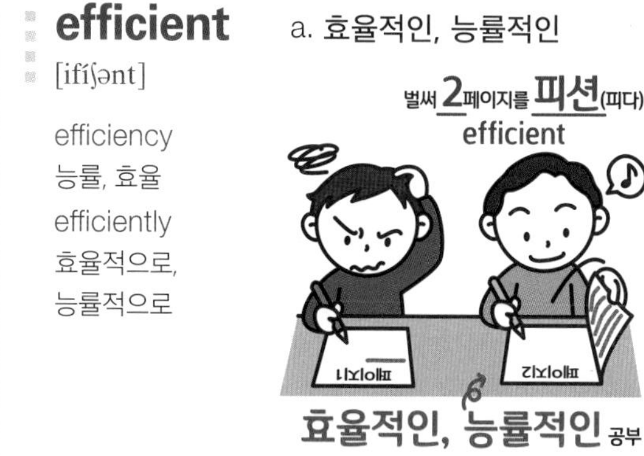

다른 학생은 1페이지 볼 때 나는 핵심만 봐서 벌써 **2**페 이지를 **피션트**(펴다), 즉 효율적인, 능률적인 공부

frame n. 틀, 뼈대
[freim]

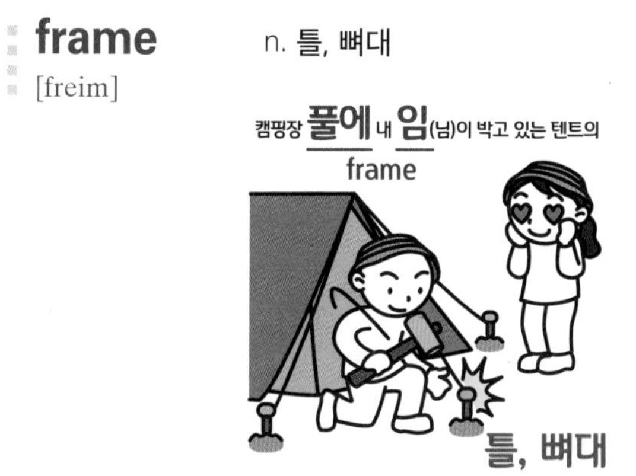

캠핑장 풀에 내 임(님)이 박고 있는 텐트의
frame
틀, 뼈대

캠핑장 **풀에** 내 **임**(님)이 박고 있는 텐트의 틀, 뼈대

pulse n. ¹ 맥박 ² 파동, 진동
[pʌls]

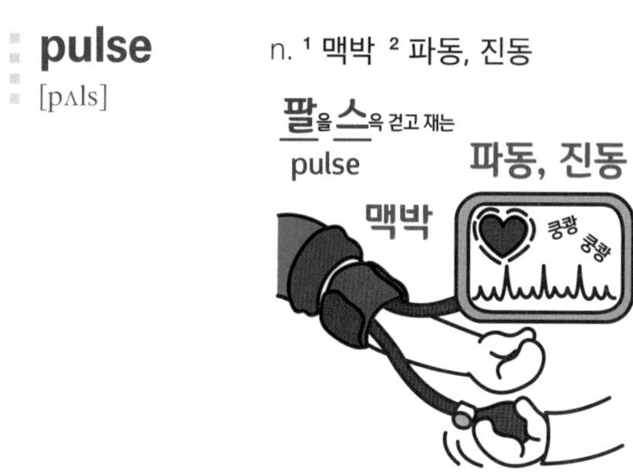

팔을 **스**윽 걷고 재는 맥박, 그리고 **맥박**이 쿵쾅 쿵쾅 하는 파동, 진동

06강

예문 I'm not afraid of your **threats**. 나는 너의 협박이 두렵지 않다. / What **materials** do you need for the experiment? 실험에는 어떤 재료가 필요한가요? / The police officer found a **clue**. 경찰이 단서를 잡았다. / This cup is from **ancient** Egypt. 이 컵은 고대 이집트의 것이다. / She doesn't like a **negative** person. 그녀는 부정적인 사람을 좋아하지 않는다. / My **wage** is enough for my family. 나의 급료는 가족을 위해 충분하다. / Admission is free but booking is **essential**. 입장은 무료이지만 예약은 필수입니다. / the **efficient** use of the machine 기계의 효율적인 사용 / The bed **frame** is made of metal. 그 침대 프레임은 금속으로 만들어졌다. / ¹ The doctor could feel her **pulse**. 의사는 그녀의 맥박을 느낄 수 있었다. ² The magician felt a great energy **pulse**. 마술사는 굉장한 에너지 파동을 느꼈다.

복습문제

□□□ threat	□□□ ancient	□□□ essential	□□□ pulse
□□□ material	□□□ negative	□□□ efficient	
□□□ clue	□□□ wage	□□□ frame	

indicate [índikèit]

v. 나타내다, 가리키다

인디언 글자의 의미를 캐이트(캐다)
indicate
여기..에...
살..았..다
무엇을 나타내다, 가리키다

동굴에 있는 **인디**언 글자의 의미를 **캐이트**(캐다), 즉 그 글자가 무엇을 나타내다, 가리키다

electric [iléktrik]

a. 전기의, 전기 장치의

electrical
전기의
electron
전자
electronic
전자의

감전 사고와 같은 **일**을 **내, 쯔릿쯔릿**한 전기의, 전기창치의 전선이

flame [fleim]

n. 불꽃 v. 타오르다

flammable
타기 쉬운
(-able: ~할 수 있는, ~할 만한)

불내임(불을 냄), 그래서 불꽃이 타오르다

slave [sleiv]

n. 노예

진 사람이 노예! 가위바위보!
술래가 된 이브는
slave
아담이 시키면 노예처럼 해야 한다

술래가 된 **이브**는 아담이 시키면 어떤 일도 해야 하는 노예

kettle [kétl]

n. 주전자

운동장에서 이리 구르고 저리 구르고 **깨틀**려진(깨진) 주전자

mend [mend]

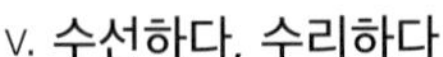

v. 수선하다, 수리하다

뜯어진 곳을 꿰**맨다**, 그렇게 수선하다, 수리하다

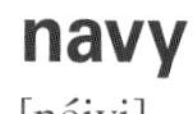

navy
[néivi]

n. 해군

"**내**(가) **이 비**를 헤쳐나가리!" 하며 항해하는 해군

capable
[kéipəbl]

a. ~할 수 있는, 유능한

capability
능력
(-ity: 명사형 어미)

be capable of
~할 수 있다,
~할 능력이 있다

케이(K)라는 사람을 **뽑을** 거야. 그 사람이 ~할 수 있는, 유능한

fate
[feit]

n. 운명

타로 카드 패에 있다 사람들의 운명이
fate
이번 시합의 승패는..!

타로 카드 **패**에 **있다**. 사람들의 운명이

fatal
[féitl]

a. 치명적인, 운명의

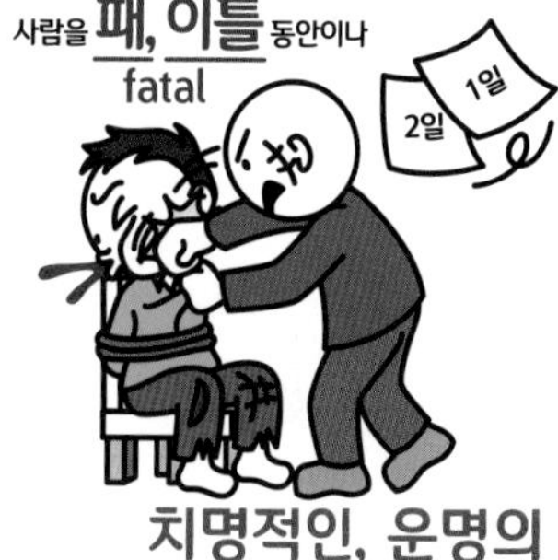

1. 사람을 **패, 이틀** 동안이나, 즉 치명적인, 운명의
2. **fate**(운명)의 형용사형

예문 The sign **indicates** where to go. 표지판은 어디로 가야 하는지를 나타낸다. / He bought an **electric** car. 그는 전기차를 샀다. / The house was in **flames**. 그 집은 불타고 있었다. / He works like a **slave**. 그는 노예같이 일한다. / My grandma owns a cute little **kettle**. 우리 할머니는 작고 귀여운 주전자를 가지고 계신다. / She **mended** her daughter's doll. 그녀는 자기 딸의 인형을 수선했다. / He liked **Navy** uniforms. 그는 해군 제복을 좋아했다. / He's not **capable** of managing the task. 그는 그 일을 할 능력이 안 된다. / My **fate** is in your hands. 내 운명은 네 손 안에 있다. / a **fatal** error 치명적인 오류

복습문제

□□□ indicate	□□□ slave	□□□ navy	□□□ fatal
□□□ electric	□□□ kettle	□□□ capable	
□□□ flame	□□□ mend	□□□ fate	

01 1강 단위 복습 05 5강 단위 복습 15 15강 단위 복습 30 30강 단위 복습

다음 단어들의 뜻이 1초 내에 생각나지 않으면 각 강의 단위에 표시를 하고 표시한 단어들을 다시 복습하세요.
(학원이나 학교의 숙제용 주관식 문제는 별도로 p.246~p.260에 있습니다.)

sort	01 05 15 30 30 30	wage	01 05 15 30 30 30
tidy	01 05 15 30 30 30	essential	01 05 15 30 30 30
thermometer	01 05 15 30 30 30	efficient	01 05 15 30 30 30
profit	01 05 15 30 30 30	frame	01 05 15 30 30 30
pot	01 05 15 30 30 30	pulse	01 05 15 30 30 30
advertise	01 05 15 30 30 30	indicate	01 05 15 30 30 30
coward	01 05 15 30 30 30	electric	01 05 15 30 30 30
rude	01 05 15 30 30 30	flame	01 05 15 30 30 30
treasure	01 05 15 30 30 30	slave	01 05 15 30 30 30
chat	01 05 15 30 30 30	kettle	01 05 15 30 30 30
threat	01 05 15 30 30 30	mend	01 05 15 30 30 30
material	01 05 15 30 30 30	navy	01 05 15 30 30 30
clue	01 05 15 30 30 30	capable	01 05 15 30 30 30
ancient	01 05 15 30 30 30	fate	01 05 15 30 30 30
negative	01 05 15 30 30 30	fatal	01 05 15 30 30 30

파생어, 숙어 복습

profitable	01 05 15 30 30 30	efficiently	01 05 15 30 30 30
advertisement	01 05 15 30 30 30	electrical	01 05 15 30 30 30
cowardly	01 05 15 30 30 30	electron	01 05 15 30 30 30
chatty	01 05 15 30 30 30	electronic	01 05 15 30 30 30
threaten	01 05 15 30 30 30	flammable	01 05 15 30 30 30
materialism	01 05 15 30 30 30	capability	01 05 15 30 30 30
efficiency	01 05 15 30 30 30	be capable of	01 05 15 30 30 30

경선식 선생님은 예전 메가스터디에서 3년 가까이 영어 1위를 한 전국 1타 강사입니다.

어휘뿐만 아니라 문법, 독해, 유형별풀이비법을 통한 최단기간 영어성적 향상에서도 전국 1위라고 자부합니다.

모의고사 30점 이상 향상 / 모의고사, 수능 1등급 3~6개월 완성

• <경선식에듀 1:1 Online-Care>를 통한 놀라운 성적 향상 •

67점 상승!	이*원(중3)	고1모 → 고2모	30점 → 97점 (**6개월** 소요)
53점 상승!	임*지(고3)	고3전국모의고사	34점 → 87점 (**5개월** 소요)
50점 상승!	김*영(중2)	고2전국모의고사	45점 → 95점 (**4개월** 소요)
46점 상승!	권*채(중3)	고1모 → 고2모	51점 → 97점 (**8개월** 소요)
42점 상승!	이*진(고2)	고2전국모의고사	58점 → 100점 (**4.5개월** 소요)
40점 상승!	조*현(중3)	고2전국모의고사	58점 → 98점 (**3개월** 소요)

<경선식에듀 1:1 Online-Care>를 통해 중1~고3 학생들이 경선식 선생님의 온라인 어휘, 문법, 독해, 유형별 풀이비법, 모의고사 훈련 강의를 들으며 평균 주 5회 1:1 online 관리를 받았습니다. 중학생은 실력에 따라 고1/고2 모의고사를, 고등학생은 자신의 학년 이상의 고1/고2/고3 전국모의고사 시험을 치렀습니다. 그 결과

결과

평균 **3.2개월** 만에 84% 학생이 **10**점 이상 상승!

평균 **4개월** 만에 50% 학생이 **20**점 이상 상승!

평균 **4.3개월** 만에 9% 학생이 **40**점 이상 상승!

평균 **5개월** 만에 3% 학생이 **50**점 이상 상승!

위와 같은 단기간의 점수 상승은 대한민국 어떠한 학원에서도 찾아볼 수 없는 놀라운 결과입니다. <경선식에듀 1:1 Online-Care>이기에 가능한 것입니다. 나태함과 여러 유혹들로 인해 혼자서 동영상 진도가 나가지 않는다면 매일 전문 관리 선생님이 학습관리와 동기부여를 해주는 <경선식에듀 1:1 Online-Care>를 이용해 보세요.

지금까지 경선식수능영단어 책으로, 특히 강의와 함께 공부해온 학생들은 강의 효과에 대해 전혀 과장이 없다는 것을 알 수 있을 것입니다. <경선식에듀 1:1 Online-Care>를 통해 3개월~6개월 내에 모의고사 30점 이상 또는 1등급 완성을 약속드립니다.

<경선식에듀 1:1 Online-Care> 교재 맨 뒤페이지를 참고하세요.

07강

arrange
v. 가지런히 하다, 배열하다

[əréindʒ]

오렌지를
arrange
가지런히 하다

과일가게에서 **오렌지**를 가지런히 하다, 배열하다

reputation
n. 평판

[rèpjutéiʃən]

repute
~이라고 평하다

그 여자분은 예쁘대(이션)
reputation

사람들의 평판

사람들이 그 여자는 **예쁘대(이션)**, 즉 예쁘다는 사람들의 평판

spade
n. 삽

[speid]

삽으로 퍼낸 땅이 쏙 패이다
spade

1. 삽으로 퍼낸 땅이 **쏙 패이다**
2. 트럼프 카드에서 **스페이드**는 삽 모양에서 나온 것

magnetic
a. 자석의, 자석 같은

[mægnétik]

magnet
자석

매여있는 그네도 틱! 끌어당기는
magnetic

자석의 힘

매여있는 **그네**도 **틱!** 끌어당기는 자석의 힘

ax
n. 도끼

[æks]

엑스(x)자 모양의 도끼
ax

엑스(X)자 모양으로 걸어 놓은 도끼

concept
n. 개념

[ⓜkάnsept]
[ⓨkɔ́nsept]

conception
개념, 생각, 구상

빈칸이 세트로 구성된
concept
개념을 묻는 문제

'시는 ( )을 ( )이 있는 언어로 압축한 운문 문학'과 같이 몇 개의 빈**칸**이 **세트**로 구성된 개념을 묻는 문제

vinegar
[vínigər] n. 식초

식초
비린 거
vinegar

비린 거에 냄새를 없애려 넣는 식초

wipe
[waip] v. 닦다, 씻다

와이프를 위해
wipe
방을 닦다, 씻다

1. **와이프**를 위해 남편이 방을 닦다, 씻다
2. 차의 **와이퍼**(wiper)가 앞 유리를 닦다, 씻다

feather
[féðər] n. 깃털

닭 잡아먹으려면 빼! 더 많은 깃털을!
feather

닭 잡아먹으려면 **빼! 더** 많은 깃털을!

occur
[əkə́ːr] v. [1] 발생하다 [2] 머리에 떠오르다

어! car(차) 사고가 발생하다
어! car(차) 번호판이
occur 머리에 떠오르다
12가 3456

어! car(차) 사고가 발생하다, 도망간 **어! car**(차) 번호판이 머리에 떠오르다

예문 She **arranged** the words in alphabetical order. 그녀는 단어들을 알파벳 순서대로 나열했다. / The judge has an excellent **reputation**. 그 판사는 평판이 훌륭하다. / The soldiers used **spades** to dig the ground. 군인들은 삽으로 땅을 팠다. / This device has a **magnetic** material inside. 이 기기는 안에 자성 물질을 포함하고 있다. / He chopped down a tree with an **ax**. 그는 도끼로 나무 한 그루를 잘라 넘어뜨렸다. / The **concept** of beauty changes according to the times. 미의 개념은 시대에 따라 변한다. / Can you pass me the **vinegar**, please? 식초 좀 건네주시겠어요? / Tho young girl **wiped** out the table. 그 어린 소녀는 테이블을 닦아냈다. / The peacock has beautiful **feathers**. 그 공작새는 아름다운 깃털을 가지고 있다. / [1] When did the accident **occur**? 그 사고는 언제 일어났습니까? [2] A question **occurred** to her. 그녀에게 한 가지 의문이 떠올랐다.

복습문제

□□□ arrange	□□□ magnetic	□□□ vinegar	□□□ occur
□□□ reputation	□□□ ax	□□□ wipe	
□□□ spade	□□□ concept	□□□ feather	

itch v. 가렵다 n. 가려움
[itʃ]

"**잇 취!**" 재채기를 할 정도로 코가 가렵다, 가려움

nest n. 둥지
[nest]

까치는 나무 **next**(옆에), 물새는 강 **next**(옆에) 지은 둥지

former a. 예전의
[fɔ́ːrmər]

오랜만이야
?
?
예전의 머리는 퍼머 머리였잖아!
former

퍼머 머리였던 친구의 예전의 머리

attract v. (마음·주의·흥미 등을) 끌다, 끌어당기다
[ətrǽkt]

attraction
끌어당김, 매력

어! 트랙트(트랙터)가 자동차를
attract
끌어당기다

어! 트랙트(트랙터)가 자동차를 끌어당기다

chop v. (음식 재료를) 썰다, 팍팍 찍다
[㊍tʃɑp]
[㊕tʃɔp]

통나무를 **찹! 찹!** 썰다, 팍팍 찍다

chopstick n. 젓가락
[㊍tʃɑ́pstìk]
[㊕tʃɔ́pstìk]

chop(자르다) + **stick**(막대): 두 개로 자른 막대, 즉 젓가락

eager [íːgər] a. 간절히 바라는

"**이거** 사줘요!" 하며 아이가 장난감을 갖기를 간절히 바라는

planet [plǽnit] n. 행성

우주 **plane**(비행기)를 타고 향해가는 행성

pork [pɔːrk] n. 돼지고기

포크로 찍어 먹는 돼지고기
pork
하이포크

1. **포크**로 찍어 먹는 돼지고기
2. **포크**찹(폭찹), 하이**포크**에서 포크는 돼지고기

lifelong [láiflɔ̀ːŋ] a. 일생의, 평생의

life(삶) + **long**(긴): 삶의 긴 길이만큼의, 즉 일생의, 평생의

예문 The bug bite **itches.** 그 벌레에 물리면 가렵다. / A bird is making a **nest.** 새가 둥지를 만들고 있다. / the **former** world champion 전 세계 챔피언 / The city lights **attracted** many tourists. 도시의 불빛은 많은 관광객들을 끌어모았다. / He is **chopping** meat. 그는 고기를 잘게 썰고 있다. / You're very good at using **chopsticks.** 젓가락질을 참 잘하시네요. / I'm **eager** to enter the Yonsei University. 나는 연세대학교에 가기를 열망한다. / I think there is life on other **planets.** 나는 다른 행성에 생명체가 있다고 생각한다. / I prefer beef to **pork.** 나는 돼지고기보다 쇠고기를 더 좋아한다. / a **lifelong** friendship 평생을 지켜온 우정

복습문제

□□□ itch	□□□ attract	□□□ eager	□□□ lifelong
□□□ nest	□□□ chop	□□□ planet	
□□□ former	□□□ chopstick	□□□ pork	

tiny [táini]

a. 작은, 조그마한

이렇게 작은, 조그마한 것도
타이니?
tiny
타이 코너

나비넥타이를 보고 "이렇게 작은, 조그마한 것도 **타이니?**"

occasionally [əkéiʒənli]

ad. 1 때때로, 가끔
2 우연히

occasional
때때로의, 가끔의

occasion
(특정한) 때, 경우

연락 좀 해라
OK 소식을 전할리!
occasionally
때때로, 가끔이라도

우연히 만나 연락 좀 하라는 친구에게 "**OK** 소식을 **전할리!** 때때로, 가끔이라도."

profession [prəféʃən]

n. 직업

professional
직업의, 프로의

프로 수준의 패션 감각으로 얻게 된
profession
직업
합격입니다!

프로 수준의 **패션** 감각으로 얻게 된 패션 관련 직업

footprint [fútprìnt]

n. 발자국

foot(발) + print(인쇄,자국)
footprint 발자국

foot(발) + **print**(인쇄, 자국): 발자국

scale [skeil]

n. 1 규모 2 저울, 눈금

바위의 스케일(규모)을 알아보려고
scale 저울에 올려 눈금을 읽다
1..50킬로..

바위의 **스케일**(규모)을 알아보려고 저울에 올려 눈금을 읽다

misty [místi]

a. 안개 낀

mist
안개

미스 김이 튀었다
misty
미스김
안개 낀 날씨를 이용하여

인질범에게 잡힌 **미스** 김이 **튀**었다. 안개 낀 날씨를 이용하여

tune
[tjuːn]

n. 멜로디 v. 조율하다

멜로디에 맞춰 춤을 춘
tune

멜로디에 맞춰 춤을 **춘**. 멜로디를 조율하다

ancestor
[ǽnsestər]

n. 선조, 조상

앤 sister(누나)는 내 손주들의
ancestor
선조, 조상
앤

사진에 있는 **앤 sister**(누나)는 내 아이들의 선조, 조상

direction
[dirékʃən]

n. [1] 방향 [2] 지시

뒤랬어!
direction 방향, 지시

가야 할 방향이 **뒤랬선!**(뒤랬어!) 즉, 방향, 지시

direct
[dirékt, dairékt]

[1] a. 직접적인 [2] v. 지시하다

directly 바로, 직접
director 지휘자, 감독

1. **디렉트!**(뒤랬어!), 돌아가지 말고 뒤로 직접 가라고 지시하다
2. **direction**(방향, 지시)의 동사형: 지시하다

072

예문 Can you see that **tiny** bird over there? 저기 작은 새가 보이나요? / [1] We **occasionally** see a movie after work. 우리는 가끔 퇴근 후에 영화를 보러 간다. [2] The damage couldn't have been caused **occasionally**. 그 피해가 우연히 생겼을 리가 없다. / The firefighters have enormous pride in their **profession**. 소방관들은 그들의 직업에 엄청난 자부심을 가지고 있다. / **Footprints** remained in the snow. 눈 위에 발자국들이 남아 있었다. / [1] The film was made on a large **scale**. 그 영화는 대규모로 제작되었다. [2] Set the **scale** to zero. 눈금을 0에 맞추어라. / This morning is **misty** and so cold. 오늘 아침은 안개가 끼어 있고 몹시 춥다. / She played a **tune** on her guitar. 그녀가 기타로 한 멜로디를 연주했다. / Where are your **ancestors** from? 당신의 조상들은 어디 출신입니까? / [1] All gates are in that **direction**. 모든 출입구가 저쪽 방향에 있다. [2] I can't follow your **direction**. 저는 당신의 지시를 따를 수 없습니다. / [1] a **direct** flight 직항 비행기 [2] The conductor **directed** the team to play loudly. 지휘자는 팀에게 큰 소리로 연주하도록 지시했다.

복습문제

□□□ tiny	□□□ footprint	□□□ tune	□□□ direct
□□□ occasionally	□□□ scale	□□□ ancestor	
□□□ profession	□□□ misty	□□□ direction	

01 1강 단위 복습 05 5강 단위 복습 15 15강 단위 복습 30 30강 단위 복습

다음 단어들의 뜻이 1초 내에 생각나지 않으면 각 강의 단위에 표시를 하고 표시한 단어들을 다시 복습하세요.
(학원이나 학교의 숙제용 주관식 문제는 별도로 p.246~p.260에 있습니다.)

단어						
arrange	01	05	15	30	30	30
reputation	01	05	15	30	30	30
spade	01	05	15	30	30	30
magnetic	01	05	15	30	30	30
ax	01	05	15	30	30	30
concept	01	05	15	30	30	30
vinegar	01	05	15	30	30	30
wipe	01	05	15	30	30	30
feather	01	05	15	30	30	30
occur	01	05	15	30	30	30
itch	01	05	15	30	30	30
nest	01	05	15	30	30	30
former	01	05	15	30	30	30
attract	01	05	15	30	30	30
chop	01	05	15	30	30	30
chopstick	01	05	15	30	30	30
eager	01	05	15	30	30	30
planet	01	05	15	30	30	30
pork	01	05	15	30	30	30
lifelong	01	05	15	30	30	30
tiny	01	05	15	30	30	30
occasionally	01	05	15	30	30	30
profession	01	05	15	30	30	30
footprint	01	05	15	30	30	30
scale	01	05	15	30	30	30
misty	01	05	15	30	30	30
tune	01	05	15	30	30	30
ancestor	01	05	15	30	30	30
direction	01	05	15	30	30	30
direct	01	05	15	30	30	30

파생어, 숙어 복습

repute	01	05	15	30	30	30
magnet	01	05	15	30	30	30
conception	01	05	15	30	30	30
attraction	01	05	15	30	30	30
occasional	01	05	15	30	30	30
occasion	01	05	15	30	30	30
professional	01	05	15	30	30	30
mist	01	05	15	30	30	30
directly	01	05	15	30	30	30
director	01	05	15	30	30	30

경선식에듀 1:1 Online-Care 수강생 후기

영덕중학교 3학년 조*현 수강생 - 하루 2시간 주 6일 학습 및 관리

3개월 만에 고2전국모의고사 58점 → 98점

입반 테스트	고2모의고사 58점
▶ 3개월 만에	고2모의고사 98점 (40점 상승)

지금껏 몇 년 동안 했던 영어공부보다 경선식에듀 Online-Care에서의 3달이 더 알차고 효과적이었습니다.

선생님의 강의는 제가 들어본 강의 중 가장 최고였습니다.

원래는 하루에 20단어씩 암기했던 제가 하루에 100~150단어씩 암기했고 5배 정도는 더 빠르게 암기했던 것 같습니다. 일주일이면 사라지던 단어가 1달~2달이 지나도 계속 기억이 났습니다.

그리고 저는 분사구문, 관계대명사 부분이 어려웠는데 초등학생도 이해할 수 있을 정도로 완벽하게 가르쳐 주시더라고요. 다른 학원에서는 기초문법부터 다루는 웜업 강의를 건너뛰고 넘어가지만 경선식에듀에서는 완벽하게 할 수 있어서 좋았습니다. 그리고 문법을 독해에 적용하는 방법까지 가르쳐 주셔서 독해 기초실력까지 향상되는 것을 느낄 수가 있었습니다.

그리고 시험시간이 턱없이 부족했었는데 유형별 풀이비법으로 15분이나 줄여주어 실전에서 진짜 점수를 대폭 향상시킬 수 있었다고 생각합니다.

입반고사로 고등학교 2학년 모의고사를 봤을 때는 58점이 나왔었는데, 3달을 공부하고 나니깐 98점까지 올랐더라고요.

강의를 시청하기 전에는 감으로 대충대충 하는 독해를 했었는데 경선식영문법과 독해를 듣고 나니깐 완벽하게 독해를 할 수 있게 되었습니다.

어떤 문제집이든 어떤 모의고사의 문제든 보고 나면 한 번에 독해할 수 있을 정도의 수준이 되었습니다. 단기간에 이런 독해 능력을 가지게 된 것이 굉장히 놀랍습니다.

지금껏 몇 년 동안 했던 영어공부보다 경선식에듀 Online-Care에서의 3달이 더 알차고 효과적이었습니다.

freezing a. 몹시 추운
[fríːziŋ]

freeze
얼다 (freeze-froze-frozen)

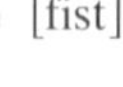

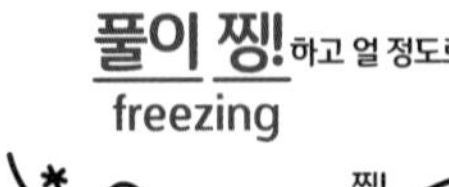

풀이 찡! 하고 얼어버릴 정도로 몹시 추운

fist n. 주먹
[fist]

때리려고 하다가 피스(폈수) two(2)개의
fist 주먹을

때리려고 하다가 **피스**(폈수), **two**(2)개의 주먹을

holy a. 성스러운, 신성한
[hóuli]

신에게 **홀리**는 성스러운, 신성한 교회

anthem n. 노래, 성가
[ǽnθəm]

앤이 **song**(노래)하는 노래, 성가

lung n. 폐, 허파
[lʌŋ]

long(긴) 소리를 낼 때는 입이 아니고 폐, 허파에서 내야 한다.

account n. ¹ (예금) 계좌 ² 설명, 이야기
[əkáunt]

은행원이 금액의 숫자를 **a**(하나) 하나 **count**(세면서) 예금 계좌에 얼마의 금액이 남았는지 설명하는

chief
[tʃiːf]

a. 최고의, 주요한 n. 우두머리

chiefly
주로, 대개

반도체 칩은 최고의, 주요한
chief
수출품
삼성
수출 1위 대한민국
2위
3위
4위

반도체 **칩**은 우리나라 최고의, 주요한 수출품으로 우리나라가 세계에서 우두머리

harvest
[háːrvist]

n. 수확, 추수

(태풍이 지나간 후...)
수확한 사과의
합이 수(숫자) two뿐
harvest

태풍이 지나간 후에 수확한 사과의 **합이 수**(숫자) **two**(2)뿐

stream
[striːm]

n. 시내, 개울, 흐름

水(물 수) 옆에서 트림하다
stream
시내, 개울
끄어억

水(물 **수**) 옆에서 **트림**하다, 즉 시내, 개울가에서 물고기를 먹고 트림하다

object
n. [㊀ábdʒikt, ábdʒekt] [㊂ɔ́bdʒikt]
v. [əbdʒékt]

[1] n. 물건, 물체 [2] n. 목표, 대상
[3] v. 반대하다

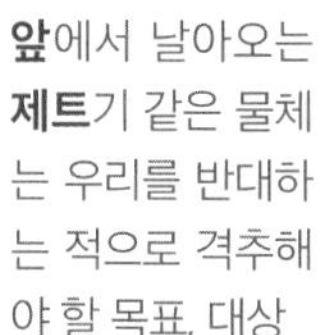

앞에서 날아오는 제트기 같은 물체
object
격추해야 할
목표, 대상
우리를 반대하다

앞에서 날아오는 **제트**기 같은 물체는 우리를 반대하는 적으로 격추해야 할 목표, 대상

예문 It's **freezing** today. 오늘 엄청 춥다. / The boxer beat his opponent with his **fist**. 그 권투선수는 주먹으로 상대방을 때렸다. / The palace is a **holy** place. 그 궁전은 성스러운 장소이다. / The concert started with the national **anthem**. 음악회는 국가 연주로 시작되었다. / He's suffering from **lung** cancer. 그는 폐암으로 고통받고 있다. / [1] a bank **account** number 은행 계좌 번호 [2] Your **account** about the war is wrong. 그 전쟁에 관한 당신의 설명은 틀립니다. / What are the country's **chief** exports? 그 나라의 주요 수출품이 무엇인가? / We will probably have a good **harvest** this year. 올해는 아마도 풍년이 들 것 같다. / The **stream** flows across the valley. 개울은 계곡을 가로질러 흐른다. / [1] a distant **object** 멀리 있는 물체 [2] She left college with the **object** of going into business. 그녀는 사업계에 뛰어들 목적으로 대학을 떠났다. [3] I **object** to your opinion. 나는 당신의 의견에 반대한다.

복습문제

□□□ freezing	□□□ anthem	□□□ chief	□□□ object
□□□ fist	□□□ lung	□□□ harvest	
□□□ holy	□□□ account	□□□ stream	

shelf [ʃelf] n. 선반

물은 셀프
shelf
선반

'물은 **셀프**'라고 써놓은 식당의 선반

defeat [difíːt] n. 패배 v. 패배시키다, 물리치다

등 뒤에 피를 흘리며 도망치게 하다
defeat
패배, 패배시키다

등 **뒤**에 **피**를 흘리며 도망치게 하다, 즉 패배, 패배시키다

cage [keidʒ] n. 우리, 새장

우리, 새장
K
케이(K)-쥐
cage

케이(K)라는 이름의 **쥐**가 갇혀있는 우리, 새장

kidnap [kídnæp] v. 유괴하다, 납치하다

kid(아이)를 냅다 채가서
kidnap
유괴하다, 납치하다

kid(아이)를 **냅**다 채가서 유괴하다, 납치하다

bold [bould] a. 대담한, 용감한

충돌 위험에도 ball을 잡으려고
두 수비수가 달려들다니
bold
대담한, 용감한

타자가 친 **ball**(공) 쪽으로 **두** 수비수가 충돌을 무릅쓰고 달려들 정도로 대담한, 용감한

appeal [əpíːl] ¹ v. 애원하다, 호소하다 ² v. 마음을 끌다 n. 매력

1. 근육질 남자가 마음을 끌다, 그래서 그 사람 등에 **업힐** 것을 애원하다
2. 엄마에게 **업힐** 것을 애원하다, 호소하다

근육질 등판이
마음을 끌다
한 번만 업어주세요
업힐 것을 애원하다
appeal

pregnant
[prégnənt]

a. 임신한

pregnancy
임신

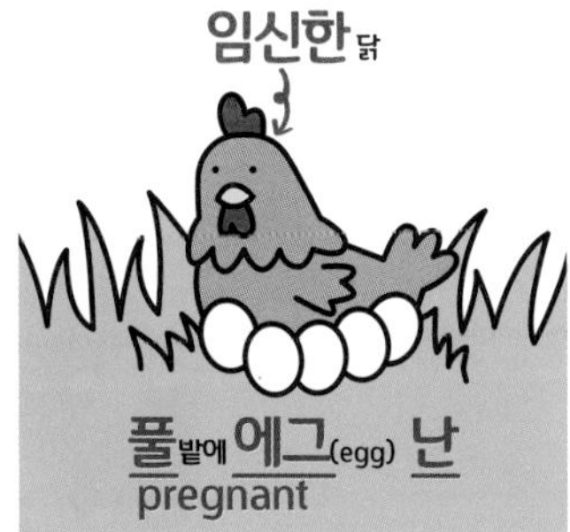

풀밭에 **egg**(달걀)을 **난**(낳은) 임신한 암탉

math
[mæθ]

n. 수학

mathematics
수학

숫자가 **맷 수**(몇 수)인가 계산하는 수학

counsel
[káunsəl]

v. 상담하다, 조언하다
n. 상담, 조언

counseling
개인 상담

흰 **까운**을 입은 의사가 환자에게 **설**명하며 상담하다, 조언하다

architecture
[ɑ́:rkitèktʃər]

n. 건축, 건축물

목공들이 북과 같은 **악기**를 치듯 망치를 택! **택! 쳐**서 못을 박는 건축, 건축물

예문 Put the dishes on the **shelf**. 그릇을 선반 위에 놓으세요. / They **defeated** their enemy. 그들은 그들의 적을 물리쳤다. / The tiger is locked in a **cage**. 호랑이가 우리에 갇혀있다. / Two children have been **kidnapped** by terrorists. 두 명의 아이가 테러범들에게 유괴당했다. / a **bold** action 대담한 행동 / 1 The boy **appealed** to his father for support. 그 소년은 아버지에게 지지를 호소했다. 2 The policy will **appeal** to the young. 그 정책은 젊은 사람들의 마음을 끌 것이다. / It seems that she's **pregnant**. 그녀는 임신한 것처럼 보인다. / She's good at **math**. 그녀는 수학을 잘한다. / His job is to **counsel** married couples. 그의 직업은 결혼한 부부를 상담하는 것이다. / Florence is famous for its ancient **architecture**. 피렌체는 고대 건축물로 유명하다.

복습문제

□□□ shelf
□□□ defeat
□□□ cage
□□□ kidnap
□□□ bold
□□□ appeal
□□□ pregnant
□□□ math
□□□ counsel
□□□ architecture

08

participate v. 참여하다, 참가하다
[pɑːrtísəpèit]

participate in
~에 참가하다

파티(에)서 나를 빼이트(빼다)
participate 하지만
★파티장★
넌 파티서 뺐잖아!
나도 껴줘!
참여하다, 참가하다

파티(에)서 나를 빼이트(뺐지만) 그래도 참여하다, 참가하다

right [1] a. 옳은 [2] a. 오른쪽의 [3] n. 권리
[rait]

나이트 클럽에 들어갈 수 있는
right
권리
NIGHT CLUB
20세
20세

20세가 되어 갖게 된 **나이트**클럽에 들어갈 수 있는 권리

---

sufficient a. 충분한
[səfíʃənt]

sufficiently
충분히

써, 마음대로 피셔(피우셔)
sufficient
네 담배 써도 돼?
충분한

아저씨들끼리 "내 담배 **써,** 마음대로 **피셔**(피우셔)." 할 정도로 담배가 충분한

suck v. 빨아들이다, 빨다
[sʌk]

빨대로 쏙쏙 빨아들이다
suck
쏙!
쏙!

빨대로 **쏙쏙** 빨아들이다, 사탕을 **쏙쏙** 빨다

---

drawer n. 서랍
[drɔ́ːər]

잡동사니와 쓰레기를 넣어 드러워!
drawer
서랍

각종 잡동사니와 쓰레기를 넣어 **드러워**진(더러워진) 서랍

deposit v. (돈 · 물품 등을) 맡기다, 두다
n. 보증금
[dipɑ́zit]

달리면 지갑이 주머니에서 **뒤**로 **빠짓**(빠질)까 봐 친구에게 지갑을 맡기다

달리면 뒤로빠질까봐
deposit
322
지갑을
맡기다

detect
[ditékt]

v. 발견하다, 탐지하다

뒤에서 택! 잡다, 즉 경찰이 뒷모습만 보고도 범인을 발견하다, 탐지하다

donation
[dounéiʃən]

n. 기부, 기증

donate
기부하다, 기증하다
(-ate: 동사형 어미)

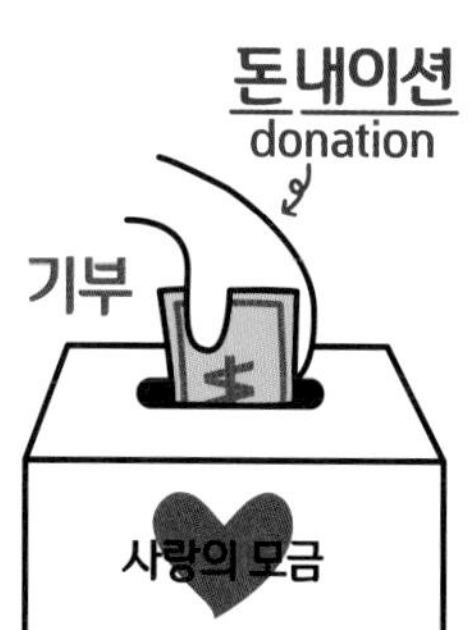

돈을 내이션(내서), 즉 기부, 기증

organ
[ɔ́ːrgən]

n. [1] (생물의) 기관, 장기
[2] 오르간(악기)

organism
유기체, 생물

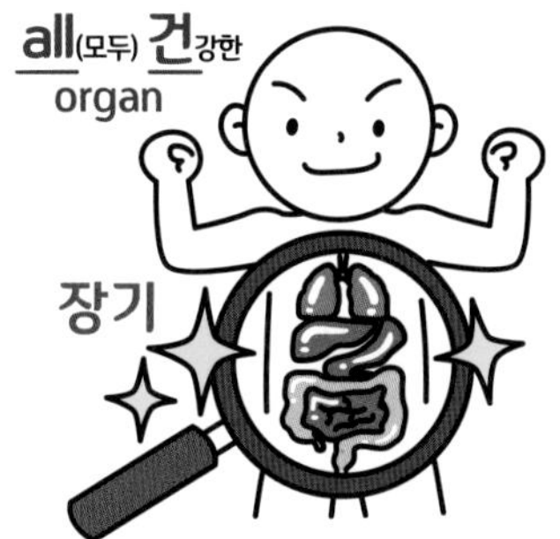

건강검진 결과 all(모두) 건강한 장기

organic
[ɔːrgǽnik]

a. 유기농의, 화학비료를 쓰지 않는

화학비료 대신 올갱이(다슬기)를 논에 키워 해충을 잡아먹게 하는 유기농의, 화학비료를 쓰지 않는

예문 This year I plan to **participate** in the festival. 올해 나는 그 축제에 참가할 계획이다. / [1] Am I going in the **right** direction? 제가 옳은 길로 가고 있나요? [2] He wears a watch on his **right** wrist. 그는 오른손 팔목에 시계를 차고 있다. [3] the **right** to vote 투표할 권리 / We have **sufficient** rice to feed everyone. 우리는 모든 사람을 먹일 만큼 충분한 쌀이 있다. / I used to **suck** my thumb as a child. 나는 아이였을 때 엄지손가락을 빨곤 했다. / He hid the gun in a **drawer**. 그는 서랍 속에 총을 감췄다. / Where can I **deposit** valuables? 귀중품은 어디에 맡기나요? / I **detected** the man stealing money. 나는 그 남자가 돈을 훔치는 것을 발견했다. / The comedian made a generous **donation** to charity. 그 코미디언은 자선단체에 후한 기부를 했다. / [1] He signed up to donate his **organs** after death. 그는 사후에 자신의 장기를 기증하겠다고 서명했다. [2] My sister plays the **organ** in church. 우리 언니는 교회에서 오르간을 연주한다. / **Organic** food is more expensive. 유기농 식품은 더 비싸다.

복습문제

□□□ participate
□□□ right
□□□ sufficient
□□□ suck
□□□ drawer
□□□ deposit
□□□ detect
□□□ donation
□□□ organ
□□□ organic

01 1강 단위 복습 05 5강 단위 복습 15 15강 단위 복습 30 30강 단위 복습

다음 단어들의 뜻이 1초 내에 생각나지 않으면 각 강의 단위에 표시를 하고 표시한 단어들을 다시 복습하세요.
(학원이나 학교의 숙제용 주관식 문제는 별도로 p.246~p.260에 있습니다.)

freezing	01	05	15	30	30	30
fist	01	05	15	30	30	30
holy	01	05	15	30	30	30
anthem	01	05	15	30	30	30
lung	01	05	15	30	30	30
account	01	05	15	30	30	30
chief	01	05	15	30	30	30
harvest	01	05	15	30	30	30
stream	01	05	15	30	30	30
object	01	05	15	30	30	30
shelf	01	05	15	30	30	30
defeat	01	05	15	30	30	30
cage	01	05	15	30	30	30
kidnap	01	05	15	30	30	30
bold	01	05	15	30	30	30
appeal	01	05	15	30	30	30
pregnant	01	05	15	30	30	30
math	01	05	15	30	30	30
counsel	01	05	15	30	30	30
architecture	01	05	15	30	30	30
participate	01	05	15	30	30	30
right	01	05	15	30	30	30
sufficient	01	05	15	30	30	30
suck	01	05	15	30	30	30
drawer	01	05	15	30	30	30
deposit	01	05	15	30	30	30
detect	01	05	15	30	30	30
donation	01	05	15	30	30	30
organ	01	05	15	30	30	30
organic	01	05	15	30	30	30

파생어, 숙어 복습

freeze	01	05	15	30	30	30
chiefly	01	05	15	30	30	30
pregnancy	01	05	15	30	30	30
mathematics	01	05	15	30	30	30
counseling	01	05	15	30	30	30
participate in	01	05	15	30	30	30
sufficiently	01	05	15	30	30	30
donate	01	05	15	30	30	30
organism	01	05	15	30	30	30

동사의 과거, 과거분사형 복습

freeze ______ – ______ 01 05 15 30 30 30

경쌤's TIP

다시 한 번 명심하세요!

1 더욱 빠르고 오래 암기하기 위하여 동영상 강의를 활용하세요.

2 강의 활용시 절대 필기하지 마세요! 강의에 100% 집중하세요.

3 1, 2권 모든 단어를 100% 암기하기 전에는 예문은 공부하지 마세요!

4 암기할 때 단어의 뜻과 관련된 연상에 집중하고 감정이입을 통해 그 뜻을 강하게 느끼거나 생각하면서 암기하세요.

5 2페이지마다 있는 복습, 각 강마다 있는 복습을 통해 모든 단어의 뜻을 1초 내에 바로 말할 수 있도록 완벽하게 복습하세요.

6 강의에 어느 정도 익숙해졌다면 암기에 방해되지 않는 선에서 강의 배속을 빠르게 하여 들어보세요. 더 많은 시간을 절약할 수 있습니다.

09강

philosopher n. 철학자
[(미) filásəfər]
[(영) filɔ́səfər]

philosophy 철학

담배를 필라, 소파에서
philosopher
깊은 생각에 빠진
철학자

담배를 **필라, 소파**에서, 즉 깊은 생각에 빠진 철학자

logic n. 논리, 논리학
[(미) ládʒik]
[(영) lɔ́dʒik]

logical
논리적인
(-cal: 형용사형 어미)

흥분하지 않고 나직한 목소리로
logic
아니야! 싫어! 악악!
이건 이렇기 때문에...
저건 저렇기 때문에...
논리적으로 말하다

흥분한 목소리가 아닌 **나직**한 목소리로 논리적으로 말하다

pharmacy n. 약국
[fá:rməsi]

팔에 못이 박혀서
pharmacy
약국
달려간 약국

팔에 **못이** 박혀 치료약을 구하러 달려간 약국

passion n. 열정
[pǽʃən]

passionate
열정적인

앙드레 김의 패션에 대한 열정
passion

패션디자이너 앙드레 김이 가졌었던 **패션**에 대한 열정

role n. 역할
[roul]

play a ~ role
~한 역할을 하다

놀 수 없어요
role
맡은 역할이 있어서
팀장

놀 수 없어요, 팀장으로서 맡은 역할이 있어서

temporary a. 일시적인, 임시의
[(미) témpərèri]
[(영) témpərəri]

수영하고 나서 추워서 입술이 퍼런 것은 **ten**(10)분 정도만 **퍼러리**, 즉 일시적인, 임시의 현상

추워서 입술이 ten(10)분 정도만 퍼러리
temporary
10분 후
일시적인,
임시의 현상

equipment
[ikwípmənt]

n. 장비, 용품, 장비 설치

이를(이빨을) 교정한 상태로 **keep**(유지하는) 장치가 이빨마다 **많다**. 즉, 치아교정 장비, 장비 설치

이를(이빨을) keep(유지하는)
equipment
장치가 많다
치아교정 장비, 장비 설치

relevant
[réləvənt]

a. 관계있는, 적절한

몸을 **낼려**(날려) **번트**를 댄 것은 팀 작전과 관계있는, 적절한 공격

몸을 낼려(날려) 번트를 댄 것은
relevant
1 out
팀 작전과 관계있는, 적절한 공격

soil
[sɔil]

n. 흙, 땅

소가 일하는
soil
흙, 땅

밭을 갈면서 **소**가 **일**하는 흙, 땅

annual
[ǽnjuəl]

a. 1년의, 해마다의

annually
매년, 1년에 한 번씩

해마다 애가 new 얼굴로 변함
annual
재작년
작년
올해
1년의, 해마다의

쑥쑥 자라서 해마다 **애**가 **new 얼**굴로 변한다, 즉 1년의, 해마다의 변화

예문 Plato was a Greek **philosopher.** 플라톤은 그리스의 철학자였다. / I don't understand your **logic.** 나는 너의 논리를 이해하지 못하겠어. / Please buy me some medicine from a **pharmacy.** 약국에서 약 좀 사다 주세요. / He was **passionate** about his work. 그는 자신의 일에 열정적이었다. / What's your **role** in this play? 이 연극에서 당신의 역할은 무엇입니까? / He has gotten a **temporary** job. 그는 임시 직장을 얻었다. / The first sports **equipment** that man invented was the ball. 인간이 발명한 첫 번째 스포츠 장비는 공이었다. / Please ask a **relevant** question. 관련 질문을 하십시오. / The **soil** here is good for farming. 이곳의 흙은 농사짓기에 좋다. / an **annual** event 연례행사

복습문제

□□□ philosopher □□□ passion □□□ equipment □□□ annual
□□□ logic □□□ role □□□ relevant
□□□ pharmacy □□□ temporary □□□ soil

controversy n. 논쟁, 논의

[미 kántrəvə̀:rsi]
[영 kɔ́ntrəvə̀:rsi, kəntrɔ́vəsi]

controversial
논쟁의 여지가 있는

얼굴을
큰(크게) 틀어 마치 벌씹은 표정으로
controversy

벌이라도 씹은 표정들이야...
말도 안돼!
그건 아니지!
논쟁, 논의

흥! 하고 얼굴을 **큰**(크게) **틀어** 벌 **씹은** 표정으로 논쟁, 논의

dot n. 점 v. 점을 찍다

[미 dɑt]
[영 dɔt]

점 com

땡처리닷컴 → 땡처리.com
dot

롯데닷컴 → 롯데.com
dot

닷 컴(.com)의 닷은 점, 점을 찍다

kite n. 연

[kait]

가위로 종이를 오려서 **뜨**게 만든 연

mass [1] n. 많은 양 a. 대량의 [2] n. 큰 덩어리

[mæs]

많은 양의 큰쇳 덩어리맸으
mass

죄수의 발목에 **맸으**, 쇠로 만든 많은 양의 큰 덩어리를

formal a. 격식을 차린, 공식적인

[fɔ́:rməl]

informal
비공식적인
(in-: ~이 아닌)

격식을 차린, 공식적인

폼을 중요시하는, 즉 옷이나 행동에 있어 격식을 차린, 공식적인

current [1] a. 현재의 [2] n. 흐름

[kə́:rənt]

currently
현재, 최근에

고런(그런) 투로 말하는 것이
current
역시 넌 얼죽아구나
현재의 세상 흐름

고런(그런) **투**로 말하거나 행동하는 것이 현재의 세상 흐름

spot
[㊊spɑt]
[㊈spɔt]

n. 1 얼룩 2 장소, 지점

쑥밭의 얼룩덜룩한
spot
장소

쑥밭의 얼룩덜룩한 장소

bank
[bæŋk]

n. 1 은행 2 둑, 제방

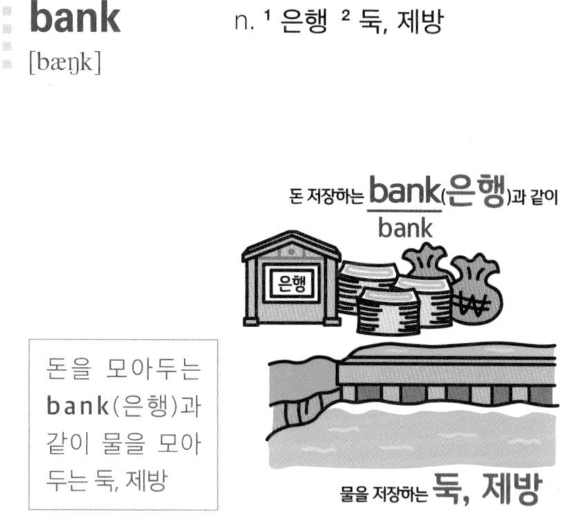
돈 저장하는 bank(은행)과 같이
bank
은행
물을 저장하는 둑, 제방

돈을 모아두는 bank(은행)과 같이 물을 모아 두는 둑, 제방

ray
[rei]

n. 광선

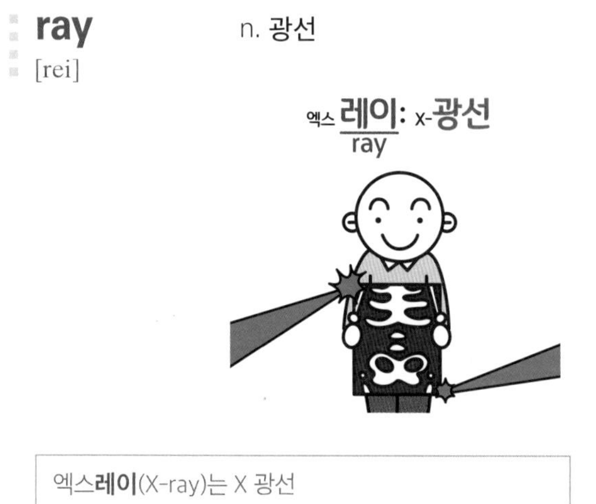
엑스 레이: X-광선
ray

엑스레이(X-ray)는 X 광선

leak
[liːk]

v. (가스·액체 등이) 새다

이크!
leak
방귀가
새다

"이크! 방귀가 새어 나왔네." 즉, 새다

예문 The politician's remarks are causing great **controversy.** 그 정치인의 발언이 큰 논란을 일으키고 있다. / a **dotted** line 점선 / The boy is flying a colorful **kite.** 소년이 알록달록한 연을 날리고 있다. / 1 a **mass** of letters 대량의 편지 2 a **mass** of iron 쇳덩이 / We have to wear **formal** dress for dinner. 만찬에는 정장 차림을 해야 한다. / 1 The **current** economic situation is very serious. 현재 경제 상황이 상당히 심각하다. 2 electrical **current** 전류 / 1 a white skirt with red **spots** 빨간 얼룩무늬가 있는 하얀 치마 2 Go back to the **spot.** 그 지점으로 돌아가라. / 1 I keep all my money in the **bank.** 나는 내 돈 모두를 은행에 저축한다. 2 We ran along the **banks** of the river. 우리는 강둑을 따라 달렸다. / the **rays** of the sun 태양 광선 / Whenever it rains, the roof **leaks.** 비만 오면 지붕이 샌다.

복습문제

□□□ controversy □□□ mass □□□ spot □□□ leak
□□□ dot □□□ formal □□□ bank
□□□ kite □□□ current □□□ ray

fry n. 튀김 v. 튀기다
[frai]

계란 후라이
fry
튀김, 튀기다

'계란 **후라이**, 후렌치 **후라이**'에서 후라이는 튀김, 튀기다

permit v. 허락하다, 허가하다
[pərmít]

permission
허가, 승인
(-sion: 명사형 어미)

엄마가 펌(퍼머) it(그것을)
permit
방학이니까 OK
허락하다, 허가하다

엄마가 **펌**(퍼머) **it**(그것을) 허락하다, 허가하다

scholar n. 학자
[㉠skάlər]
[㉢skɔ́lə]

school(학교)에서 연구하는 ar(사람)
scholar
학자

school(학교)에서 연구하는 **ar**(사람), 즉 학자

commercial a. 상업의, 상업적인
[kəmə́:rʃəl]

새로 출시된 **car**(차) 앞에 손님들을 **모셜**(모셔). 차를 홍보하며 파는 상업의, 상업적인 행위

car(차) 앞에 손님들을 모셜(모셔)
commercial
홍보하며 파는
신차 발매 이벤트
NEW
상업의, 상업적인

emergency n. 비상사태, 위급
[imə́:rdʒənsi]

임마! 전시야!
emergency
비상사태

"**임마! 전시**야! 지금은 전쟁 중이야!" 즉, 비상사태, 위급

secretary n. 비서
[㉠sékrətèri]
[㉢sékrətəri]

"커피 좀 **새**로 **끓여!** 그리고 먼지 **털이** 좀 해!" 하고 비서에게 시키다

비서에게
커피 새로 끓여!
그리고 먼지 털이 좀 해!
secretary
사장

demon
n. 악마, 귀신

[díːmən]

악마, 귀신
너 뒤 뭔가 있어!
demon

"너 **뒤**에 **뭔**가가 있어!" 악마, 귀신

ideal
n. 이상 a. 이상적인

[aidíːəl]

가장 이상적인
아이디얼(아이디어를) 생각해냈어!
ideal

가장 이상적인 **아이디얼**(아이디어를) 생각해냈어!

chemical
a. 화학의, 화학적인

[kémikəl]

chemistry
화학

화학의, 화학적인 회사

롯데 케미칼 SK 케미칼

chemical

롯데**케미칼**, SK**케미칼** 회사들은 화학 회사, 즉 화학의, 화학적인

frightful
a. 무서운

[fráitfəl]

frighten
겁먹게 하다
(-en: 동사형 어미)

후라이하는 two(2) 팔
frightful
무서운

후라이를 만들려고 **two**(2) **팔**을 튀기는 무서운 마귀 할멈

예문 Mom **fried** a chicken for dinner. 엄마가 저녁으로 닭을 튀겨주셨다. / Sitting on lawns is not **permitted**. 잔디밭에 앉는 것은 허락되지 않는다. / The **scholar** published a book. 그 학자는 책을 출판했다. / the **commercial** area of the city 그 도시의 상업 지역 / This door should be open in an **emergency**. 이 문은 비상시에는 열려 있어야 한다. / She is the **secretary** to the president. 그녀는 사장 비서이다. / the **demons** from Hell 지옥에서 온 악마들 / This school is **ideal** for children. 이 학교는 아이들에게 이상적이다. / He's doing a **chemical** experiment. 그는 화학 실험을 하고 있다. / It was a **frightful** accident. 그것은 무서운 사고였다.

복습문제

□□□ fry　□□□ commercial　□□□ demon　□□□ frightful

□□□ permit　□□□ emergency　□□□ ideal

□□□ scholar　□□□ secretary　□□□ chemical

복습하기

01 1강 단위 복습 05 5강 단위 복습 15 15강 단위 복습 30 30강 단위 복습

다음 단어들의 뜻이 1초 내에 생각나지 않으면 각 강의 단위에 표시를 하고 표시한 단어들을 다시 복습하세요.
(학원이나 학교의 숙제용 주관식 문제는 별도로 p.246~p.260에 있습니다.)

단어						
philosopher	01	05	15	30	30	30
logic	01	05	15	30	30	30
pharmacy	01	05	15	30	30	30
passion	01	05	15	30	30	30
role	01	05	15	30	30	30
temporary	01	05	15	30	30	30
equipment	01	05	15	30	30	30
relevant	01	05	15	30	30	30
soil	01	05	15	30	30	30
annual	01	05	15	30	30	30
controversy	01	05	15	30	30	30
dot	01	05	15	30	30	30
kite	01	05	15	30	30	30
mass	01	05	15	30	30	30
formal	01	05	15	30	30	30
current	01	05	15	30	30	30
spot	01	05	15	30	30	30
bank	01	05	15	30	30	30
ray	01	05	15	30	30	30
leak	01	05	15	30	30	30
fry	01	05	15	30	30	30
permit	01	05	15	30	30	30
scholar	01	05	15	30	30	30
commercial	01	05	15	30	30	30
emergency	01	05	15	30	30	30
secretary	01	05	15	30	30	30
demon	01	05	15	30	30	30
ideal	01	05	15	30	30	30
chemical	01	05	15	30	30	30
frightful	01	05	15	30	30	30

파생어, 숙어 복습

philosophy	01	05	15	30	30	30
logical	01	05	15	30	30	30
passionate	01	05	15	30	30	30
play a ~ role	01	05	15	30	30	30
annually	01	05	15	30	30	30
controversial	01	05	15	30	30	30
informal	01	05	15	30	30	30
currently	01	05	15	30	30	30
permission	01	05	15	30	30	30
chemistry	01	05	15	30	30	30
frighten	01	05	15	30	30	30

세계 여러 논문에 실린 연상법의 탁월한 효과(1)

제목

Retention of foreign vocabulary learned using the keyword method: a ten-year follow-up
(연상법을 사용하여 배운 외국어 어휘에 대한 기억력: 10년간의 추적조사)

발행처

Taylor & Francis (영국)

This article assesses one individual's level of recall for foreign vocabulary learned ten years previously using the keyword method(연상법). Without any revision at all, he remembered 35% of the test words with spelling fully correct and over 50% with only very minor errors of spelling. After 10 minutes spent looking at a vocabulary list, recall increased to 65% and 76% respectively. After a period of revision lasting a further 1½ hours, recall was virtually 100%. This level of recall was maintained for at least one month. The results indicate that 1) the keyword method (as incorporated in Linkword courses) may be used to learn a large list of vocabulary; and 2) this method of learning is not inimical to retention in the long term.

요약

어떤 사람이 10년 전에 연상법으로 암기한 외국어 단어들에 대해 어떠한 복습도 전혀 하지 않았지만 그 단어들의 35%를 스펠링까지 정확하게 기억해냈고, 50%가 넘는 단어들은 스펠링에서 매우 적은 실수를 했지만 기억해냈다. (10년이 지난 시점에) 10분 정도 그 단어들을 본 후 기억은 각각 65%, 76% 상승했다. 1시간 30분 공부한 후에 100% 다 기억했고 그 기억은 적어도 한 달간 유지되었다. 위의 결과는 연상법은 많은 양의 단어를 학습하는 데 사용될 수 있고 장기기억에 전혀 해가 되지 않는다는 것을 보여준다.

＊해마학습법(연상법)은 유치한 말장난이 아닙니다. 과학입니다.

국내 및 국제 암기대회에서 우승을 해왔던 암기왕들은 예외 없이 연상법을 사용하고 있습니다. 전 세계적으로 기억법(mnemonics) 중에서 연상법(the keyword method)을 활용한 많은 책, 논문, 교수법 등이 존재하고, 연상법은 탁월한 효과를 주는 방법으로 널리 인정되고 있습니다.

동영상 강의

evidence n. 증거
[évidəns]

애비가
돈 쓴 증거!
evidence
영수증
100,000
200,000
150,000

술집에서 쓴 신용카드 영수증을 시어머니가 며느리에게 보이며 "**애비**가 **돈**을 **쓴** 증거다."

evident a. 분명한, 명백한
[évidənt]

액자 뒤 비상금은 애비 돈이
evident

액자 뒤 비상금은 **애비 돈**이 분명한, 명백한

further a. 그 이상의 ad. 더욱, 더 멀리
[fə́:rðər]

furthermore
더욱이, 뿐만 아니라

그 이상의, 더욱 뻗어
further

1. 그 이상으로, 더욱 팔을 쭉 **뻗어**
2. **far**(멀리)의 비교급

barber n. 이발사
[bá:rbər]

머리를 영구처럼 **바보**로 깎아 놓은 이발사

dig v. 파다 (dig-dug-dug)
[dig]

디귿 모양으로 파다
dig

두더지가 굴을 '**디귿**(ㄷ)' 모양으로 파다

burst v. 폭발하다, 터뜨리다 (burst-burst-burst)
[bə:rst]

테러범의 폭탄에 **버스**가 **투~** 하고 폭발하다, 터뜨리다

rapid
[rǽpid]

a. 빠른, 신속한

rapidly
빠르게

"**내 피두**(피도) 써!" 하며 수혈이 시급한 환자에게 달려간 빠른, 신속한 속도

rage
[reidʒ]

n. 분노 v. 분노하다

고양이 톰이 쥐 제리에게 "**내 이 쥐**를 그냥!" 하며 분노, 분노하다

ethnic
[éθnik]

a. 민족의

독립 운동가들이 민족의 독립을 위해 **애쓰니**

sculpture
[skʌ́lptʃər]

n. 조각, 조각품

스윽 **칼**로 깎고 **붙여** 만든 조각, 조각품

예 문 This new **evidence** will prove his guilt. 이 새로운 증거가 그의 유죄를 입증해줄 것이다. / It's **evident** that he was disappointed. 그가 실망한 것이 분명하다. / I will tell you **further** details tomorrow. 더 자세한 것은 내일 말씀 드리겠습니다. / My friend and I go to the same **barber**. 나와 내 친구는 같은 이발소에 간다. / You should **dig** deeper to plant the tree. 그 나무를 심으려면 더 깊이 파야 해. / She **burst** that balloon. 그녀가 그 풍선을 터뜨렸다. / The Internet is making **rapid** changes in our society. 인터넷은 우리 사회에 급속한 변화를 일으키고 있다. / His father **raged** at him for his carelessness. 그의 아버지는 그의 부주의함을 두고 몹시 화내셨다. / Indian **ethnic** dress is very colorful. 인도 민족의상은 매우 화려하다. / These **sculptures** are made out of bronze. 이 조각품들은 청동으로 만들어졌다.

복습문제

□□□ evidence
□□□ evident
□□□ further
□□□ barber
□□□ dig
□□□ burst
□□□ rapid
□□□ rage
□□□ ethnic
□□□ sculpture

journey
[dʒə́ːrni]

n. 여행, 여정 v. 여행하다

"노를 **저어! 니**가!" 하며 배를 타고 여행, 여행하다

climate
[kláimət]

n. 기후

기후가 좋아 심기만 하면 잘 **클라이**(크다), **뭣**(이든)

organization
[ɔ̀ːrgənaizéiʃən]

n. 조직, 단체

organize
조직하다,
구조화하다

(들어)오거나 하려면 나이를 재셔
organization
노인회
70세 이하는 안 됩니다
저는 63세..
나이 제한 있는 조직, 단체

(들어)**오거나** 하려면 **나이**를 **재셔**, 즉 노인회와 같이 나이 제한을 두는 조직, 단체

modern
[(미)mɑ́dərn]
[(영)mɔ́dərn]

a. 현대의

modernism
현대 사상, 모더니즘
(-ism: ~주의, ~사상)

(임)마! 돈이 최고야! 현대의 세계에선
modern

(임)**마! 돈**이 최고야! 현대의 세계에선

surface
[sə́ːrfis]

n. 표면, 수면

방 표면을 살피스
surface

바늘을 찾으려고 **살피수**, 방 표면을

settle
[sétl]

v. [1] 정착하다 [2] 해결하다

settlement
정착, 해결

피난민들이 **새**로운 **틀**(집)에 정착하다, 그래서 주거 문제를 해결하다

immediate a. 즉시의, 당장의

[imíːdiət]

immediately
곧, 즉시

칼로 내려치는 순간 홍길동이 즉시의, 당장의 속도로 **이미** 적의 **뒤**에 **있다**

lunar a. 달의, 음력의

[lúːnər]

달 속에 비친 그리운 **누나**의 얼굴

dumb a. [1] 언어 장애인의 [2] 우둔한

[dʌm]

1. 물어도 답이 없이 **덤덤**한 언어 장애인의
2. 일을 이것저것 시켜도 못 알아듣고 **덤덤**한, 즉 우둔한

fat a. 살찐 n. 지방

[fæt]

살찐, 지방이 많은 친구에게 살을 **뺏!**(빼!)

예문 A long, tough **journey** is ahead of me. 길고 힘든 여행이 내 앞에 있다. / Our country has a mild **climate**. 우리나라는 온화한 날씨를 갖고 있다. / She is the new president of the **organization**. 그녀는 그 단체의 새 회장이다. / I am very interested in **modern** art. 나는 현대 미술에 매우 관심이 있다. / the earth's **surface** 지구 표면 / [1] The Dutch **settled** in South Africa. 네덜란드인들은 남아프리카에 정착했다. [2] The matter will be soon **settled**. 그 문제는 곧 해결될 것이다. / It's time to take **immediate** action. 즉각적인 조치를 취해야 할 때이다. / Today is the **lunar** New Year's Day. 오늘은 음력설이다. / [1] She's been **dumb** from birth. 그녀는 날 때부터 말을 못했다. [2] It's so **dumb** of you to say so. 그렇게 말하다니 너는 참 어리석다. / Dairy products are high in **fat**. 유제품은 지방 함량이 높다.

복습문제

□□□ journey
□□□ climate
□□□ organization
□□□ modern
□□□ surface
□□□ settle
□□□ immediate
□□□ lunar
□□□ dumb
□□□ fat

combination
n. 결합, 조합

[㊊kàmbinéiʃən]
[㊎kɔ̀mbinéiʃən]

combine
결합시키다,
연합시키다

큰 비 내리션. 그것은 저기압과 고기압이 결합, 조합했기 때문

edge
n. 모서리, 가장자리

[edʒ]

애가 **찌**이다(찧다), 모서리에

devil
n. 악마

[dévl]

大(큰 대) **불**이 이글거리며 불타는 모습의 악마

divide
v. 나누다, 쪼개다

[diváid]

홍길동이 **뒤**에 있는 **바위도** 둘로 나누다, 쪼개다

idle
a. 게으른, 나태한

[áidl]

아이들이 숙제도 하지 않고 TV만 보고 게으른, 나태한

fountain
n. 분수

[fáuntən]

땅을 **판** 곳에서 물이 **튄**, 즉 분수

gather
[gǽðər]

v. 모이다, 모으다

개들이 더 모이다, 모으다
gather

개에게 과자를 주자 동네 **개**들이 **더** 모이다, 모으다

vehicle
[víːikl]

n. 차량, 차

차량이 와서 비킬
vehicle
빵!
빵!

차량이 와서 옆으로 **비킬**(비키다)

aid
[eid]

v. 돕다 n. 도움

에이즈에 걸린 사람들을 돕다, 도움

jealous
[dʒéləs]

a. 질투심 많은, 시기하는

jealousy
질투
be jealous of
~을 질투하다

잘났수, 정말!
jealous
난 부자야
질투심 많은,
시기하는

"**잘났수**, 정말!" 하며 질투심 많은, 시기하는

예문 News magazines are a **combination** of newspaper and magazine. 뉴스 매거진은 신문과 잡지가 결합된 것이다. / the **edge** of the bed 침대 모서리 / The **devil** started a fire. 그 악마가 불을 질렀다. / My dad **divided** the watermelon into half. 아빠는 수박을 반으로 나누셨다. / We have no time to be **idle**. 우리는 게으름피우고 있을 시간이 없다. / Toss the coin into the **fountain**. 분수에 동전을 던져봐. / A group of students **gathered** in a corner of the school yard. 한 무리의 학생들이 학교 운동장 구석에 모였다. / Korean **vehicles** are selling well in the U.S. 한국 자동차들이 미국에서 잘 팔리고 있다. / My sister **aided** me to cook. 내 여동생은 내가 요리하는 것을 도와주었다. / She is very **jealous** of you. 그녀는 너를 매우 질투한다.

복습문제

□□□ combination　□□□ divide　□□□ gather　□□□ jealous
□□□ edge　□□□ idle　□□□ vehicle
□□□ devil　□□□ fountain　□□□ aid

10일

01 1강 단위 복습 05 5강 단위 복습 15 15강 단위 복습 30 30강 단위 복습

다음 단어들의 뜻이 1초 내에 생각나지 않으면 각 강의 단위에 표시를 하고 표시한 단어들을 다시 복습하세요.
(학원이나 학교의 숙제용 주관식 문제는 별도로 p.246~p.260에 있습니다.)

evidence	01 05 15 30 30 30	settle	01 05 15 30 30 30
evident	01 05 15 30 30 30	immediate	01 05 15 30 30 30
further	01 05 15 30 30 30	lunar	01 05 15 30 30 30
barber	01 05 15 30 30 30	dumb	01 05 15 30 30 30
dig	01 05 15 30 30 30	fat	01 05 15 30 30 30
burst	01 05 15 30 30 30	combination	01 05 15 30 30 30
rapid	01 05 15 30 30 30	edge	01 05 15 30 30 30
rage	01 05 15 30 30 30	devil	01 05 15 30 30 30
ethnic	01 05 15 30 30 30	divide	01 05 15 30 30 30
sculpture	01 05 15 30 30 30	idle	01 05 15 30 30 30
journey	01 05 15 30 30 30	fountain	01 05 15 30 30 30
climate	01 05 15 30 30 30	gather	01 05 15 30 30 30
organization	01 05 15 30 30 30	vehicle	01 05 15 30 30 30
modern	01 05 15 30 30 30	aid	01 05 15 30 30 30
surface	01 05 15 30 30 30	jealous	01 05 15 30 30 30

파생어, 숙어 복습

furthermore	01 05 15 30 30 30	immediately	01 05 15 30 30 30
rapidly	01 05 15 30 30 30	combine	01 05 15 30 30 30
organize	01 05 15 30 30 30	jealousy	01 05 15 30 30 30
modernism	01 05 15 30 30 30	be jealous of	01 05 15 30 30 30
settlement	01 05 15 30 30 30		

동사의 과거, 과거분사형 복습

dig	—		01 05 15 30 30 30
burst	—		01 05 15 30 30 30

경쌤's TIP

축하합니다. 여러분은 10강까지 완성하였습니다.

1 먼저 1강~5강의 5강 단위 복습에 표시했었던 단어들을 복습하세요.

2 그런 다음 6강부터 10강까지 "전체 단어"를 복습하세요.

- 6강의 복습문제 단어 옆의 5강 단위 네모 표시 란에 1초 내에 바로 생각나지 않는 단어들을 표시하고 그것들 위주로 완벽하게 복습한 후 7강, 8강, 9강, 10강을 같은 방식으로 복습합니다.

3 그런 다음 마지막으로 6강~10강의 위 2번에서 5강 단위 네모 표시 란에 표시한 단어들을 다시 한 번 복습하도록 하세요.

복습을 미루는 시간에 비례하여 복습시간이 늘어난다는 점 명심하세요!!!

locate [lóukeit] v. ~에 위치시키다, 위치를 찾아내다

location
장소, 위치

로케이트 → 로케트: 북한이 **로케트**(로켓)포를 휴전선 근처에 위치시키다, 남한이 그 위치를 찾아내다

로케트(로켓)포를
locate
휴전선에 위치시키다
휴전선

quit [kwit] v. 그만두다, 중지하다 (quit-quit-quit)

회사 문을 발로 **kick**(차버리고) 나와 직장을 그만두다, 중지하다

문을 발로 kick(차버리고) 나오다
quit
사직서
일을 그만두다, 중지하다

legend [lédʒənd] n. 전설

내가 전두환 쿠데타에 대한
legend
전설을 얘기해줄게
1980년 5월

"**내**가 **전두**환이 일으킨 쿠데타에 대한 전설을 얘기해줄게."

permanent [pəːrmənənt] a. 영구적인

permanently
영구적으로

퍼머는(t) 영구적인
permanent
30년째

아주머니들의 **퍼머는** 영구적이다. 원래 퍼머는 **permanent** wave에서 온 말.

track [træk]
[1] n. 트랙, 경주로, 길
[2] n. 자국, 발자국
[3] v. 뒤쫓다, 추적하다

달리기 **트랙**에 그려진 길을 따라 앞서 달리는 선수들의 발자국을 뒤에서 열심히 뒤쫓다, 추적하다

트랙에 그려진 길을 따라
track
앞 선수들의 발자국을 뒤쫓다, 추적하다

trace [treis] n. 자취, 발자국 v. 추적하다

틀에 있수
trace
그의 자취, 발자국, 추적하다

눈 속에 찍힌 발자국 **틀에** 남겨져 **있수**, 즉 범인의 자취, 발자국, 추적하다

thumb
[θʌm]

n. 엄지손가락

쌈(싸움) 짱이야!
thumb
엄지손가락을 치켜세우다

"얘가 **쌈**(싸움) 짱이야!" 하며 엄지손가락을 치켜세우다

continent
[ⓜkántinənt]
[ⓔkɔ́ntinənt]

n. 대륙

1
2
바다 저 멀리 큰 티가 난 two(2)개의
continent
대륙

바다 저 멀리 **큰 티**가 **난 two**(2)개의 대륙

typical
[típikəl]

a. 대표하는, 전형적인

tea(차)와 **피클**은 피자와 함께 이탈리아를 대표하는, 전형적인 음식

티(tea), 피클은 이탈리아를
typical
대표하는, 전형적인 음식

diameter
[daiǽmitər]

n. 지름, 직경

다이아몬드 지름이
몇 미터
diameter

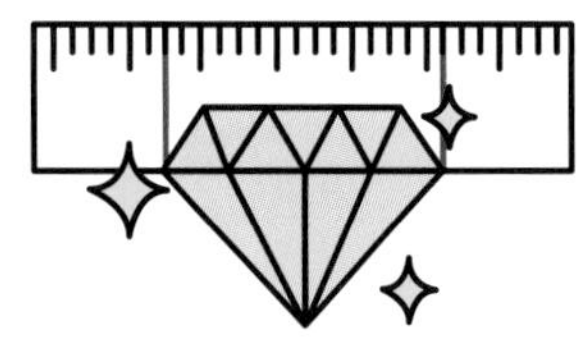

다이아몬드가 몇 **미터**인지 재는 지름, 직경

예문 Our city has only one fire station **located** downtown. 우리 시는 시내에 위치한 단지 하나의 소방서를 가지고 있다. / I should **quit** painting for money. 나는 돈을 위해 그림 그리는 일을 그만두어야 한다. / She became a **legend** in French history. 그녀는 프랑스 역사에서 전설이 되었다. / A tattoo is **permanent**. 문신은 영구적이다. / [1] Marathoners ran along the **track**. 마라톤 선수들은 트랙을 따라 달렸다. [2] A thief left a **track**. 도둑이 흔적을 남겼다. [3] Police officers **tracked** the murderer. 경찰관들이 살인범을 추적했다. / [1] the **trace** of the escaped prisoner 탈출한 죄수의 자취 [2] They **traced** the footprints. 그들은 발자국을 쫓아갔다. / I hurt my **thumb**. 나는 엄지손가락을 다쳤다. / There are 5 oceans and 6 **continents** in the world. 세계에는 5개의 대양과 6개의 대륙이 있습니다. / He is a **typical** English gentleman. 그는 전형적인 영국 신사이다. / The pond is 100 meters in **diameter**. 그 연못은 지름이 100미터이다.

복습문제

□□□ locate
□□□ quit
□□□ legend
□□□ permanent
□□□ track
□□□ trace
□□□ thumb
□□□ continent
□□□ typical
□□□ diameter

string
[striŋ]

n. 끈, 실

스프링처럼 늘어난 끈, 실
string

스프링처럼 늘어져 있는 끈, 실

critical
[krítikəl]

a. [1] 비판적인 [2] 중대한 [3] 위기의

critic
비평가, 비판하는 사람
criticism
비평, 비판
criticize
비평하다, 비판하다

그리 티끌이 많아?
critical
비판적인

정치가에게 "**그리 티끌**이 많아?" 하며 비판적인 모습과 그 정치가의 중대한, 위기의 상황

aim
[eim]

v. 겨누다 n. 목표

애를 겨누다, 목표는
애임
aim

사과를 얹은 애를 겨누다, 목표는 **애임**.

prosper
[미prάspər]
[영prɔ́spər]

v. 번영하다

플러스하고 또 퍼담다
prosper
+++
+100,000
+10,000
번영하다

돈을 **플러스**하여 담고 또 **퍼**담을 정도로 회사가 번영하다

command
[미kəmǽnd]
[영kəmά:nd]

n. 명령
v. 명령하다, 지휘하다

commander
지휘관, 사령관
(-er: ~사람, ~것)

고만둬! (그만둬!)
command
명령, 명령하다

대장이 **고만둬!** (그만둬!) 하고 명령, 명령하다

trap
[træp]

n. 덫, 함정

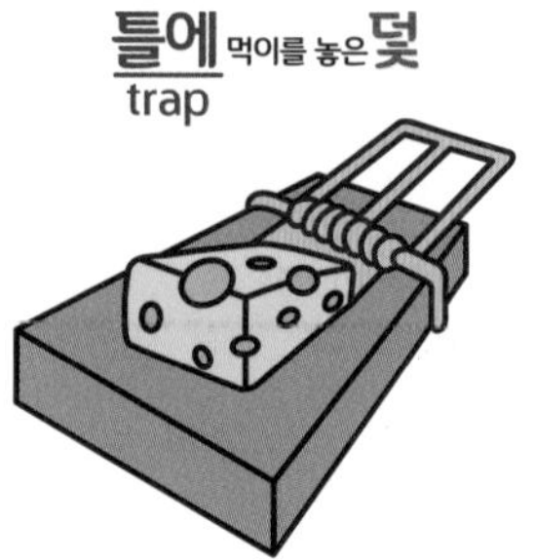
틀에 먹이를 놓은 덫
trap

건드리면 닫히는 **틀에** 먹이를 뿌려놓은 덫

obey [oubéi] v. 복종하다, 따르다

오우! 칼에 베이는 게 무서워
obey
복종하다, 따르다

강도의 칼에 **오우! 베이**는 게 무서워 복종하다, 따르다

dispute [dispjúːt] v. 논쟁하다, 분쟁하다 n. 논쟁, 분쟁

this(이) 핵 미사일을 퓨~ 쏠까?
dispute
퓨~
논쟁하다, 분쟁하다

"**this**(이) 핵 미사일을 **퓨~** 쏴 버릴끼야!" 하며 북한이 미국 대표와 논쟁하다, 분쟁하다

constant [㉯kánstənt] [㉰kɔ́nstənt] a. 변함없는, 끊임없는

고향 뒷산의 **큰 stone**(바위) **two**(2)개가 아직도 있는, 즉 세월이 흘러도 변함없는, 끊임없는

고향의 큰 stone(바위) two(2)개가
constant
70년 전
현재
변함없는, 끊임없는

share [ʃɛər] n. 몫 v. 분배하다, 공유하다

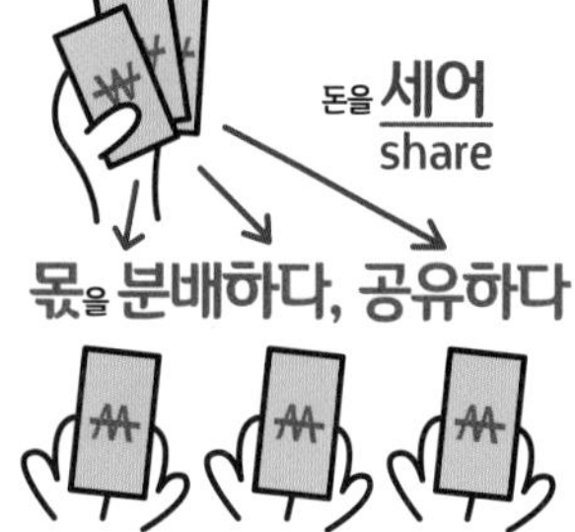
돈을 세어
share
몫을 분배하다, 공유하다

돈을 **세어**서 각자의 몫을 분배하다, 공유하다

예문 Can I use this **string** to wrap the present? 선물을 포장할 때 이 끈을 사용해도 되나요? / [1] Some parents are **critical** of the new school policy. 일부 학모들은 새로운 학교 정책에 대해 비판적이다. [2] Youth unemployment is still a **critical** problem. 청년 실업은 여전히 중요한 문제이다. [3] His father is in a **critical** condition. 그의 아버지는 위독한 상태이다. / [1] I slowly **aimed** at the target. 나는 천천히 과녁을 겨누었다. [2] What is your **aim** in life? 당신의 인생 목표는 무엇입니까? / His business **prospered** after a year. 1년 후 그의 사업은 번창했다. / The officer **commanded** his men to stop shooting. 장교가 병사들에게 사격 중지를 명령했다. / a mouse **trap** 쥐덫 / The students must **obey** the school's rules. 학생들은 학교의 규칙을 따라야 한다. / The **dispute** was finally settled. 마침내 분쟁이 해결되었다. / Some old patients required **constant** care. 일부 노인 환자들은 지속적인 돌봄을 필요로 한다. / [1] You can have my **share** of the cake. 내 몫의 케이크를 네가 먹어도 돼. [2] A problem **shared** is a problem halved. 공유된 문제는 이미 절반이 해결된 것이다.(백짓장도 맞들면 낫다.)

복습문제

□□□ string	□□□ prosper	□□□ obey	□□□ share
□□□ critical	□□□ command	□□□ dispute	
□□□ aim	□□□ trap	□□□ constant	

tomb n. 묘지
[tu:m]

부모님의 묘지 앞에서 **two**(두) 사람이 **움**

respond v. 대답하다, 반응하다
[㊀rispάnd]
[㊂rispɔ́nd]

response
대답, 반응

내가 보낸 메일에 **res**(뒤로) 되돌려 **반드**시 납장 달래서 대답하다, 반응하다

thrust v. 밀어 넣다, 찌르다
[θrʌst] (thrust-thrust-thrust)

쓰레기를 **쓸어서** 쓰레기통 **to**(쪽으로) 밀어 넣다, 찌르다

acknowledge v. 인정하다
[㊀æknάlidʒ, əknάlidʒ]
[㊂æknɔ́lidʒ]

"**어쿠! knowledge**(지식)이 풍부하구나."라며 똑똑함을 인정하다

revolution n. 혁명, 대변혁
[rèvəlú:ʃən]

부패한 정부를 **내 발로 시원**하게 밟아서 일으킨 혁명, 대변혁

voyage n. 항해 v. 항해하다
[vɔ́iidʒ]

전망대 선원에게 "육지가 **보이지?**" 하고 물으며 항해, 항해하다

ditch
[ditʃ]

n. 도랑, 배수구

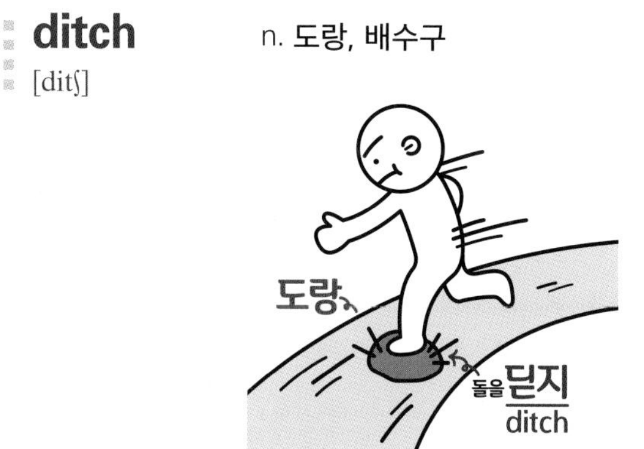
도랑
돌을 딛지
ditch

도랑을 건너기 위해 돌을 **딛지**(딛고 건너지).

violence
[váiələns]

n. 폭력, 폭행

violent
폭력적인, 격렬한

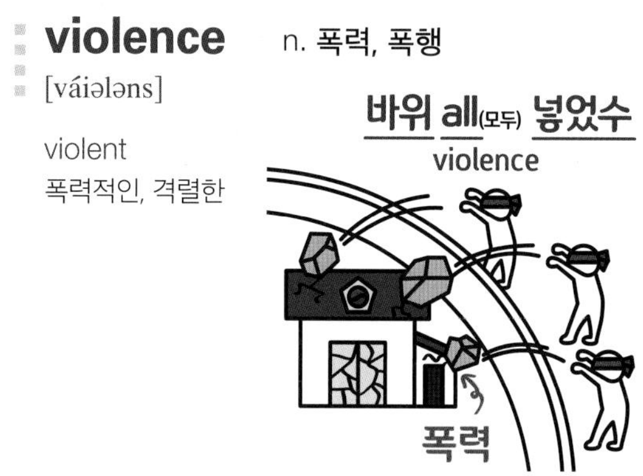
바위 all(모두) 넣었수
violence
폭력

데모대가 경찰을 향해 **바위**를 **all**(모두가) 던져 **넣었수**, 즉 폭력, 폭행

nephew
[néfjuː]

n. 조카

얘는 내 피붙이유~
nephew
내 조카예유

얘는 **내 피**붙이**유~** 내 조카예유.

niece
[niːs]

n. 조카딸

니(네가) 쓰라!
niece
조카딸에게 인형을 선물
이모 최고!

"**니**(네가) **쓰**라!" 하고 조카딸에게 인형을 선물

예문 The pyramids in Egypt are a kind of **tomb**. 이집트의 피라미드들은 일종의 무덤이다. / He did not **respond** to the reporters' questions. 그는 기자들의 질문에 대답하지 않았다. / She **thrust** the letter into the trash can. 그녀는 편지를 쓰레기통에 쑤셔 넣었다. / Korea **acknowledges** democratic values. 한국은 민주주의적 가치를 인정한다. / The angry citizens started a **revolution**. 분노한 시민들은 혁명을 일으켰다. / Life is compared to a **voyage**. 인생은 항해에 비유된다. / The car fell into the **ditch**. 차가 도랑으로 떨어졌다. / I cannot approve of **violence** in any form. 나는 어떠한 형태의 폭력도 찬성할 수 없다. / My **nephew** became a nurse. 내 조카는 간호사가 되었다. / She is my first **niece**. 그녀는 내 첫 조카이다.

복습문제

□□□ tomb	□□□ acknowledge	□□□ ditch	□□□ niece
□□□ respond	□□□ revolution	□□□ violence	
□□□ thrust	□□□ voyage	□□□ nephew	

01 1강 단위 복습 05 5강 단위 복습 15 15강 단위 복습 30 30강 단위 복습

다음 단어들의 뜻이 1초 내에 생각나지 않으면 각 강의 단위에 표시를 하고 표시한 단어들을 다시 복습하세요.
(학원이나 학교의 숙제용 주관식 문제는 별도로 p.246~p.260에 있습니다.)

locate	01 05 15 30 30 30	trap	01 05 15 30 30 30
quit	01 05 15 30 30 30	obey	01 05 15 30 30 30
legend	01 05 15 30 30 30	dispute	01 05 15 30 30 30
permanent	01 05 15 30 30 30	constant	01 05 15 30 30 30
track	01 05 15 30 30 30	share	01 05 15 30 30 30
trace	01 05 15 30 30 30	tomb	01 05 15 30 30 30
thumb	01 05 15 30 30 30	respond	01 05 15 30 30 30
continent	01 05 15 30 30 30	thrust	01 05 15 30 30 30
typical	01 05 15 30 30 30	acknowledge	01 05 15 30 30 30
diameter	01 05 15 30 30 30	revolution	01 05 15 30 30 30
string	01 05 15 30 30 30	voyage	01 05 15 30 30 30
critical	01 05 15 30 30 30	ditch	01 05 15 30 30 30
aim	01 05 15 30 30 30	violence	01 05 15 30 30 30
prosper	01 05 15 30 30 30	nephew	01 05 15 30 30 30
command	01 05 15 30 30 30	niece	01 05 15 30 30 30

파생어, 숙어 복습

location	01 05 15 30 30 30	criticize	01 05 15 30 30 30
permanently	01 05 15 30 30 30	commander	01 05 15 30 30 30
critic	01 05 15 30 30 30	response	01 05 15 30 30 30
criticism	01 05 15 30 30 30	violent	01 05 15 30 30 30

동사의 과거, 과거분사형 복습

quit		—		01 05 15 30 30 30
thrust		—		01 05 15 30 30 30

경선식 영단어 생생 학습 후기

중간고사 점수가 23점이였는데 이번 기말고사 점수가 98점이 되었어요!!!!
75점이나 올랐어요. (장*현)

제 중간고사 점수가 23점이였는데 경선식 해마학습법을 듣고 이번 기말고사 점수가 98점이 되었어요!!!! 75점이나 올랐어요. 정말 대단한 것 같아요. 앞으로도 경선식에듀 강의를 더 많이 볼 거예요. 앞으로도 좋은 강의 부탁드립니다. 선생님은 저 같은 영어 초보 학생들에게 희망을 주시는 선생님 같아요. 감사합니다. 아 맞다!! 그리고 저 전교 370명 중 84등이었는데 경선식에듀를 듣고 이번에 32등 했어요. 감사드립니다. 부모님께서 이번에는 전교 10등 안에 들어 보자라고 하시더라고요. 저는 공부를 더 더욱 열심히 할 것이며 부모님께 효도도 열심히 할 거예요. 미래에는 저의 이름이 유명해질 거예요. 기대하세요. 제가 제일 싫어하는 과목이 영어였지만 선생님의 강의를 듣고 영어라는 과목의 재미를 알게 되었어요. 제가 미래에 성공한 사람이 된다면 선생님의 도움이 컸을 거예요. 선생님은 저의 글을 보시지는 않겠지만 저는 마음속에 선생님에 대한 감사함을 잊지 않을 거예요.

urgent a. 긴급한
[ə́:rdʒənt]

어! 전투가 일어나서 긴급한

associate v. 교제하다, 관련시키다
[əsóuʃièit]

association
협회, 관련

어소우시에이트: "**어서 오십시오**."라고 손님을 맞으며 교제하다, 관련시키다

lump n. 덩어리
[lʌmp]

주걱이 **넘**치게 **푸**다, 한 덩어리의 밥을

pour v. 붓다, 퍼붓다
[pɔ:r]

물을 **퍼** 양동이나 잔에 붓다, 퍼붓다

pray v. 기원하다, 기도하다
[prei]

"**플레이 플레이** 코리아!" 하며 한국 선수들이 이기기를 기원하다, 기도하다

prey n. 먹이, 희생자
[prei]

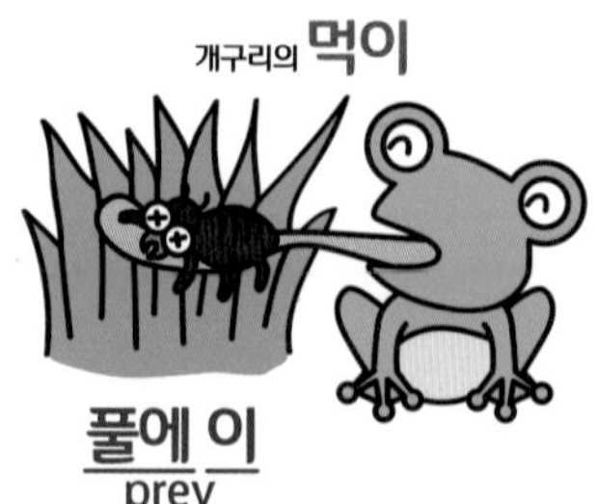

풀에 있는 **이**는 개구리의 먹이

satellite
[sǽtəlàit]

n. 인공위성, 위성

새털처럼 라이트(light)하게
satellite
떠 있는 인공위성

새털처럼 light(가볍게) 하늘에 떠 있는 인공위성, 위성

owe
[ou]

v. …에게 ~을 빚지고 있다, 신세를 지고 있다

"오우~ 하나님 감사합니다." 즉, 하나님께 은혜를 빚지고 있다, 신세를 지고 있다

오우~ 하나님 감사합니다
owe
하나님께
은혜를 빚지고 있다,
신세를 지고 있다

measure❶
[méʒər]

n. 치수, 측정 v. 측정하다

줄자로 매줘!
measure
치수
측정하다

"허리를 줄자로 **매줘!**" 즉, 허리 치수를 측정하다

measure❷
[méʒər]

n. 조치

take measures
조치를 취하다

붕대로 매줘!
measure
조치를 취하다

"상처를 붕대로 **매줘!**" 즉, 조치를 취하다

예문 The intern replied to an **urgent** email on the weekend. 인턴은 주말에 긴급한 이메일에 답장했다. / [1] I don't want my son to **associate** with such a girl. 나는 내 아들이 그런 여자아이와 교제하는 것을 원하지 않는다. [2] the risks **associated** with drugs 마약과 관련된 위험 / She is making something with a **lump** of clay. 그녀가 진흙 한 덩어리를 가지고 무엇인가를 만들고 있다. / When it rains, it **pours**. 비가 내렸다 하면 억수같이 퍼붓는다.(불운은 겹쳐오기 마련이다.) / Nancy **prays** every night for the safety of her family. 낸시는 가족의 안전을 위해서 매일 밤 기도한다. / Hawks circled overhead looking for **prey**. 매들이 먹이를 찾으며 머리 위에서 맴돌았다. / Korea successfully launched a **satellite**. 한국은 인공위성을 성공적으로 발사했다. / You **owe** me $100. 당신은 나에게 100달러 빚지고 있습니다. / He **measured** the width of the floor. 그는 바닥의 폭을 측정했다. / A number of **measures** were taken to solve the problem. 그 문제를 해결하기 위해 많은 조치가 취해졌다.

복습문제

□□□ urgent
□□□ associate
□□□ lump
□□□ pour
□□□ pray
□□□ prey
□□□ satellite
□□□ owe
□□□ measure❶
□□□ measure❷

desert ¹ n. 사막 ² v. 버리다, 저버리다
n. [dézəːrt]
v. [dizə́ːrt]

뒈져
투!
desert
사막
버리다

뒈져!(죽어!) 하고 침을 **투!** 뱉으며 사막에 사람을 버리다

scream n. 비명 v. 비명을 지르다
[skriːm]

스크린에 등장한 귀신에
scream
꺄 악
비명을 지르다

극장 **스크린**(screen)에 등장한 귀신에 관객들이 비명, 비명을 지르다

publish v. 출판하다, 널리 알리다
[pʌ́bliʃ]

정보를 퍼서 사람들에게 불리!
publish
9.11 테러
9.11테러
9.11테러
9.11테러
책으로
출판하다, 널리 알리다

정보를 **퍼**서 사람들에게 **불리!**(불다) 하며 책으로 출판하다, 널리 알리다

politely ad. 공손히, 예의바르게
[pəláitli]

polite
공손한, 예의바른

폴은 나이가 틀리니
politely
공손히, 예의바르게 인사해
19살
15살
폴

"4살 더 많은 **폴**은 **나이**가 **틀리**니 공손히, 예의바르게 인사해."

fan n. ¹ (가수·영화 등의) 팬
² 부채, 선풍기
[fæn]

팬들이 들고 응원하는 가수의 사진이 담겨진 부채

부채
오빠~!
팬
fan

blow v. (바람이) 불다, (입으로) 불다
(blow-blew-blown)
[blou]

바람이 **불어오우**(불어오디), 즉 바람이 불다

바람이 불어오우!
blow
바람이 불다

deserve
[dizə́ːrv]

v. ~할 만하다, ~을 받을 만하다

그 나쁜 놈은 **디저부**릴 만했지, 즉 ~할 만하다, 천벌을 받을 만하다

assume
[əsúːm]

v. 추정하다, 생각하다

어슴푸레하게 생각을 떠올려보다. 즉, 추정하다, 생각하다

access
[ǽkses]

v. 접속하다, 접근하다
n. (장소로의) 입장, 접근

경찰들이 몰래 접근하다. 그러자 범인이 뒷문으로 **액! 샜수**(새다, 도망치다)

destination
[dèstənéiʃən]

n. 목적지, 목표

"나의 목표, 목적지는 **대(大)스타** 되는 거야, 우리 **nation**(나라)에서."

예문 [1] They explored the **desert**. 그들은 사막을 탐험했다. [2] The whole village looks **deserted**. 마을 전체가 버려진 것처럼 보인다. / She **screamed** in horror. 그녀는 공포에 비명을 질렀다. / The school yearbook will be **published** soon. 학교 졸업 앨범이 곧 출판될 것이다. / I refused their offer **politely**. 나는 그들의 제안을 정중히 거절했다. / [1] She is a big **fan** of K-drama. 그녀는 한국 드라마의 열성 팬이다. [2] We have a ceiling **fan** in our house. 우리 집에는 천장 선풍기가 있다. / The wind is **blowing** from the east. 동쪽에서 바람이 불어오고 있다. / The writer **deserves** the Nobel prize. 그 작가는 노벨상을 탈 만하다. / I **assume** that my girlfriend is not a liar. 나는 내 여자 친구가 거짓말쟁이는 아니라고 생각한다. / I am trying to get **access** to that site. 지금 그 사이트에 접속하고 있는 중이야. / The train arrived at my **destination** ten minutes early. 기차는 10분 일찍 나의 목적지에 도착했다.

복습문제

□□□ desert	□□□ politely	□□□ deserve	□□□ destination
□□□ scream	□□□ fan	□□□ assume	
□□□ publish	□□□ blow	□□□ access	

poverty n. 가난, 빈곤
[㊇pávərti]
[㊈pɔ́vərti]

파만 먹고 버티는
poverty
가난, 빈곤

먹을 것이 없어 **파**만 먹고 **버티**는 가난, 빈곤

comment n. 논평 v. 논평하다
[㊇káment]
[㊈kɔ́ment]

대통령을 까는 멘트로
comment
대통령께서는 현재 버스비가 얼마인지 알고 계실까요?
토론회
여당
야당
논평, 논평하다

토론회에서 대통령을 **까**는 **멘트**로 논평, 논평하다

harm n. 손해, 해 v. 해를 끼치다
[há:rm]

harmful
해로운
(-ful: 형용사형 어미)

준비한 돈에 비상금까지 다 썼는데...
함 값 때문에 본 손해, 해
harm

결혼하기 전 **함** 값 때문에 본 손해, 해

flavor n. 향기, 맛
[fléivər]

풀이 많은 neighbor(이웃)에서 나는
flavor
풀 향기

풀이 많은 **neighbor**(이웃)에서 나는 풀 향기

bravery n. 용기, 용감
[bréivəri]

brave
용감한

불에 자신을 버리는 용기
bravery

소방대원이 사람을 구하기 위해 자신을 **불에 버리**는 용기, 용감

alien a. 이질적인, 외계의 n. 외계인
[éiljən]

1. 어린 **애**가 **일 년** 만에 다 자란 성인이 되는 우리랑 다른 이질적인, 외계의, 외계인
2. 영화 <**에일리언**>은 우리랑 다른 이질적인, 외계인 영화

애가 일 년 만에 다 자란
alien
1년 뒤에 만나자
1년 뒤
이질적인, 외계의, 외계인

neat [ni:t] a. 산뜻한, 깔끔한

니트를 입어 산뜻한, 깔끔한

fell [fel] v. [1] (나무를) 베어 넘어뜨리다 (fell-felled-felled)
[2] fall(떨어지다, 넘어지다)의 과거형 (fall-fell-fallen)

도끼로 나무를 **팰**, 그렇게 나무를 베어 넘어뜨리다

spill [spil] v. 흘리다, 쏟다 (spill-spilled[spilt]-spilled[spilt])

코에서 **슥! 필**(피를) 흘리다, 쏟다

block [ⓜblɑk] [ⓔblɔk] [1] n. 사각형 덩어리
[2] n. (도로로 나뉘는) 블록
[3] v. 막다, 방해하다

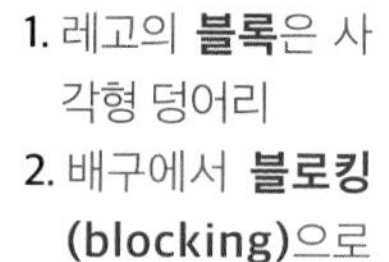
1. 레고의 **블록**은 사각형 덩어리
2. 배구에서 **블로킹**(blocking)으로 상대 공격을 막다, 방해하다

예문 Schubert spent his whole life in **poverty.** 슈베르트는 평생을 빈곤 속에 살았다. / Do you have any **comments** about my presentation? 저의 발표에 대해 논평하실 점 있나요? / Drinking too much can cause **harm** to your health. 과음은 당신의 건강에 해가 될 수 있다. / six different **flavors** of ice-cream 여섯 가지 다른 맛의 아이스크림 / She deserves the praise for her **bravery.** 그녀의 용기는 칭찬받을 만하다. / [1] an **alien** environment 이질적인 환경 [2] Did you see the movie about **aliens?** 너는 외계인에 관한 그 영화를 봤니? / [1] a **neat** hair style 단정한 머리 스타일 [2] Keep your room **neat** and clean. 방을 깨끗하고 깔끔하게 유지하렴. / **fell** a tree 나무를 베어 넘어뜨리다 / The baby **spilled** milk. 아기가 우유를 엎질렀다. / [1] He is cutting a **block** of ice. 그는 얼음 덩어리를 자르고 있다. [2] I kept circling the **block** to find his office. 나는 그의 사무실을 찾으려 계속 그 블록을 돌았다. [3] They **blocked** my view of the garden. 그들이 정원이 보이지 않게 내 시야를 가렸다.

복습문제

□□□ poverty	□□□ flavor	□□□ neat	□□□ block
□□□ comment	□□□ bravery	□□□ fell	
□□□ harm	□□□ alien	□□□ spill	

01 1강 단위 복습 05 5강 단위 복습 15 15강 단위 복습 30 30강 단위 복습

다음 단어들의 뜻이 1초 내에 생각나지 않으면 각 강의 단위에 표시를 하고 표시한 단어들을 다시 복습하세요.
(학원이나 학교의 숙제용 주관식 문제는 별도로 p.246~p.260에 있습니다.)

단어	복습	단어	복습
urgent	01 05 15 30 30 30	blow	01 05 15 30 30 30
associate	01 05 15 30 30 30	deserve	01 05 15 30 30 30
lump	01 05 15 30 30 30	assume	01 05 15 30 30 30
pour	01 05 15 30 30 30	access	01 05 15 30 30 30
pray	01 05 15 30 30 30	destination	01 05 15 30 30 30
prey	01 05 15 30 30 30	poverty	01 05 15 30 30 30
satellite	01 05 15 30 30 30	comment	01 05 15 30 30 30
owe	01 05 15 30 30 30	harm	01 05 15 30 30 30
measure ❶	01 05 15 30 30 30	flavor	01 05 15 30 30 30
measure ❷	01 05 15 30 30 30	bravery	01 05 15 30 30 30
desert	01 05 15 30 30 30	alien	01 05 15 30 30 30
scream	01 05 15 30 30 30	neat	01 05 15 30 30 30
publish	01 05 15 30 30 30	fell	01 05 15 30 30 30
politely	01 05 15 30 30 30	spill	01 05 15 30 30 30
fan	01 05 15 30 30 30	block	01 05 15 30 30 30

파생어, 숙어 복습

단어	복습	단어	복습
association	01 05 15 30 30 30	harmful	01 05 15 30 30 30
take measures	01 05 15 30 30 30	brave	01 05 15 30 30 30
polite	01 05 15 30 30 30		

동사의 과거, 과거분사형 복습

동사	과거		과거분사	복습
blow		—		01 05 15 30 30 30
fell		—		01 05 15 30 30 30
fall		—		01 05 15 30 30 30
spill		—		01 05 15 30 30 30

경선식에듀 1:1 Online-Care 수강생 후기

청명중학교 3학년 이*원 수강생 - 하루 1.5시간 주 6일 학습 및 관리

6개월 만에 고1전국모의고사 30점 → 고2전국모의고사 97점

입반 테스트	고1모의고사 30점
▶ 6개월 만에	고2모의고사 97점 (67점 향상)

고등학교 전체 단어를 단지 30일 내에 완벽하게 암기할 수 있게 도와준 최고의 강의였습니다.

고등학교 1학년 입반고사에서 30점을 받고 6개월 후 고등학교 2학년 모의고사에서 97점을 받았습니다. 제가 6개월 만에 67점을 올린 요인은 첫째로 10배는 더 오래 기억되는 경선식영단어입니다. 둘째로 저만 알고 싶을 정도로 유용했던 유형별풀이비법이었어요. 셋째로는 그동안 다른 학원이나 학교에서 배웠던 어떠한 수업보다도 정말 특별했던 경선식 영문법과 독해였습니다. 넷째로는 주 6일 매일같이 1:1 관리를 철저히 해주신 경선식에듀 학원 선생님들입니다.

저는 일주일에 6일 하루 평균 1시간 30분씩 공부했습니다. 경선식영단어의 해마학습법으로 단어를 먼저 단기간에 암기해 놓으니까 문법, 독해 공부할 때 막힘이 없어서 문법과 독해를 쉽고 빠르게 공부할 수 있었어요. 독해하는 데 연상 때문에 지장을 준다는 말도 있지만 제가 경험해보니 절대 그렇지 않았어요. 단어가 헷갈리거나 독해에 지장을 받았다면 제가 97점을 받는 것은 불가능했을 거예요. 복습만 제대로 해주면 절대 헷갈리지 않고 독해도 오히려 더 빨라집니다.

경선식영단어 강의는 1년 이상 걸렸을 고등학교 전체 단어를 단지 30일 내에 완벽하게 암기할 수 있게 도와준 최고의 강의였습니다. 무엇보다도 정말 기억이 오래 갑니다.

경선식 문법, 독해 강의는 문법을 독해에 어떻게 적용하는가를 많은 예문을 통해 훈련하기에 독해 실력까지 정말 빠르게 향상될 수 있었으며 직독직해를 해내게 되고 독해 실력이 급상승할 수 있었습니다. 특히 유형별풀이비법 강의는 시험시간을 15분 가까이 줄여주고 정답을 정확히 찾는 방법을 가르쳐주어서 단기간에 1등급을 만들어주는 데 정말 많은 도움을 준 강의입니다.

13강

spoil v. 망치다
[spɔil]

숲에 **오일**(기름)을 몰래 버려서 숲을 망치다

merit n. 장점
[mérit]

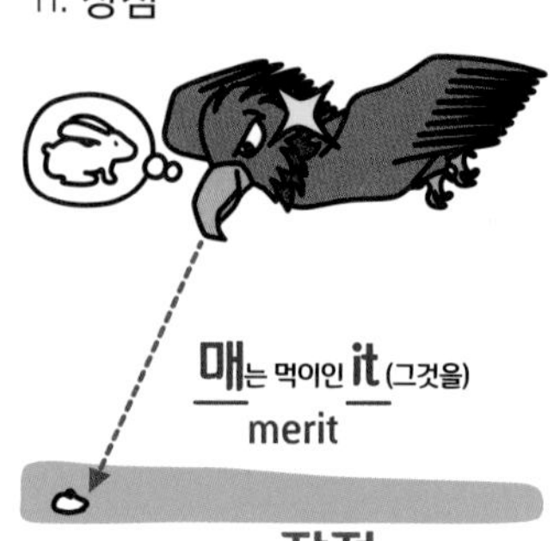

매는 먹이인 it(그것을)
merit
멀리서 볼 수 있는 장점이 있다

매는 먹이인 **it**(그것을) 먼 곳에서도 볼 수 있는 장점이 있다.

---

release v. 풀어주다, 석방하다
[rilíːs]

낚싯대의 **릴**(reel)을 풀어 낚싯바늘에 잡힌 물고기를 풀어주다, 석방하다

annoy v. 짜증나게 하다, 귀찮게 하다
[ənɔ́i]

싫다는 데도 계속 붙들자 "**어, 놓이**소!" 즉, 스토커처럼 짜증나게 하다, 귀찮게 하다

---

crew n. (배·비행기·열차의) 승무원, 선원
[kruː]

배의 출항을 위해 항구에 묶인 배의 밧줄을 **끄르**는 승무원, 선원

endure v. 견디다, 참다
[indjúər]

여러 고문을 겪은 다음 "이번엔 **인두여?** 해볼 테면 해봐!" 하고 견디다, 참다

sigh
[sai]

v. 한숨 쉬다 n. 한숨

한숨 (쉬다)
설거지가 쌓이어서...
sigh

쌓이는 설거지 거리를 보고 "스트레스 쌓인다 **쌓이!**" 하고 한숨 쉬다

display
[displéi]

v. 전시하다, 보이다
n. 진열, 전시

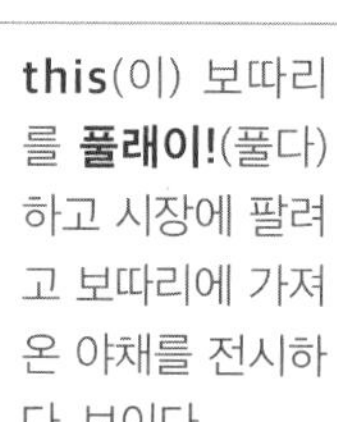

this(이) 보따리를 **풀래이!**(풀다) 하고 시장에 팔려고 보따리에 가져온 야채를 전시하다, 보이다

this(이) 보따리를 풀래이!(풀다)
display
야채를 전시하다, 보이다

loosen
[lú:sn]

v. 풀다, 느슨하게 하다

loose
느슨한; 풀다

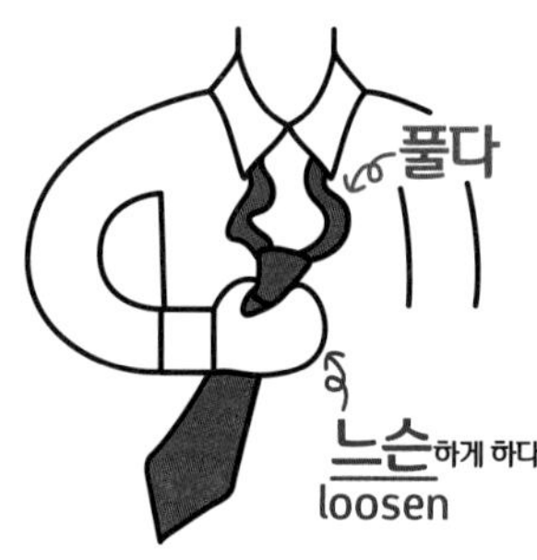
풀다
느슨하게 하다
loosen

느슨하게 하다, 즉 풀다, 느슨하게 하다

consume
[kənsú:m]

v. [1] (돈·에너지 등을) 쓰다, 소비하다
[2] 먹다, 마시다

consumer
소비자

먹고 마시는 데 돈을 **큰**(크게) **씀**, 즉 돈을 쓰다, 소비하다, 먹다, 마시다

쓰다, 소비하다,
먹다, 마시다
돈을 큰(크게) 씀
consume
꽃등심 10인분
더 주세요!

예문 Too much help may **spoil** your child. 너무 많이 도와주면 아이를 망칠 수 있다. / Frankness is one of his **merits.** 솔직함은 그의 장점 중의 하나이다. / The prisoner was **released.** 그 죄수는 석방되었다. / I used to **annoy** my teacher with hard questions. 나는 곤란한 질문으로 선생님을 귀찮게 하곤 했다. / This airplane has a **crew** of 12 people. 이 비행기에는 12명의 승무원이 있습니다. / I can't **endure** the pain any more. 나는 더 이상 고통을 참을 수 없다. / She **sighed** and said nothing. 그녀는 한숨을 쉬고 아무 말도 하지 않았다. / Our paintings are on **display** in the school library. 우리의 그림들이 학교 도서관에 전시되어 있다. / I had to **loosen** my belt after that huge meal. 그 푸짐한 식사를 한 후 나는 벨트를 풀어야 했다. / [1] My car **consumes** much gasoline. 내 차는 휘발유를 많이 소모한다. [2] An elephant **consumes** a lot of water. 코끼리는 많은 물을 마신다.

복습문제

□□□ spoil
□□□ merit
□□□ release
□□□ annoy
□□□ crew
□□□ endure
□□□ sigh
□□□ display
□□□ loosen
□□□ consume

sink [siŋk]

[1] n. 싱크대
[2] v. 가라앉다 (sink-sank-sunk)

싱크대의 물이 구멍으로 가라앉다

gray [grei]

a. 잿빛의 n. 회색

고구마를 **구으래이!** 숯이 잿빛의, 즉 회색이 될 때까지

author [ɔ́:θər]

n. 저자, 작가

"**오~** 글 좀 **써**주세요!" 하고 부탁당하는 저자, 작가

attitude [ǽtitjù:d]

n. 태도, 자세

공중에 **애**가 **떠** 춤을 **츄드**(추다), 즉 새처럼 나는 자세, 태도를 취하다

valid [vǽlid]

a. 유효한, 효과 있는

살을 빼는 데 있어서 **밸리**(댄스)**도** 효과 있는

cell [sel]

n. 세포

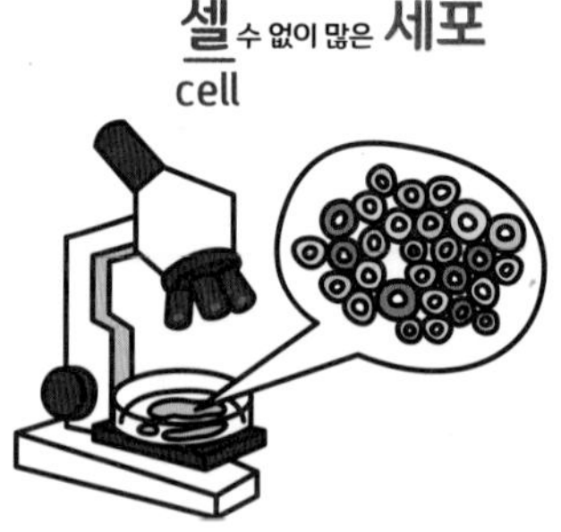

현미경에 보이는 **셀** 수 없이 많은 세포

evolve v. 발전하다, 진화하다
[㊀ivάlv]
[㊁ivɔ́lv]

evolution
진화, 발전

2등을 **밟으**(밟어), 그리고 1등으로 발전하다, 진화하다

ridiculous a. 우스운, 어리석은
[ridíkjuləs]

니 뒤 주머니에 **귤 넣수**. 근데 깔고 앉은 모습이 우스운, 어리석은

genius n. 천재, 천재적 재능
[dʒíːnjəs]

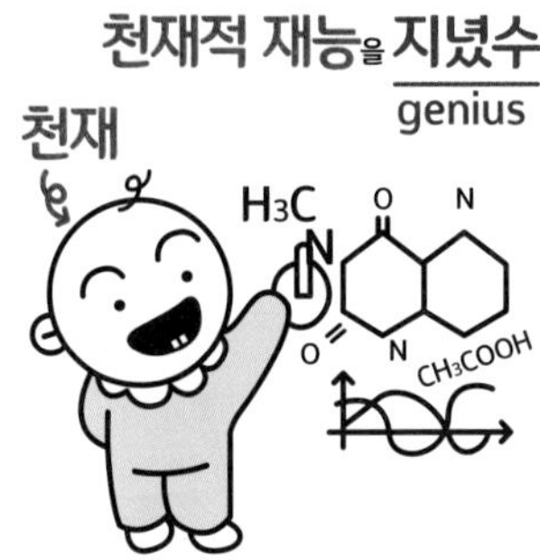

천재적 재능을 **지녔수**. 즉, 천재

carbon n. 탄소
[kάːrbən]

car(자동차)가 연료를 **burn**(태워서) 배기통으로 나오는 일산화탄소

13강

예문 The ship **sank** during the war. 그 배는 전쟁 중에 침몰했다. / The old man wears a **gray** hat. 그 노인은 회색 모자를 쓰고 있다. / The **author** of the book looked so smart. 그 책의 저자는 매우 똑똑해 보였다. / I don't like your **attitude**. 난 너의 태도가 마음에 들지 않는다. / The ticket is not **valid** anymore. 그 티켓은 더 이상 유효하지 않습니다. / The **cells** of our body are made up mostly of water. 우리 몸의 세포는 대부분 물로 이루어져 있다. / Human beings have **evolved** over millions of years. 인간은 수백만 년 동안 진화해 왔다. / It was a **ridiculous** suggestion. 그것은 어리석은 제안이었다. / Einstein was a mathematical **genius**. 아인슈타인은 수학의 천재였다. / Diamond is a **carbon** crystal. 다이아몬드는 탄소 결정체이다.

복습문제

□□□ sink
□□□ gray
□□□ author
□□□ attitude
□□□ valid
□□□ cell
□□□ evolve
□□□ ridiculous
□□□ genius
□□□ carbon

murder n. 살인 v. 살해하다
[mə́ːrdər]

살해하다 그리고 난 후 부하에게 "땅에 **묻어!**"

represent v. [1] 나타내다 [2] 대표하다
[rèprizént]

representative
대표자; 대표하는

미스코리아가 **이쁘리. 잰**(재는) 한국의 미를 나타내다, 대표하다

laundry n. 세탁물, 세탁
[lɔ́ːndri]

빨고 또 빨아도 계속 쌓여 **넌더리**나는 세탁물

eventually ad. 결국, 드디어
[ivéntʃuəli]

eventual
궁극적인, 최종적인

기상청에서 매번 추울 것이란 예보가 틀리다가 결국, 드디어 **이벤**(이번엔) **추워리**.

resent v. 분개하다
[rizént]

이젠 못 참아! 침을 투!
resent
내 빵셔틀 왔.. 어? 어어??
투!
분개하다

"**이젠** 못 참아!" 하고 침을 **투!** 뱉으며 분개하다

devote v. 헌신하다, (노력·시간 등을) 쏟다
[divóut]

배의 엔진이 고장 나자 **뒤**로 가서 **보트**를 밀어줄 정도로 자신을 헌신하다, (노력·시간 등을) 쏟다

guilty [gílti] a. 유죄의, 죄책감이 드는

사람을 차로 치고 **길**로 **튀**어 유죄의, 죄책감이 드는

fee [fiː] n. 요금, 수수료

내 **피** 같은 돈이 요금, 수수료로 다 빠져나가네!

suspicious [səspíʃəs] a. 의심스러운

suspect 의심하다

범인은 이곳에서
담배를 서서 피셨수?
suspicious

"범인이 담배를 **서서 피셨수?**" 하며 범죄 현장의 담배 꽁초가 의심스러운

conduct v. [kəndʌ́kt] n. [(미)kάndʌkt] [(영)kɔ́ndʌkt]

1 v. 행동하다 n. 행동
2 v. 지도하다

선생님이 **큰 덕**이 있는 행동하다, **큰 덕**으로서 지도하다

예문 His fingerprints were at the scene of the **murder**. 그의 지문이 살인 현장에 있었다. / 1 What does this artwork **represent**? 이 작품은 무엇을 표현하고 있나요? 2 Politicians **represent** the people. 정치인은 대중을 대표한다. / She is busy doing the **laudry**. 그녀는 빨래하느라 바쁘다. / I got a job **eventually**. 나는 드디어 일자리를 구했다. / I bitterly **resent** your criticism. 나는 당신의 비판에 몹시 분개하는 바이다. / He **devoted** his energy to making a movie. 그는 영화 제작에 노력을 쏟았다. / The judge found him **guilty**. 판사는 그에게 유죄 판결을 내렸다. / The parking **fee** is $10 a day. 주차비는 하루에 10달러이다. / He looked at me with **suspicious** look. 그는 의심스러운 표정으로 나를 쳐다봤다. / 1 Your **conduct** is not acceptable. 당신의 행동은 용납될 수 없습니다. 2 He **conducted** the Russian team. 그는 러시아팀을 지도했다.

복습문제

□□□ murder
□□□ represent
□□□ laundry
□□□ eventually
□□□ resent
□□□ devote
□□□ guilty
□□□ fee
□□□ suspicious
□□□ conduct

13 강 복습하기

01 1강 단위 복습 05 5강 단위 복습 15 15강 단위 복습 30 30강 단위 복습

다음 단어들의 뜻이 1초 내에 생각나지 않으면 각 강의 단위에 표시를 하고 표시한 단어들을 다시 복습하세요.
(학원이나 학교의 숙제용 주관식 문제는 별도로 p.246~p.260에 있습니다.)

spoil	01 05 15 30 30 30
merit	01 05 15 30 30 30
release	01 05 15 30 30 30
annoy	01 05 15 30 30 30
crew	01 05 15 30 30 30
endure	01 05 15 30 30 30
sigh	01 05 15 30 30 30
display	01 05 15 30 30 30
loosen	01 05 15 30 30 30
consume	01 05 15 30 30 30
sink	01 05 15 30 30 30
gray	01 05 15 30 30 30
author	01 05 15 30 30 30
attitude	01 05 15 30 30 30
valid	01 05 15 30 30 30
cell	01 05 15 30 30 30
evolve	01 05 15 30 30 30
ridiculous	01 05 15 30 30 30
genius	01 05 15 30 30 30
carbon	01 05 15 30 30 30
murder	01 05 15 30 30 30
represent	01 05 15 30 30 30
laundry	01 05 15 30 30 30
eventually	01 05 15 30 30 30
resent	01 05 15 30 30 30
devote	01 05 15 30 30 30
guilty	01 05 15 30 30 30
fee	01 05 15 30 30 30
suspicious	01 05 15 30 30 30
conduct	01 05 15 30 30 30

파생어, 숙어 복습

loose	01 05 15 30 30 30
consumer	01 05 15 30 30 30
evolution	01 05 15 30 30 30
representative	01 05 15 30 30 30
eventual	01 05 15 30 30 30
suspect	01 05 15 30 30 30

동사의 과거, 과거분사형 복습

단어	과거 – 과거분사	복습
sink	_______ – _______	01 05 15 30 30 30

세계 여러 논문에 실린 연상법의 탁월한 효과(2)

발췌 논문 제목

The keyword method: An alternative vocabulary strategy for developmental college readers
(핵심어 방법[연상법]: 발전적인 대학 독서가들을 위한 대안적 어휘 전략)

저자명

Judy Roberts, Nancy Kelly (미국)

Forty college students attending a private university in the Southeast were randomly assigned unfamiliar words with either paired keywords and images or dictionary-based definitions. The results of the study suggest the superiority of the keyword method as measured by both immediate and delayed tests of recall.

(40명의 대학생을 통한 실험 연구 결과에 따르면 단기 기억과 장기 기억 실험 모두에서 연상법이 단순암기보다 월등함을 보인다.)

발췌 논문 제목

Exploring New Applications of the Keyword Method to Acquire English Vocabulary
(영어 어휘 습득을 위한 연상법의 새로운 적용을 탐구하기)

저자명

Enrique Avila, Mark Sadoski (스페인)

Results showed that the keyword method produced superior recall and comprehension both immediately and after 1 week. Results further demonstrated that the keyword method is readily adaptable to actual ESL classrooms. * ESL: English as a second language

(연구 결과 연상법은 즉각적으로 그리고 1주일 후에도 월등한 암기와 이해를 하게 했다. 또한 연상법은 영어수업에 순조롭게 적용될 수 있음이 증명되었다.)

gain [gein] v. 얻다 n. 이익

개를 얻다, 이익
개가 in(안으로)
gain
들어와

비싼 **개**가 집 **in**(안으로) 들어와 개를 얻다, 즉 이익

faith [feiθ] n. 신념, 믿음

faithful
충실한
(-ful: 형용사형 어미)

깡패 패거리에는 있수
faith

배신은 없다!
서로에 대한 신념, 믿음이

이 **패**거리에는 **있수**. 서로에 대한 신념, 믿음이

eel [i:l] n. 뱀장어

일(1)
eel
뱀장어

1(일)자처럼 긴 뱀장어

heavily [hévili] ad. 몹시, 심하게

뚱뚱해서 몹시, 심하게
heavy리 (무거울리)
heavily
형
동생

내 동생은 뚱뚱해서 몹시, 심하게 **heavy리**(무거울리).

apply❶ [əplái] v. 적용하다, 적용되다

어, 문제를 풀라이!
apply
x+2(-2x+11)=N
방정식을 적용하다, 적용되다

"방정식을 적용해서 **어,** 문제를 **풀라이!**" 즉, 방정식을 적용하다, 적용되다

apply❷ [əplái] v. 지원하다, 신청하다

어, 풀라이!
apply
입사시험
<필기시험>
시작하세요
입사시험에 지원하다, 신청하다

"입사시험 문제를 **어, 풀라이!**" 즉, 입사시험에 지원하다, 신청하다

principle n. 원리, 원칙
[prínsəpl]

뿌린 씨의 풀이 난다는
principle 원리, 원칙
콩 심은 데 콩 나고
팥 심은 데 팥...

"콩 심은 데 콩 나고 팥 심은 데 팥 난다." 즉, **뿌린 씨**의 **풀**이 난다는 원리, 원칙

woodpecker n. 딱따구리
[wúdpèkər]

wood(나무)
팩! + er(~것)
woodpecker
딱따구리

wood(나무)를 **팩!** 팩! 쪼는 딱따구리

section n. (나누어진) 한 부분, 부문
[sékʃən]

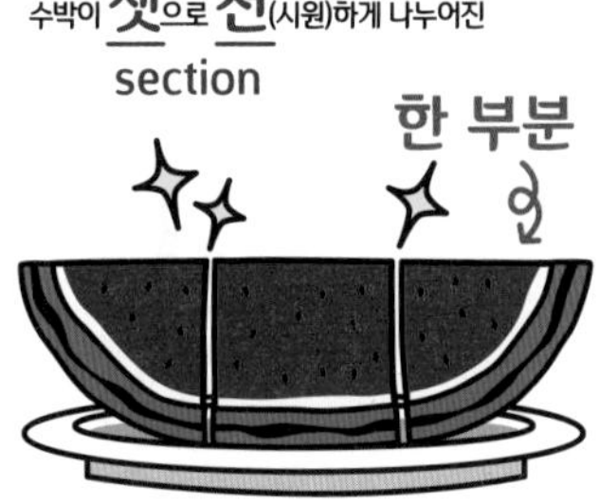
수박이 셋으로 션(시원)하게 나누어진
section
한 부분

수박이 **셋**으로 **션**(시원)하게 나누어진 한 부분

handkerchief n. 손수건
[hǽŋkərtʃif]

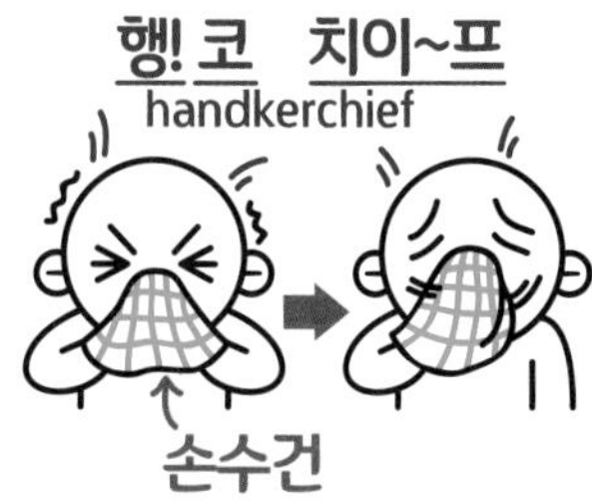
행! 코 치이~프
handkerchief
손수건

행! 하고 **코**를 **치이~프** 소리를 내며 풀 때 쓰는 손수건

예문 No pain, no **gain.** 수고가 없으면 얻는 것도 없다. / You broke my **faith** on you. 당신은 당신에 대한 나의 신뢰를 깼어. / My sister loves rice topped with **eel.** 내 여동생은 장어덮밥을 매우 좋아한다. / She **heavily** relies on me. 그녀는 나에게 몹시 의지한다. / The new law does not **apply** to your case. 새로운 법률이 당신의 경우에는 적용되지 않는다. / He **applied** to Harvard University. 그는 하버드 대학에 지원했다. / He was a man of **principle.** 그는 원칙주의자였다. / A **woodpecker** flew into our garden. 딱따구리가 우리 정원으로 날아왔다. / the news in the sports **section** 스포츠란에 있는 뉴스 / She waved her **handkerchief** at me. 그녀는 나에게 손수건을 흔들었다.

복습문제

□□□ gain
□□□ faith
□□□ eel
□□□ heavily
□□□ apply❶
□□□ apply❷
□□□ principle
□□□ woodpecker
□□□ section
□□□ handkerchief

contrary a. 반대의 n. 정반대

[㊀kάntreri]
[㊂kɔ́ntrəri]

자동차 핸들을 **큰**(크게) **틀어리**! 반대의 방향으로

fundamental a. 기본적인, 핵심적인

[fʌndəméntl]

fundamentally
기본적으로,
근본적으로

✱ 땅을 판다, 맨 틀을 만든다
fundamental

집을 짓기 위해 땅을 **판다**, 그리고 철근으로 **맨 틀**을 만든다, 이것이 기본적인, 핵심적인 작업

beverage n. 음료, 마실 것

[bévəridʒ]

탄산 음료를
너무 마시면 배 버리지
beverage

탄산 음료를 너무 많이 마시면 **배**를 **버리지**!

dramatic a. 극적인

[drəmǽtik]

drama(드라마) 같은
dramatic 극적인

drama(드라마) 같은, 즉 극적인

translate v. 번역하다, 통역하다

[trænsléit]

translation
번역, 통역

이 언어에서 저 언어로
trans(가로질러) 쓸래!(이트)
translate

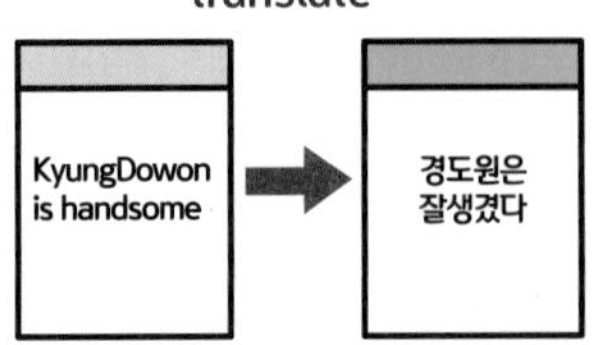

KyungDowon is handsome
경도원은 잘생겼다

번역하다, 통역하다

이쪽 언어에서 저쪽 언어로 **trans**(across: 가로질러) **쓸래!(이트)**, 즉 번역하다, 통역하다

wrinkle n. 주름

[ríŋkl]

윙클(윙크를) 할 때 눈가에 생기는 주름

burden [bə́ːrdn] n. 무거운 짐, 부담

무거운 짐,
부담
물을
붜서 든
burden

항아리에 물을 **붜**서 **든**(들고 있는) 무거운 짐, 부담

emperor [émpərər] n. 황제

앵! 포로가 된 황제
emperor
중국
소련

앵! 소련에 끌려가 **포로**가 된 중국의 마지막 황제

wander [㉯wándər] [㉰wɔ́ndər] v. 헤매다, 떠돌아다니다

완도를 헤매다,
wander 떠돌아다니다
어디지?
완도

전라남도 **완도**에 놀러갔다가 길을 잃어 헤매다, 떠돌아다니다

term [təːrm] n. [1] 기간, 학기 [2] 말, 용어

학기, 기간 처음 배우는 말, 용어
1-1 lesson1
Good morning,
Tom
term
Good morning,
Jane
1-1

"Good morning, Tom." "Good morning, Jane."은 1학년 1학기 때 처음 배우는 말, 용어

예문 The results were **contrary** to all expectation. 그 결과는 모든 기대에 반하는 것이었다. / This is the **fundamental** flaw. 이것은 근본적인 결함이다. / The hamburger set comes with a **beverage**. 햄버거 세트에는 음료가 함께 나온다. / My dad noticed **dramatic** changes in my mind. 나의 아버지는 내 마음의 극적인 변화들을 알아차렸다. / The publisher **translated** the book into 10 languages. 출판사는 그 책을 10개 언어로 번역했다. / She's beginning to get **wrinkles** around her eyes. 그녀는 눈 주위에 주름살이 생기기 시작했다. / I don't want to be a **burden** to you. 나는 너에게 짐이 되고 싶지 않아. / For how long was the **emperor** Nero in power? 네로 황제는 얼마 동안 권좌에 있었나요? / We **wandered** around the city of Hanoi. 우리는 하노이 시내를 돌아다녔다. / [1] How are your grades this **term**? 이번 학기의 학점은 어때요? [2] I explained in simple **terms**. 나는 간단한 말로 설명했다.

복습문제

□□□ contrary	□□□ dramatic	□□□ burden	□□□ term
□□□ fundamental	□□□ translate	□□□ emperor	
□□□ beverage	□□□ wrinkle	□□□ wander	

hazard [hǽzərd] n. 위험 (요소)

해가 져두
hazard
위험한 거리

해가 **져두**(져도) 밤거리는 도둑과 강도로 위험

analyze [ǽnəlàiz] v. 분석하다

analysis
분석

애 날 나이를 계산하여
analyze
분석하다
10달 뒤..
올해면 33살..
내년이면 34살..
올해
12월
내년
1월

임신한 아내가 **애 날 나이**를 계산하며 분석하다

ware [wɛər] n. 제품, 상품

제품, 상품

하드웨어
ware

소프트웨어
ware

하드**웨어**(hardware), 소프트**웨어**(software)에서 **ware**는 제품, 상품

gull [gʌl] n. 갈매기

갈매기
꺼~얼
gull
꺼~얼

꺼~얼, **꺼~얼** 하고 우는 갈매기

ascend [əsénd] v. 올라가다, 오르다

연기가 어! 센다
ascend
하늘로 올라가다, 오르다

굴뚝에서 연기가 **어! 센다** 그래서 하늘로 올라가다, 오르다

descend [disénd] v. 내려가다, 내려오다

풍선 뒤가 센다
descend
땅으로 내려가다, 내려오다

열기구 풍선의 **뒤가 센다**. 그래서 땅으로 내려가다, 내려오다

debt n. 빚, 채무
[det]

大(크게) 투자하기 위해 은행에서 얻은 빚, 채무

trait n. 특성, 특징
[treit]

틀에 박혀 이트(있는) 특성, 특징

welfare n. 복지 a. 복지의
[wélfὲər]

스웨덴 국민들은 well(잘) 사는 패여(패거리여), 즉 복지, 복지의 국민 패거리

identity n. [1] 신원, 정체 [2] 일치, 동일함
[aidéntəti]

identify
1. (신원·정체 등을) 확인하다, 밝히다
2. 동일시하다

죽은 아이에게 댄(대본) 티셔츠가 같다, 즉 죽은 아이와 실종된 아이의 신원, 정체가 일치, 동일함

14일

예문 Smoking is a serious health **hazard.** 흡연은 심각한 건강 위험 요소이다. / Humans use all their five senses to **analyze** food quality. 인간은 음식의 질을 분석하기 위해 모든 그들의 오감을 사용한다. / The company is famous for its rubber **ware.** 그 회사는 고무제품으로 유명하다. / **Gulls** are flying over the sea. 갈매기들이 바다 위를 날고 있다. / Balloons **ascended** into the sky. 풍선이 하늘로 올라갔다. / A hang glider **descended** from the mountain. 행글라이더 한 대가 산에서 내려왔다. / I have paid all my **debts.** 나는 나의 모든 빚을 갚았다. / What's your most outstanding **trait?** 당신의 가장 뛰어난 특성은 무엇입니까? / Anita became interested in social **welfare.** 아니타는 사회복지에 관심을 갖게 되었다. / [1] He revealed his own **identity.** 그는 자신의 정체를 밝혔다. [2] a feeling of **identity** between managers and staff 관리자들과 직원들 간의 동질감

복습문제

□□□ hazard	□□□ gull	□□□ debt	□□□ identity
□□□ analyze	□□□ ascend	□□□ trait	
□□□ ware	□□□ descend	□□□ welfare	

01 1강 단위 복습 05 5강 단위 복습 15 15강 단위 복습 30 30강 단위 복습

다음 단어들의 뜻이 1초 내에 생각나지 않으면 각 강의 단위에 표시를 하고 표시한 단어들을 다시 복습하세요.
(학원이나 학교의 숙제용 주관식 문제는 별도로 p.246~p.260에 있습니다.)

gain	01 05 15 30 30 30	wrinkle	01 05 15 30 30 30
faith	01 05 15 30 30 30	burden	01 05 15 30 30 30
eel	01 05 15 30 30 30	emperor	01 05 15 30 30 30
heavily	01 05 15 30 30 30	wander	01 05 15 30 30 30
apply❶	01 05 15 30 30 30	term	01 05 15 30 30 30
apply❷	01 05 15 30 30 30	hazard	01 05 15 30 30 30
principle	01 05 15 30 30 30	analyze	01 05 15 30 30 30
woodpecker	01 05 15 30 30 30	ware	01 05 15 30 30 30
section	01 05 15 30 30 30	gull	01 05 15 30 30 30
handkerchief	01 05 15 30 30 30	ascend	01 05 15 30 30 30
contrary	01 05 15 30 30 30	descend	01 05 15 30 30 30
fundamental	01 05 15 30 30 30	debt	01 05 15 30 30 30
beverage	01 05 15 30 30 30	trait	01 05 15 30 30 30
dramatic	01 05 15 30 30 30	welfare	01 05 15 30 30 30
translate	01 05 15 30 30 30	identity	01 05 15 30 30 30

파생어, 숙어 복습

faithful	01 05 15 30 30 30	analysis	01 05 15 30 30 30
fundamentally	01 05 15 30 30 30	identify	01 05 15 30 30 30
translation	01 05 15 30 30 30		

경쌤's TIP

공부를 하기 싫은 이유 중에 가장 큰 이유는 무엇일까요?

아마도 목표 없이 수동적인 공부를 하거나
여러분이 정한 목표를 간절하게 바라는 마음이 부족하기 때문일 것입니다.

그리고 머리로만 그 목표를 생각하다 보면 너무나 자주 그 목표를 잊어버리게 될 것입니다. 목표를 크게 적어서 항상 볼 수 있는 곳에 붙여놓도록 하세요.

그 목표를 이루었을 때의 희열과 여러분 못지않게 기뻐하실 부모님의 얼굴을 떠올려보세요.
그리고 너무도 애절히, 너무도 간절히 그 목표를 갈구하세요!!!

register v. 등록하다
[rédʒistər]

지원서를 내지, 신인 스타 오디션에
register
신인스타 오디션 접수처
등록하다

지원서를 **내지**, 신인 **스타** 오디션에. 즉, 등록하다

sole a. 유일한, 단독의
[soul]

1. 우리나라에서 올림픽을 개최한 도시는 **서울**이 유일한, 단독의
2. **solo**(혼자의, 단독의), 즉 유일한, 단독의

landscape n. 풍경, 경치
[lǽndskeip]

land(땅) 위에 **수캐**가 **이쁘**게 서 있는 풍경, 경치

dimension n. 치수, 차원, (*pl.*) 넓이, 규모
[diménʃən]

뒤 마당에 **맨션**을 짓기 위해 측정하는 땅의 치수, 넓이, 차원

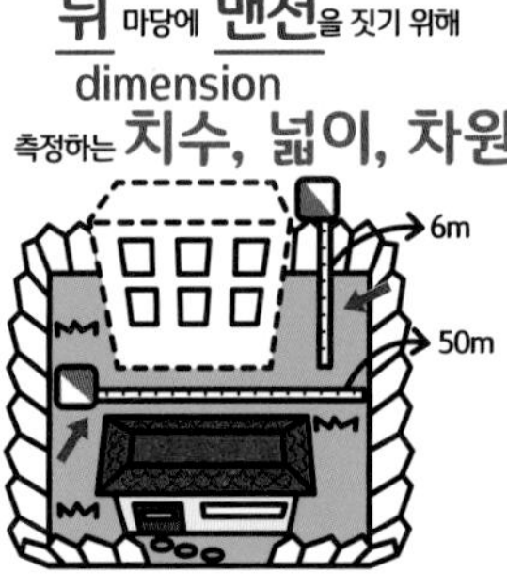

polar a. 극지방의, 남[북]극의
[póulər]

추워서 목폴라를 입어야 하는
polar
극지방의

너무 추워서 목까지 넓는 목**폴라**를 입어야 하는 극지방의

issue [1] n. 문제, 논점 [2] v. 발행하다, 발표하다
[íʃuː]

1. 무슨 문제라도 **있슈?**
2. 현재 **이슈**가 되는 사건들을 실어 신문, 잡지를 발행하다, 발표하다

agent
[éidʒənt]

n. 대리인, 행위자, (스포츠·연예 부문의) 에이전트

agency
대리점, 대행사

A전투, B전투, C전투 등이 많아서 장군이 직접 나가지 않고 대신 보낸 대리인, 행위자

article
[áːrtikl]

n. [1] 물품
[2] (신문·잡지 등의) 기사

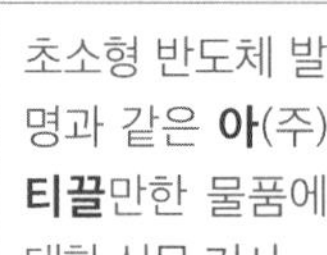
초소형 반도체 발명과 같은 **아**(주) **티끌**만한 물품에 대한 신문 기사

compensation
[㉤kὰmpənséiʃən]
[㉧kɔ̀mpənséiʃən]

n. 보상, 배상

compensate
보상하다
(-ate: 동사형 어미)

"돈으로 **갚어!**" 라고 **say셔**(말하셔), 즉 보상, 배상을 하셔!

upset
a. v. [ʌpsét]
n. [ʌ́pset]

[1] a. 화가 난, 속상한 v. 화나게 하다
[2] v. 뒤엎다 n. 전복
(upset-upset-upset)

up(위로) 내 부하였던 **셋**을 승진시켜 직급을 뒤엎다, 그래서 화가 난, 속상한

15강

예문 He **registered** for the English class. 그는 영어수업에 등록했다. / A baby was the **sole** survivor of the car crash. 그 차량 사고의 유일한 생존자는 아기였다. / a **landscape** painting 풍경화 / What are the **dimensions** of the room? 방의 넓이가 얼마나 되나요? / a **polar** bear 북극곰 / [1] They had an argument on the **issue** of overtime. 그들은 초과 근무 문제에 관해 논쟁했다. [2] They **issue** a monthly newsletter. 그들은 월간 소식지를 발행한다. / an insurance **agent** 보험설계사 / [1] I made a list of **articles** I should buy. 나는 구입해야 하는 물품 목록을 작성했다. [2] I read the **article** about the test on animals. 동물 실험에 관한 기사를 읽었어. / We'll demand **compensation** for damage from the company. 우리는 그 회사에 손해배상을 요구할 것이다. / [1] Why are you so **upset**? 왜 그렇게 마음이 상했니? [2] The boat was **upset** by the wind. 배가 바람에 뒤집혔다.

복습문제

□□□ register	□□□ dimension	□□□ agent	□□□ upset
□□□ sole	□□□ polar	□□□ article	
□□□ landscape	□□□ issue	□□□ compensation	

poisonous
[pɔ́izənəs]

a. 유독한, 독이 있는

poison
독

보이지 않게
넣수
poisonous

?

유독한

몰래 독을 **보이지** 않게 **넣수**, 즉 독을 넣어 유독한, 독이 있는

arrest
[ərést]

v. 체포하다 n. 체포

해경의 **어뢰**에 맞고 항복한 해적들을 체포하다, 체포

raw
[rɔː]

a. 가공하지 않은, 날것의

원유와 같이 상품 가치가 low(낮은) 단계의, 즉 가공하지 않은, 날것의

absorbing
[əbsɔ́ːrbiŋ]

a. 마음을 빼앗는, 몰입하게 만드는

absorb
흡수하다,
열중시키다

업! 서빙하는 예쁜 여자가 마음을 빼앗는, 몰입하게 만드는

bind
[baind]

v. 묶다, 매다
(bind-bound-bound)

바인더(binder)로
bind

서류를 한데 묶다, 매다

바인더(binder)로 서류들을 한데 묶다, 매다

negotiate
[nigóuʃièit]

v. 협상하다, 교섭하다

negotiation
협상, 교섭

8:2로 나누는데 "**니 것이 eight**(8)이라고? 내 것이 eight(8)이야!"라고 말하며 협상하다, 교섭하다

emerge
[imə́ːrdʒ]

v. (물속·어둠 속 등에서) 나오다, 나타나다

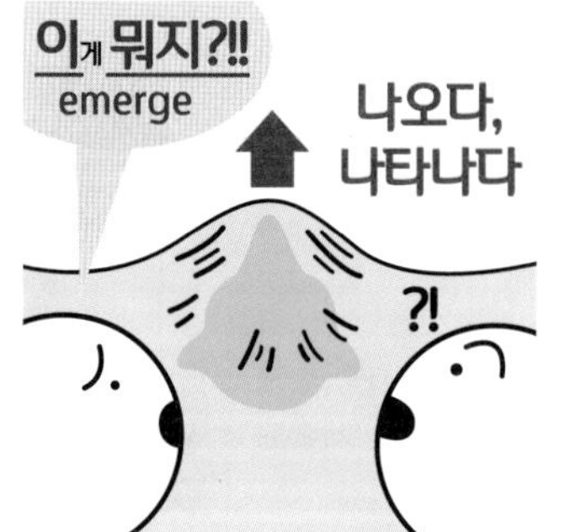

"이게 뭐지?" 무언가가 물속에서 나오다, 나타나다

claim
[kleim]

v. (당연한 권리로서) 요구하다, 주장하다

내 주차구역에 다른 차가 이름만 남겨두고 주차를 해두어 **클**(크게) **name**(이름)을 부르면서 나의 주차(권리를) 요구하다, 주장하다

vapor
[véipər]

n. 증기

증기선 배가 퍼내는(내뿜는)
vapor
증기

증기선 **배**가 **퍼**내는(내뿜는) 증기

evaporate
[ivǽpərèit]

v. 증발시키다, 증발하다

1. 증기선 **e**(밖으로) **배**가 증기를 **퍼레이트**(퍼내다), 즉 증발시키다, 증발하다
2. **e**(out) + **vapor**(증기) + **ate**(동사형 어미): 증기를 밖으로 내보내다, 즉 증발시키다

15강

예문 Some mushrooms are **poisonous.** 어떤 버섯은 독이 있다. / You are under **arrest.** 당신은 체포되었습니다. / I don't like to eat **raw** fish. 나는 생선회 먹는 것을 좋아하지 않는다. / The film is **absorbing** from beginning to end. 그 영화는 처음부터 끝까지 몰입하게 한다. / [1] You should **bind** the box with a string. 당신은 그 상자를 끈으로 묶어야 한다. / They refused to **negotiate.** 그들은 협상하기를 거부했다. / The diver **emerged** from the lake. 그 잠수부가 호수에서 모습을 드러냈다. / They **claimed** their rights on the building. 그들은 그 건물에 대한 권리를 주장했다. / A cloud is made of **vapor** in the sky. 구름은 하늘에 있는 수증기로 만들어진다. / Oceans **evaporate** because of the sunshine. 해양은 햇빛 때문에 증발한다.

복습문제

□□□ poisonous	□□□ absorbing	□□□ emerge	□□□ evaporate
□□□ arrest	□□□ bind	□□□ claim	
□□□ raw	□□□ negotiate	□□□ vapor	

grab [græb] v. 붙들다, 움켜쥐다

그 wrap(랩)이 배달음식이 흐르지 않게 꽉 붙들다, 움켜쥐다

last [㉦læst] [㉧lɑːst] [1] a. 마지막의 [2] a. 지난 [3] v. 지속되다, 계속되다

last(마지막)까지 지속되다, 계속되다

lord [lɔːrd] n. 지배자, 주인

자기보다 계급이 **lower**(더 낮은) 부하를 밑에 **두**고 있는 지배자, 주인

found [faund] v. [1] find의 과거·과거분사 형태 [2] 설립하다, 창립하다 (found-founded-founded)

영단어 암기법을 **found**(발견했다). 그래서 경선식에듀 회사를 설립하다, 창립하다

asset [ǽset] n. 재산, 자산

1. 옛말에 자식이 재산이란 말이 있듯이 **애 셋**이 재산
2. 증권 회사인 '미래 **에셋**'은 미래의 재산이란 뜻

enterprise [éntərpràiz] n. 기업, 회사

기업 공모전 1등에게 주는 그 기업, 회사에 **enter**(들어가) 취업할 수 있는 **prize**(상)

destiny

[déstəni]

n. 운명

점쟁이가 "너는 미래의 **대스타니**, 그것이 너의 운명"

contract

n. [㊀kántrækt]
[㊁kɔ́ntrækt]
v. [kəntrǽkt]

n. 계약 v. 계약하다

"**권투**시합을 **act!**(하겠습니다!)"라고 싸인하며 계약, 계약하다

weird

[wiərd]

a. 이상한, 기묘한

대낮인데도 **위**의 하늘이 **어두**워지는, 즉 이상한, 기묘한

prompt

[㊀prɑmpt]
[㊁prɔmpt]

a. 신속한

지금 **from(부터)**라도 빨리 해야지! 하며 시험을 하루 남기고 하는 신속한 시험공부

15일

예문 He **grabbed** my collar and pulled me towards him. 그가 내 옷깃을 움켜쥐더니 자기 쪽으로 끌어당겼다. / [1] at the **last** minute 마지막 순간에 [2] **last** month 지난달 [3] The promise only **lasted** for 3 days. 그 약속은 3일 동안만 지속되었다. / You are my **lord**. 당신은 나의 주인이십니다. / The school was **founded** 100 years ago. 그 학교는 100년 전에 설립되었다. / The player will be a great **asset** to the team. 그 선수는 그 팀에 큰 자산이 될 것이다. / She is an owner of an **enterprise**. 그녀는 기업의 소유주이다. / It was Ben's **destiny** to become a musician. 벤은 음악가가 되는 것이 운명이었다. / Have you signed the **contract** yet? 계약서에 벌써 서명했어요? / We heard some **weird** sounds outside! 밖에서 이상한 소리가 들렸어요! / a **prompt** reply 신속한 답변

복습문제

□□□ grab	□□□ found	□□□ destiny	□□□ prompt
□□□ last	□□□ asset	□□□ contract	
□□□ lord	□□□ enterprise	□□□ weird	

01 1강 단위 복습 05 5강 단위 복습 15 15강 단위 복습 30 30강 단위 복습

다음 단어들의 뜻이 1초 내에 생각나지 않으면 각 강의 단위에 표시를 하고 표시한 단어들을 다시 복습하세요.
(학원이나 학교의 숙제용 주관식 문제는 별도로 p.246~p.260에 있습니다.)

register	01 05 15 30 30 30	negotiate	01 05 15 30 30 30
sole	01 05 15 30 30 30	emerge	01 05 15 30 30 30
landscape	01 05 15 30 30 30	claim	01 05 15 30 30 30
dimension	01 05 15 30 30 30	vapor	01 05 15 30 30 30
polar	01 05 15 30 30 30	evaporate	01 05 15 30 30 30
issue	01 05 15 30 30 30	grab	01 05 15 30 30 30
agent	01 05 15 30 30 30	last	01 05 15 30 30 30
article	01 05 15 30 30 30	lord	01 05 15 30 30 30
compensation	01 05 15 30 30 30	found	01 05 15 30 30 30
upset	01 05 15 30 30 30	asset	01 05 15 30 30 30
poisonous	01 05 15 30 30 30	enterprise	01 05 15 30 30 30
arrest	01 05 15 30 30 30	destiny	01 05 15 30 30 30
raw	01 05 15 30 30 30	contract	01 05 15 30 30 30
absorbing	01 05 15 30 30 30	weird	01 05 15 30 30 30
bind	01 05 15 30 30 30	prompt	01 05 15 30 30 30

파생어, 숙어 복습

agency	01 05 15 30 30 30	absorb	01 05 15 30 30 30
compensate	01 05 15 30 30 30	negotiation	01 05 15 30 30 30
poison	01 05 15 30 30 30		

동사의 과거, 과거분사형 복습

upset		—		01 05 15 30 30 30
bind		—		01 05 15 30 30 30
find		—		01 05 15 30 30 30
found		—		01 05 15 30 30 30

경쌤's TIP

축하합니다. 여러분은 15강까지 완성하였습니다.

먼저 5강 단위의 복습을 한 후 15강 단위 복습을 반드시 해야 합니다.

1 먼저 6강~10강의 5강 단위 복습에 표시했던 단어들을 복습하세요.

2 그런 다음 11강부터 15강까지 "전체 단어"를 복습하세요.

- 11강의 복습문제 단어 옆의 5강 단위 네모 표시 란에 1초 내에 바로 생각나지 않는 단어들을 표시하고 그것들 위주로 완벽하게 복습한 후 12강, 13강, 14강, 15강을 같은 방식으로 복습합니다.

3 그런 다음 마지막으로 11강~15강의 위 2번에서 5강 단위 네모 표시 란에 표시한 단어들을 다시 한 번 복습하도록 하세요.

4 그런 다음 1강~15강까지 "전체 단어"를 복습하세요.

- 먼저 1강~5강의 복습문제 단어 옆의 15강 단위 표시 란에 1초 내에 바로 생각나지 않는 단어들을 표시하고 그것을 완벽하게 복습하세요.
- 이어서 6강~10강도 같은 방식으로 복습하세요. 그런 다음 11강~15강도 같은 방식으로 복습하세요.

복습을 미루는 시간에 비례하여 복습시간이 늘어난다는 점 명심하세요!!!

16강

launch
[lɔːntʃ]

v. [1] (로켓을) 쏘아 올리다
[2] (사업 등을) 시작하다

long(길게) 치이~
launch
쏘아올리다
치이이이
전쟁을 시작하다

long(길게) **치이** ~ 로켓을 쏘아 올리다, 그렇게 전쟁을 시작하다

shift
[ʃift]

v. 이동시키다, 바꾸다 n. 이동

쉬프트 키로 커서를 이동시키다
shift
소문자를 대문자로 바꾸다
a--------→A
shift

컴퓨터의 **쉬프트** 키로 커서를 이동시키다, 소문자를 대문자로 바꾸다

disturb
[distə́ːrb]

v. 방해하다

뒤에 있는 스타에게 접근하면
disturb
不(부!)(안 돼!)
안 돼!
접근을
방해하다

보디가드가 **뒤**에 있는 **스타**에게 접근하면 "**不**(부!)(안 돼!)" 하며 접근을 방해하다

pile
[pail]

v. 쌓다, 쌓이다 n. 쌓아올린 더미

서류 파일
pile
쌓다,
쌓아올린 더미

서류 **파일**을 책상 위에 쌓다, 쌓아올린 더미

context
[ⓜkɑ́ntekst]
[ⓔkɔ́ntekst]

n. [1] 문맥 [2] 전후 사정, 배경

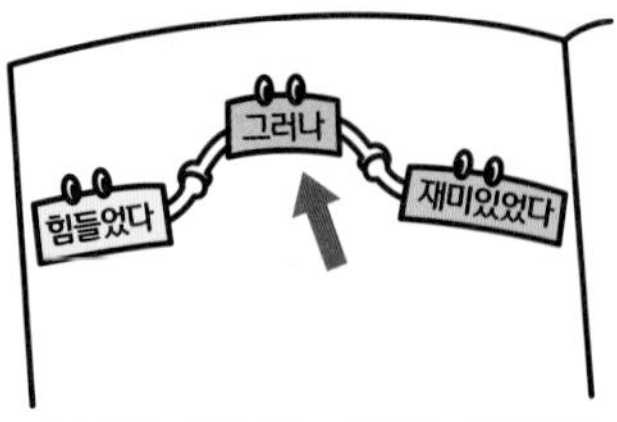

con(함께) text(글)을 앞뒤에서 이어주는
context
힘들었다
그러나
재미있었다
문맥, 전후 사정, 배경

con(함께) **text**(글)을 앞뒤에서 이어주는 문맥, 전후 사정, 배경

entry
[éntri]

n. [1] 입장 [2] 참가

미술대회장으로 enter(들어가다)
entry
미술대회장
입장,
참가

미술대회장으로 **enter**(들어가다), 즉 입장, 참가

bud

[bʌd]

n. 싹 v. 싹을 틔우다

버드나무의
bud
싹, 싹을 틔우다

버드나무의 싹, 싹을 틔우다

warrant

[wɔ́:rənt]

n. 보증 v. 보증하다

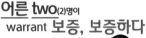

어른 two(2)명이
warrant 보증, 보증하다
보증1
보증2

청소년이 휴대폰을 살 때는 **어른 two**(2)명이 보증해야 한다. 즉, 보증, 보증하다

operate

[㊀ɑ́pərèit]
[㊂ɔ́pərèit]

v. [1] 수술하다
[2] (기계·장치 등을) 조종하다

operation
수술, 조종

아퍼?
에잇!
operate
조종하다
수술하다

의사가 "여기 **아퍼? 에잇!**" 하고 로봇 수술 장비를 조종하다, 수술하다

cooperation

[㊀kouɑ̀pəréiʃən]
[㊂kouɔ̀pəréiʃən]

n. 협력, 협동

cooperate
협력하다, 협동하다

co(함께) **operation**(수술, 조종)하는 것, 즉 협력, 협동

16강

예문 [1] The space agency **launched** another rocket into space. 항공우주국은 우주로 또 다른 로켓을 발사했다. [2] The soldiers **launched** an attack. 군인들이 공격을 개시했다. / The worker is **shifting** boxes. 일꾼이 상자를 옮기고 있다. / My dog **disturbed** our dinner. 내 개가 우리의 저녁을 방해했다. / The lawyer received a **pile** of documents. 변호사는 서류 더미를 받았다. / [1] Think about the **context**. 문맥을 생각해 보세요. [2] their social, economic, and political **contexts** 그들의 사회적, 경제적, 정치적 배경 / [1] No **entry** without a tie. 넥타이 없이는 입장이 불가능합니다. [2] Have you filled in your **entry** form yet? 참가 신청서를 벌써 작성하셨나요? / Look at the small green **bud**! 저 작고 푸른 싹 좀 봐! / I **warrant** this is a good machine. 이것이 좋은 기계임을 제가 보증합니다. / [1] The doctors decided to **operate** on her immediately. 의사들은 즉각 그녀를 수술하기로 결정했다. [2] Elevators are **operated** by electricity. 엘리베이터는 전기로 작동된다. / Thank you for your **cooperation**. 협력해 주셔서 감사합니다.

복습문제

□□□ launch
□□□ shift
□□□ disturb
□□□ pile
□□□ context
□□□ entry
□□□ bud
□□□ warrant
□□□ operate
□□□ cooperation

terrific a. 굉장한, 무시무시한, 아주 멋진
[tərífik]

털이 픽!
terrific
굉장한,
무시무시한
픽!
픽!
픽!
픽!

털이 픽! 설 정도로 굉장한, 무시무시한

compromise n. 타협 v. 타협하다
[㉠kάmprəmàiz]
[㉡kɔ́mprəmàiz]

1. **큰 프로** 선수를 **my**(나의) 구단에 **주**시면 우리의 4번 타자를 드릴게요. 하고 서로 타협, 타협하다
2. **com**(함께) 침략하지 않기로 **promise**(약속하다), 즉 타협, 타협하다

큰프로 선수를 my(나의) 구단에 주시면
우리의 4번 타자를 드릴게요 compromise
4번 타자
MVP 3회 수상
A구단
B구단
타협, 타협하다

drip v. (액체가) 뚝뚝 떨어지다
[drip] n. 물방울

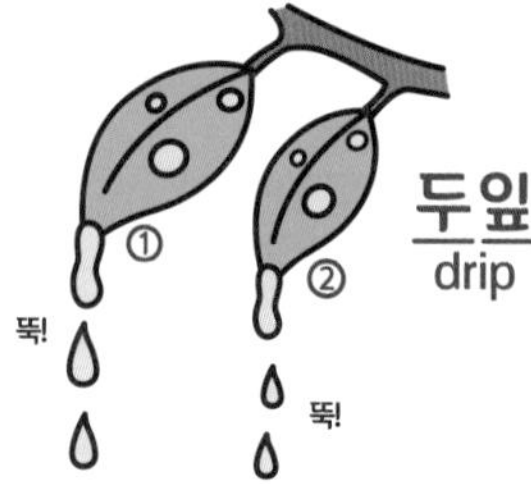
물방울이 뚝뚝 떨어지다
①
②
두잎
drip
뚝!
뚝!

두 개의 **잎**사귀에서 이슬 물방울이 뚝뚝 떨어지다

species n. (분류상의) 종, 종류
[spíːʃiːz]

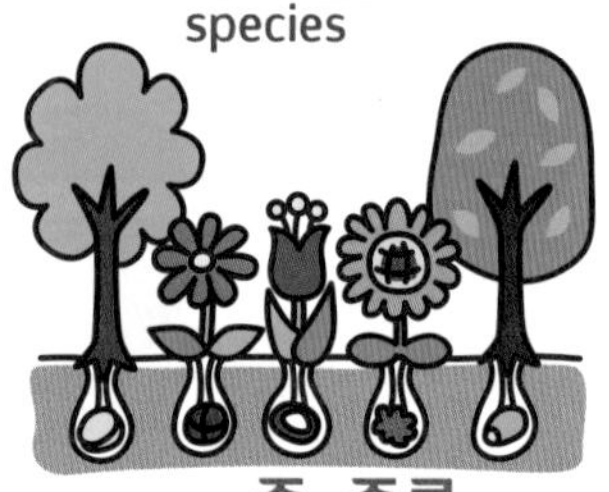
숲이 씨s(씨앗들)로 가득한
species
여러 씨앗의 종, 종류

숲이 여러 종류의 **씨s**(씨앗들)로 가득한, 즉 여러 씨앗들의 종, 종류

reveal v. 밝히다, 폭로하다
[rivíːl]

re(뒤로) 가서 빌면서 자신의 죄를
reveal
사실은..제가 거짓말을 했어요..
밝히다, 폭로하다

선생님께 **re**(뒤로) 가서 **빌**면서 자신의 죄를 밝히다, 폭로하다

approximate a. ~에 근접한, 대략적인
[㉠əprάksimit]
[㉡əprɔ́ksimit]

approximately
대략, 거의

어프~ 어프~ 하며 낚시대 밑까지
approximate
어프~
거의 근접한
어프~

물에 빠진 사람이 어프~ **어프~** 하며 수영하여 낚시꾼이 내민 **낚시**대 **밑**까지 거의 근접한

core

[kɔːr]

n. 중심, 핵심
a. 중심적인, 핵심적인

얼굴의 중심에 있는 코
core

코는 얼굴의 중심, 핵심

blossom

[㉥blɑ́səm]
[㉧blɔ́səm]

n. 꽃 v. 꽃을 피우다

꽃을 피우다

울긋불긋 산에 불났음
blossom

울긋불긋 산에 **불났음**, 즉 온 산에 핀 빨간 꽃, 꽃을 피우다

perceive

[pərsíːv]

v. 감지하다, 인지하다

perception
감지, 인지

팔을 씹으면
perceive
아픔을 감지하다, 인지하다

개가 내 **팔**을 **씹으**면 '아얏!' 하며 아픔을 감지하다, 인지하다

victim

[víktim]

n. 희생자, 피해자

big team(큰 팀)의
victim
1등
BIG
희생자

예선전에서 브라질 축구팀과 같은 **big team**(큰 팀)을 만난 희생자, 피해자

예 문 [1]The car drove past at a **terrific** speed. 그 차는 굉장한 속도로 지나갔다. [2]Your dress looks **terrific**! 네 드레스 아주 멋진데! / She suggested a **compromise** to us. 그녀는 우리에게 타협을 제안했다. / Water was **dripping** onto the floor. 물이 바닥 위로 뚝뚝 떨어지고 있었다. / Forest is the home of numerous **species**. 숲은 수많은 종들의 집이다. / It's time to **reveal** our secret. 지금이 우리의 비밀을 밝힐 때이다. / The **approximate** time is four o'clock. 대략적인 시간은 4시이다. / He is the **core** member of his team. 그는 팀의 핵심 멤버이다. / The apple trees are in **blossom**. 사과나무들이 꽃을 피웠다. / Voters **perceive** him as the next President. 유권자들은 그를 다음 대통령으로 인식하고 있다. / the **victims** of war 전쟁의 희생자들

복습문제

□□□ terrific
□□□ compromise
□□□ drip
□□□ species
□□□ reveal
□□□ approximate
□□□ core
□□□ blossom
□□□ perceive
□□□ victim

frustrate v. 좌절시키다
[frʌ́streit]

frustrated
좌절한
(-ed: 형용사형 어미)

스트레이트파마를 하고 나타난 여자친구에게 "**풀어, 스트레이트!** 더 못생겨 보여!"라고 여자친구를 좌절시키다

regard [rigá:rd]
1 v. 주목하다, 주의하다
2 n. 관계 v. 관계하다
3 v. ~으로 여기다

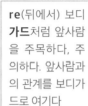

re(뒤에서) 보디**가드**처럼 앞사람을 주목하다, 주의하다. 앞사람과의 관계를 보디가드로 여기다

regarding prep. ~에 관하여
[rigá:rdiŋ]

regard(관계하다) + **ing**: ~에 관계하여, 즉 ~에 관하여

regardless of ~에 관계없이

regard(관계) + **less**(~이 없는) + **of**(~에 관하여): ~에 관하여 관계없이

in regard to ~에 관하여

직역하면 '~쪽으로의 **regard**(관계) 안에서', 즉 ~에 관하여

regard A as B A를 B로 여기다, 간주하다

직역하면 A를 B로서 **regard**(~으로 여기다), 즉 A를 B로 여기다, 간주하다

germ
[dʒəːrm]

n. 세균

점처럼 작은 세균

classify
[klǽsəfài]

v. 분류하다

class(학급, 계급)별로
classify

1학년 1반 1학년 3반 1학년 7반

학생들을 **분류하다**

class(학급, 계급) + **ify**(동사형 어미): 학급별로 학생들을 분류하다

ash
[æʃ]

n. 재, 화산재, 담뱃재

담뱃재, 화산재가
코에 들어가 **에취!**
ash

담뱃재, 화산재가 코로 들어가 **애쉬!**(에취!)

cease
[siːs]

v. 중지하다, 중단되다

청소를 중지하다, 그리고 손을 **씻수**.

예문 We were **frustrated** to hear the news. 우리는 그 소식을 듣고 좌절했다. / [1]The detective **regarded** us suspiciously. 형사는 우리를 의심스러운 눈초리로 주목했다. [2]That does not **regard** me at all. 그것은 나와 전혀 관계가 없는 일이다. [3]He is **regarded** as an expert in the field. 그는 그 분야의 전문가로 여겨진다. / I agree with you **regarding** this matter. 나는 이 문제에 관하여 당신 의견에 동의합니다. / **Regardless of** the rain, we went to the amusement park. 비와 상관없이 우리는 놀이공원에 갔다. / What's your opinion **in regard to** human rights? 인권에 관련한 당신의 의견은 무엇입니까? / They **regard** him **as** a terrorist. 그들은 그를 테러범이라고 여긴다. / Some **germs** cause disease. 어떤 세균은 병을 유발시킨다. / He **classified** the books by subjects. 그는 책을 주제별로 분류했다. / the **ashes** of a camp-fire 캠프파이어의 재 / **Cease** your whistling immediately! 휘파람을 당장 멈춰!

복습문제

□□□ frustrate
□□□ regard
□□□ regarding
□□□ regardless of
□□□ in regard to
□□□ regard A as B
□□□ germ
□□□ classify
□□□ ash
□□□ cease

01 1강 단위 복습 05 5강 단위 복습 15 15강 단위 복습 30 30강 단위 복습

다음 단어들의 뜻이 1초 내에 생각나지 않으면 각 강의 단위에 표시를 하고 표시한 단어들을 다시 복습하세요.
(학원이나 학교의 숙제용 주관식 문제는 별도로 p.246~p.260에 있습니다.)

launch	01 05 15 30 30 30	approximate	01 05 15 30 30 30
shift	01 05 15 30 30 30	core	01 05 15 30 30 30
disturb	01 05 15 30 30 30	blossom	01 05 15 30 30 30
pile	01 05 15 30 30 30	perceive	01 05 15 30 30 30
context	01 05 15 30 30 30	victim	01 05 15 30 30 30
entry	01 05 15 30 30 30	frustrate	01 05 15 30 30 30
bud	01 05 15 30 30 30	regard	01 05 15 30 30 30
warrant	01 05 15 30 30 30	regarding	01 05 15 30 30 30
operate	01 05 15 30 30 30	regardless of	01 05 15 30 30 30
cooperation	01 05 15 30 30 30	in regard to	01 05 15 30 30 30
terrific	01 05 15 30 30 30	regard A as B	01 05 15 30 30 30
compromise	01 05 15 30 30 30	germ	01 05 15 30 30 30
drip	01 05 15 30 30 30	classify	01 05 15 30 30 30
species	01 05 15 30 30 30	ash	01 05 15 30 30 30
reveal	01 05 15 30 30 30	cease	01 05 15 30 30 30

파생어, 숙어 복습

operation	01 05 15 30 30 30	perception	01 05 15 30 30 30
cooperate	01 05 15 30 30 30	frustrated	01 05 15 30 30 30
approximately	01 05 15 30 30 30		

경쌤's TIP

다시 한 번 강조할게요!

15강 경쌤에서 얘기했던 1강~15강 전체 단어 복습을 하지 않은 학생들은
반드시! 1강~15강 전체 단어 복습을 하세요!!!

지금까지 공부해온 단어를 누적복습 없이 지나가면 나중에 복습시간이 2배 이상 걸릴 수도 있으니
경쌤에서 복습하라고 할 때 꼭 해야 합니다.

rural a. 시골의
[rúərəl]

벼가 익어 누럴 시골의 풍경
rural

벼가 익어서 **누럴** 시골의 풍경

arms n. 무기, 병기
[ɑːrmz]

arm(팔)도 여럿이 휘두르면 무기
arms

arms(팔들)을 여럿이 휘두르면 무기, 병기

personality n. 개성, 성격
[pə̀ːrsənǽləti]

표정에서
person마다 성격의 티를 낼리
personality
개성, 성격

person(사람)마다 **낼리**(내다), 자신만의 성격 **티**를. 즉, 개성, 성격

statistics n. 통계, 통계학
[stətístiks]

statistic
통계치, 통계량

스타들이 소유재산에서
statistics 튀수(튀었수) 틱!(스)
소유 재산 통계 현황
공무원 서비스직 사무직 가수, 배우 스타
통계, 통계학

막대그래프 통계에서 영화, 가수 **스타**들이 일반인에 비해 소유재산 등이 **튀수**(튀었수), **틱!(스)** 하고

ordinary a. 보통의, 평범한
[미 ɔ́ːrdənèri]
[영 ɔ́ːdənəri]

평범한 점수로 어디 넣으리?
ordinary
S대?
K대?
Y대?
70

입학원서를 **어디 넣으리?** 이런 보통의, 평범한 점수를 가지고

extraordinary a. 보통이 아닌, 특이한
[미 ikstrɔ́ːrdənèri]
[영 ikstrɔ́ːdənəri]

extra(outside) + **ordinary**(보통의): 보통이 아닌, 특이한

meadow
n. 목초지, 초원

[médou]

목초지, 초원에 염소를 **매둬**

meadow

염소를 풀 뜯어 먹게 **매둬!** 목초지, 초원에

dominant
a. 우세한, 지배적인

[㊊dáminənt]
[㊇dɔ́minənt]

dominate
지배하다, 우세하다

우세한, 지배적인 후보

국민들이 대통령 후보로 **다 미는 투**로 우세한, 지배적인

jellyfish
n. 해파리

[dʒélifiʃ]

jelly(젤리) **fish**(물고기)

jellyfish **해파리**

jelly(젤리)와 같이 흐물흐물한 **fish**(물고기), 즉 해파리

observe
v. 관찰하다

[əbzə́:rv]

observation
관찰

어부가 고기를
잡으려고 **관찰하다**

observe

어부가 고기를 **잡으**려고 낚시찌의 움직임을 관찰하다

178

예문 I grew up in a **rural** area. 나는 시골 지역에서 자랐다. / They worked illegally as **arms** merchants. 그들은 무기상으로 불법적으로 일했다. / Everyone has different **personalities**. 모든 사람들은 성격이 다르다. / **statistics** on drug usage 약물 사용에 대한 통계 / He is not an **ordinary** student. 그는 평범한 학생이 아니다. / It is an **extraordinary** event. 그것은 특이한 사건이다. / The goats are grazing in the **meadow**. 염소들이 초원에서 풀을 뜯고 있다. / LG has achieved a **dominant** position in the world market. LG는 세계 시장에서 우세한 위치를 달성했다. / A **jellyfish** sting can be very painful. 해파리가 쏘면 매우 아플 수 있다. / She **observed** the behavior of birds. 그녀는 새의 행동을 관찰했다.

복습문제

□□□ rural	□□□ statistics	□□□ meadow	□□□ observe
□□□ arms	□□□ ordinary	□□□ dominant	
□□□ personality	□□□ extraordinary	□□□ jellyfish	

drought n. 가뭄
[draut]

가뭄에 **들**판이 다 말라 **아웃!** 당한

emphasize v. 강조하다
[émfəsàiz]

emphasis 강조

상사가 **앰프**를 **사이즈**가 큰 것으로 놓아 소리를 키워 강조하다

preserve v. 보존하다, 유지하다
[prizə́ːrv]

수학 **풀이**집의 중요한 페이지를 **접어**서 찾아보기 쉽게 보존하다, 유지하다

tongue n. [1] 혀 [2] 말, 언어
[tʌŋ]

입속에서 목탁소리처럼 **텅! 텅!** 소리를 만드는 혀, 그리고 **tongue**(혀)로 하는 말, 언어

estate n. 재산, 부동산
[istéit]

한 갑부가 미국 지도를 가리키며 "**이 스테이트**(주)에 있는 땅이 모두 우리 재산, 부동산이야."

maintain v. [1] 유지하다 [2] 주장하다
[meintéin]

줄에 매인 깡패 떼들을 감옥 in(안에) 넣고
maintain
너희들은 무기징역!
평생 유지해야 한다고 주장하다

줄에 **매인** 깡패 **떼**들을 감옥 **in**(안에) 넣고 평생 유지해야 한다고 주장하다

attorney n. 변호사
[ətə́ːrni]

친구가 실수로 때린 건데 "그러면 좀 **어떠니?**"라며 변호하는 변호사

merely ad. 단지, 그저
[míərli]

우리 부장님이 아무 이유 없이 단지, 그저 **미울리**(밉다)

significant a. 중요한
[signífikənt]

sign(싸인)은 중요한
significant 여기에 싸인하시면 됩니다
이 사기꾼!
빚보증

빚보증에 함부로 싸인을 하면 안 되듯이 **sign**(싸인)은 중요한

delete v. 삭제하다, 지우다
[dilíːt]

키보드의 delete 키
삭제하다, 지우다

컴퓨터 자판의 **delete**로 글자를 삭제하다, 지우다

예 문 The world is suffering from **drought.** 세계는 가뭄에 시달리고 있다. / He **emphasizes** that trust is the most important factor. 그는 신뢰가 가장 중요한 요소라고 강조한다. / We should **preserve** our nature. 우리는 우리의 자연을 보존해야 한다. / [1] Be careful not to bite your **tongue.** 혀를 깨물지 않도록 조심해라. [2] Sorry, I made a slip of **tongue.** 죄송해요, 제가 말실수를 했네요. / The basketball player owns many **estates.** 그 농구선수는 많은 토지를 소유하고 있다. / [1] I want to **maintain** our good relationship. 나는 우리의 좋은 관계를 유지하고 싶다. [2] The company still **maintains** that the vaccine is safe. 그 회사는 여전히 백신이 안전하다고 주장한다. / I had to hire an **attorney.** 나는 변호사를 고용해야만 했다. / He went to New York **merely** to see Justin Bieber. 그는 단지 저스틴 비버를 보기 위해 뉴욕에 갔다. / The engine is a **significant** part of a plane. 엔진은 비행기의 중요한 부분이다. / I **deleted** an important e-mail by mistake. 내가 실수로 중요한 이메일을 삭제해버렸다.

복습문제

□□□ drought	□□□ tongue	□□□ attorney	□□□ delete
□□□ emphasize	□□□ estate	□□□ merely	
□□□ preserve	□□□ maintain	□□□ significant	

obstacle n. 방해, 장애물

[㊀ɑ́bstəkl]
[㊂ɔ́bstəkl]

방해,
장애물
앞서 태클
obstacle

축구에서 **앞서** 들어오는 **태클**은 공격의 방해, 장애물

split v. 나뉘다, 쪼개다 (split-split-split)

[split]

슥 풀리어 two(2)개로
split
나뉘다,
쪼개다
슥-

나무젓가락이 **슥 풀리**이 two(2)개가 되다. 즉 나뉘다, 쪼개다

mammal n. 포유동물

[mǽməl]

mam을(엄마를) 쫓아 젖을 먹는
mammal
포유동물

mam을(엄마를) 따라다니며 젖을 먹는 포유동물

consequence n. 결과

[㊀kɑ́:nsəkwèns]
[㊂kɔ́nsikwəns]

consequently
결과적으로, 따라서

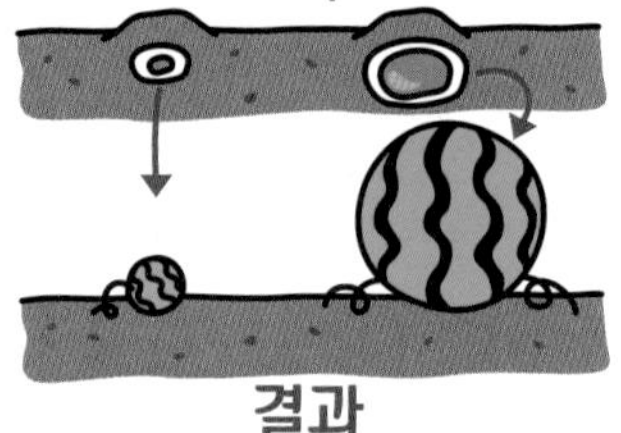
작은 씨 → 열매가 작았수
큰 씨 → 열매가 컸수
consequence
결과

작은 씨를 심은 결과 열매가 작고, **큰 씨**를 심은 결과 열매가 **컸수**. 즉, 결과

distinguish v. 구별하다

[distíŋgwiʃ]

This(이것만) 높이 팅기쉬(팅겨져) 나와
distinguish
쉽게
구별하다

123층의 롯데타워같이 **This**(이것만) 높이 **팅기쉬**(팅겨져) 나와 다른 건물과 쉽게 구별하다

distinction n. 구별, 차이

[distíŋkʃən]

distinct
구별되는, 뚜렷한

This(이것만) 팅! 하고 크셔
distinction
구별, 차이

123층의 롯데타워같이 **This**(이것만) **팅!** 하고 **크션**(크셔), 즉 다른 작은 것들과의 구별, 차이

means
[miːnz]

n. 수단, 방법

미인s(미인들)이 그 미를 수단, 방법으로 해서 배우나 모델 등을 한다.

by means of

~에 의하여

by(~에 의해) + **means**(수단, 방법) + **of**(~의): ~의 수단에 의해, 즉 ~에 의하여

by all means

반드시

by(~에 의해) + **all**(모든) + **means**(수단, 방법): 모든 수단에 의해, 즉 반드시

by no means

결코 ~않다

by(~에 의해) + **no**(어떠한 ~도 않다) + **means**(수단, 방법): 어떠한 수단에 의해서도 ~않다, 즉 결코 ~않다

예문 Laziness is an **obstacle** to success. 게으름은 성공의 장애물이다. / The children **split** into small groups. 그 아이들은 소그룹으로 나뉘었다. / The whale is not a fish, but a **mammal**. 고래는 물고기가 아니라 포유동물이다. / Smoking can have serious **consequences**. 흡연은 심각한 결과를 낳을 수 있다. / Can you **distinguish** all the colors of lipsticks? 립스틱 색깔을 모두 구분할 수 있나요? / There is a clear **distinction** between Chinese culture and Korean culture. 중국 문화와 한국 문화 사이에는 분명한 차이가 있다. / a **means** of sharing information 정보를 공유하는 수단 / Tom entered the building **by means of** a rope. 톰은 밧줄로 건물에 들어갔다. / Come and see me **by all means**. 반드시 나를 보러 오세요. / She is **by no means** poor. 그녀는 결코 가난하지 않다.

복습문제

□□□ obstacle
□□□ split
□□□ mammal
□□□ consequence
□□□ distinguish
□□□ distinction
□□□ means
□□□ by means of
□□□ by all means
□□□ by no means

01 1강 단위 복습 05 5강 단위 복습 15 15강 단위 복습 30 30강 단위 복습

다음 단어들의 뜻이 1초 내에 생각나지 않으면 각 강의 단위에 표시를 하고 표시한 단어들을 다시 복습하세요.
(학원이나 학교의 숙제용 주관식 문제는 별도로 p.246~p.260에 있습니다.)

rural	01 05 15 30 30 30	maintain	01 05 15 30 30 30
arms	01 05 15 30 30 30	attorney	01 05 15 30 30 30
personality	01 05 15 30 30 30	merely	01 05 15 30 30 30
statistics	01 05 15 30 30 30	significant	01 05 15 30 30 30
ordinary	01 05 15 30 30 30	delete	01 05 15 30 30 30
extraordinary	01 05 15 30 30 30	obstacle	01 05 15 30 30 30
meadow	01 05 15 30 30 30	split	01 05 15 30 30 30
dominant	01 05 15 30 30 30	mammal	01 05 15 30 30 30
jellyfish	01 05 15 30 30 30	consequence	01 05 15 30 30 30
observe	01 05 15 30 30 30	distinguish	01 05 15 30 30 30
drought	01 05 15 30 30 30	distinction	01 05 15 30 30 30
emphasize	01 05 15 30 30 30	means	01 05 15 30 30 30
preserve	01 05 15 30 30 30	by means of	01 05 15 30 30 30
tongue	01 05 15 30 30 30	by all means	01 05 15 30 30 30
estate	01 05 15 30 30 30	by no means	01 05 15 30 30 30

파생어, 숙어 복습

statistic	01 05 15 30 30 30	emphasis	01 05 15 30 30 30
dominate	01 05 15 30 30 30	consequently	01 05 15 30 30 30
observation	01 05 15 30 30 30	distinct	01 05 15 30 30 30

동사의 과거, 과거분사형 복습

split		—		01 05 15 30 30 30

경선식 영단어 생생 학습 후기

1시간에 정말 100단어를 모조리 암기해서 해마학습법의 효과를 알았습니다. 중학 1, 2, 3 과정을 15일 만에 완성했습니다. (김*우)

안녕하세요. 저는 내년에 중학생이 되는 초6입니다. TV 보다가 경선식영단어가 나와서 '1시간 100단어 암기하기'를 체험해보고 1시간에 정말 100단어를 모조리 암기해서 해마학습법의 효과를 알았습니다. 그러고 나서 경선식영단어 중학 과정을 수강 신청해 '경선식영단어 중학 1, 2, 3' 과정을 15일 완성 계획으로 끝냈습니다. 초등학생인 제가 중학교 영단어를 단기간에 그렇게 많이 암기했다는 사실이 정말 믿겨지지 않았습니다. 제겐 생소하고 어려웠던 단어들인데 정말 잘 외워진다고 누구에게도 장담할 수 있습니다. 이것 덕분에 영어 단어에 자신감이 붙기도 했습니다. 요즘에는 들었던 강의를 다시 복습 중인데, 확실히 머릿속에 잘 박혀 있으니 복습 시간이 상당히 짧습니다. 이렇게 좋은 강의를 억지라고, 돈낭비라고 욕하는 이유를 전혀 모르겠습니다. 전혀 돈낭비 아니고, 연상도 억지가 아니라고 저는 생각합니다. 다음에는 경선식영단어 고등학교 과정도 도전해 봐야겠습니다.

18강

bother
[㊇báðər]
[㊕bɔ́ðər]

v. 괴롭히다, 신경 쓰이게 하다

"술 **받어!**" 하며 직장 상사가 억지로 마시게 하여 괴롭히다, 신경 쓰이게 하다

familiar
[fəmíljər]

a. 친근한, 잘 알고 있는

우리는 친근한, 서로 잘 알고 있는 **family여**(가족이여).

comprise
[kəmpráiz]

v. 1 포함하다
2 ~으로 구성되다, 구성하다

컴(컴퓨터)가 **prize**(상품)에 포함되다, 구성되다

loaf
[louf]

n. (빵) 한 덩어리

덫으로 쓰려고 **로프**(밧줄)에 매달아 놓은 빵 한 덩어리

artificial
[ɑ̀:rtəfíʃəl]

a. 인공의, 가짜의

인공의 콘크리트 환경과 인공의 과자 등을 먹어서 **아토피**에 잘 걸리**셔**.

naked
[néikid]

a. 나체의, 벌거벗은

내의만 입은 **kid**(아이), 즉 나체의, 벌거벗은

fascinate
v. 넋을 빼앗다, 매혹하다

[fǽsənèit]

fascinating
매혹적인
(-ing: 형용사형 어미 or 명사형 어미)

넋을 **뺏어내이트**
fascinate

넋을 빼앗다, 매혹하다

미녀가 내 넋을 **뺏어내이트**. 즉, 넋을 빼앗다, 매혹하다

grant
v. 승인하다, 허가하다

[grænt]

take it for granted
(that) ~을 당연한 것으로 여기다(← 승인된 것으로 여기다)

그래! 그렇게 해 라는 **투**로
grant

승인하다, 허가하다

"**그랜!**(그래!) 그렇게 해."라는 **투**로 승인하다, 허가하다

crosswalk
n. 횡단보도

[krɔ́:swɔ̀:k]

cross(가로질러) + **walk**(걷다)
crosswalk

횡단보도

도로를 **cross**(가로질러) **walk**(걷는) 횡단보도

present
[1] n. 선물 [2] a. 현재의
[3] a. 참석한 [4] v. 주다

n. a. [préznt]
v. [prizént]

presentation
프레젠테이션, 상영, 발표

present(선물)을 누구에게 주나요?
present

현재의, 참석한
사람에게 **주다**

present(선물)을 누구에게 주는가? 현재의, 참석한 사람에게 주다

예문 Does the pain **bother** you much? 통증이 당신을 많이 신경 쓰이게 하나요? / A **familiar** voice called my name. 귀에 익은 목소리가 내 이름을 불렀다. / [1]The United Kingdom **comprises** England, Scotland, Wales, and Northern Ireland. 영국은 잉글랜드, 스코틀랜드, 웨일스, 북아일랜드를 포함한다. [2]The team is **comprised** of players under the age of 23. 그 팀은 23세 이하의 선수들로 구성되어 있다. / I bought a **loaf** of bread. 나는 빵 한 덩어리를 샀다. / **artificial** flowers 조화 / What is that **naked** man doing there? 저 벌거벗은 남자는 저기에서 뭘 하고 있는 거지? / I was **fascinated** by the beautiful flowers. 나는 아름다운 꽃들에 넋을 빼앗겼다. / The president **granted** liberty to many prisoners. 대통령은 많은 죄수들에게 자유를 승인했다[사면했다]. / The Beatles took a famous picture at a **crosswalk**. 비틀즈는 횡단보도에서 유명한 사진을 찍었다 / [1]the **present** owner of the house 그 집의 현재의 소유주 [2]There were 100 people **present** at the meeting. 그 회의에는 100명이 참석했다. [3]They **presented** an award to her. 그들은 그녀에게 상을 주었다.

복습문제

□□□ bother
□□□ familiar
□□□ comprise
□□□ loaf
□□□ artificial
□□□ naked
□□□ fascinate
□□□ grant
□□□ crosswalk
□□□ present

riddle [rídl] n. 수수께끼

니들(너희들) 이거 알아? 수수께끼

function [fʌ́ŋkʃən] n. 기능 v. (제대로) 기능하다

펑! 터지며 **시원**하게 에어백이 제대로 기능하다

qualify [ⓜkwɑ́lifài] [ⓨkwɔ́lifài] v. 자격을 주다, 자격을 얻다

qualification 자격, 자격증

파이를 만들 **권리**, 즉 제빵사 자격을 주다, 자격을 얻다

gaze [geiz] v. 뚫어지게 보다, 응시하다

"**걔**는 **잊어!**"라고 해도 헤어진 사람의 사진을 뚫어지게 보다, 응시하다

yell [jel] v. 소리치다, 고함치다 n. 소리침

물에 빠진 **얠**(애를) 살려주세요! 하고 소리치다, 고함치다

wheat [*h*wiːt] n. 밀

휘 불면 뿌옇게 흩어지는 밀가루

adore
[ədɔ́ːr]

v. 숭배하다, 아주 좋아하다

아더 왕~
숭배하다
아더~!
adore

백성들이 **아더**(왕)를 숭배하다, 아주 좋아하다

cheat
[tʃiːt]

v. 속이다 n. 속임수

칫! 거짓말!
cheat

별 따줄게!
속이다, 속임수

남자친구의 허풍에 "**칫**! 거짓말!" 즉, 남친이 속이다, 속임수

refer
[rifə́ːr]

v. 말하다, 언급하다

머리 했어
나 이뻐?
refer
이쁘면 이쁘다고 말 좀 해!
이뻐!
이뻐!
말하다, 언급하다

무뚝뚝한 남편에게 "나 **이뻐**? 이쁘면 이쁘다고 말 좀 해!"라고 해서 이쁘다고 말하다, 언급하다

conscience
[㊀kάnʃəns]
[㊂kɔ́nʃəns]

n. 양심

출발 칸을(출발선을) 밟았다고 밝히는
육상 선수의
conscience
양심

출발 **칸**을 밟고 출발했다고 솔직히 밝히는 육상 **선수**의 양심

18일

예문 My dad likes to give us **riddles**. 아빠는 우리에게 수수께끼 내는 걸 좋아하신다. / The machine **functions** well in a cold environment. 그 기계는 추운 환경에서도 잘 작동한다. / The training course will **qualify** you for a better job. 그 훈련 과정은 당신에게 더 나은 직장을 얻을 자격을 줄 것이다. / The tourists **gazed** at the Grand Canyon. 관광객들은 그랜드캐니언을 응시했다. / My teacher always **yells** when he is angry. 우리 선생님은 화가 나면 항상 소리를 지르신다. / Bread is usually made from **wheat**. 빵은 보통 밀로 만들어진다. / She **adores** her cats. 그녀는 그녀의 고양이들을 아주 좋아한다. / Don't **cheat** on your teacher. 선생님을 속이지 말아라. / He **referred** to your name. 그는 당신의 이름을 언급했습니다. / It's a matter of **conscience**. 그것은 양심의 문제이다.

복습문제

□□□ riddle	□□□ gaze	□□□ adore	□□□ conscience
□□□ function	□□□ yell	□□□ cheat	
□□□ qualify	□□□ wheat	□□□ refer	

dinosaur n. 공룡
[dáinəsɔ̀ːr]

die(죽어서) 땅속에 **넣었소**. 즉, 화석으로만 발견되는 공룡

duty n. 의무, 업무
[djúːti]

둘이서 이거 다 해놔! 즉, 두 사람의 의무, 업무

moral a. 도덕적인
[mɔ́ːrəl]

늙으신 母를(어머니를) 잘 돌보는
moral
도덕적인 자식
엄마~ 천천히
꼭꼭 씹어드세요

늙으신 **母를**(어머니를) 잘 돌보는 도덕적인 자식

mechanical a. 기계의, 기계적인
[məkǽnikəl]

땅에서 **뭐**를 **캐니 칼**로? 칼 말고 땅을 뚫는 기계의 장치가 있어야 해!

surgery n. 수술
[sə́ːrdʒəri]

피부를 **썰** 메스 **주어리!**(줘!) - 수술 장면

candidate n. 후보자, 지원자
[kǽndidèit]

캔디와 데이트하려고
candidate
줄 선 후보자, 지원자
1

캔디와 **데이트**하려고 길게 줄 서 있는 후보사, 지원자

policy
[㉯páləsi]
[㉰pɔ́ləsi]

n. 정책, 방침

돈을 마련하기 위해 **팔어**, 하나의 **시**를. 그러한 나라의 정책, 방침

crucial
[krúːʃəl]

a. 결정적인, 중대한

"무릎 **꿇으셔!**"라고 경찰이 소리치며 범인에게 내민 결정적인, 중대한 증거

proportion
[prəpɔ́ːrʃən]

n. 비율, 부분, 균형

실적이 몇 프로(%)인지 비율에 맞게
쌀을 퍼션
proportion
넌 50%만 일했으니 쌀 반 되다!

하인들에게 일을 몇 **프로** 했는지 비율에 맞춰 각각 쌀을 **퍼션**(퍼주셔).

boundary
[báundəri]

n. 경계선, 경계

공이 **바운드**되어 넘어가는 아웃 경계선

예문 This is a **dinosaur's** footprint. 이것은 공룡의 발자국이다. / It's the **duty** of a doctor to try to keep people alive. 사람들을 살리려고 애를 쓰는 것이 의사의 의무이다. / Fairy tales have **moral** lessons for children. 동화는 아이들에게 도덕적인 교훈을 준다. / The plane was delayed because of a **mechanical** problem. 비행기가 기계적인 결함 때문에 연착되었다. / The **surgery** took 5 hours. 그 수술은 5시간 걸렸다. / She's not the ideal **candidate** for the position. 그녀는 그 자리에 이상적인 후보자가 아니다. / The minister announced a new **policy.** 장관은 새로운 정책을 발표했다. / Sleeping is a **crucial** part of our lives. 잠은 우리 삶의 중요한 부분이다. / the **proportion** of the expenditure to the income 수입에 대한 지출의 비율 / the **boundary** between Japan and Korea 일본과 한국 사이의 경계

복습문제

□□□ dinosaur
□□□ duty
□□□ moral
□□□ mechanical
□□□ surgery
□□□ candidate
□□□ policy
□□□ crucial
□□□ proportion
□□□ boundary

01 1강 단위 복습 05 5강 단위 복습 15 15강 단위 복습 30 30강 단위 복습

다음 단어들의 뜻이 1초 내에 생각나지 않으면 각 강의 단위에 표시를 하고 표시한 단어들을 다시 복습하세요.
(학원이나 학교의 숙제용 주관식 문제는 별도로 p.246~p.260에 있습니다.)

bother	01 05 15 30 30 30	wheat	01 05 15 30 30 30
familiar	01 05 15 30 30 30	adore	01 05 15 30 30 30
comprise	01 05 15 30 30 30	cheat	01 05 15 30 30 30
loaf	01 05 15 30 30 30	refer	01 05 15 30 30 30
artificial	01 05 15 30 30 30	conscience	01 05 15 30 30 30
naked	01 05 15 30 30 30	dinosaur	01 05 15 30 30 30
fascinate	01 05 15 30 30 30	duty	01 05 15 30 30 30
grant	01 05 15 30 30 30	moral	01 05 15 30 30 30
crosswalk	01 05 15 30 30 30	mechanical	01 05 15 30 30 30
present	01 05 15 30 30 30	surgery	01 05 15 30 30 30
riddle	01 05 15 30 30 30	candidate	01 05 15 30 30 30
function	01 05 15 30 30 30	policy	01 05 15 30 30 30
qualify	01 05 15 30 30 30	crucial	01 05 15 30 30 30
gaze	01 05 15 30 30 30	proportion	01 05 15 30 30 30
yell	01 05 15 30 30 30	boundary	01 05 15 30 30 30

파생어, 숙어 복습

fascinating	01 05 15 30 30 30	presentation	01 05 15 30 30 30
take it for granted (that)	01 05 15 30 30 30	qualification	01 05 15 30 30 30

처음에는 경선식수능영단어 강의의 비교할 수 없는 암기 속도에 놀랐을 겁니다.
하지만 속도보다 더 뛰어난 것이 암기 지속성입니다.

일반적인 암기에 있어서는

그 뜻을 떠올릴 연결고리가 없기 때문에
100단어 완벽 암기에 3~4시간 정도 걸리고
일주일 후 그 100단어를 다시 완벽하게 복습하는 데는 1.5시간 가까이 걸립니다.
다시 한 달 후 그 단어들을 완벽하게 복습하는 데는 1시간 정도는 걸립니다.
3달 후 그 단어들을 완벽하게 복습하는 데는 30분 이상 걸립니다.

경선식 영단어 강의는

발음과 뜻의 강력한 연결고리가 만화의 잔상과 단어 뜻의 느낌과 함께 저장되기 때문에
100단어 완벽 암기에 1시간 정도 걸리고
일주일 후 그 100단어를 다시 완벽하게 복습하는 데는 15분 정도 걸리고
다시 한 달 후 그 단어들을 완벽하게 복습하는 데는 10분 정도 걸립니다.
3달 후 그 단어들을 완벽하게 복습하는 데는 5분 정도 걸립니다.

한 예로 경선식에듀 수강생 이미* 학생은 공무원, 편입, 토플 시험용인 경선식영단어(공편토) 2714개의 표제어를 단 8일 만에 암기하여 무작위 100단어 시험에서 100점을 받았고 40일 후 단지 4시간의 복습만으로도 다시 무작위 100단어 시험에서 100점을 받았습니다.

그 이후 회사에 취직하여 영어 단어를 전혀 복습하지 않았지만

1년 7개월 후의 시험 하루 전날 단지 8시간의 복습만으로 다시 그 2714개의 단어 중 무작위 100단어 시험에서 100점을 받았습니다. (학습의욕 고취를 위해 각 시험 바로 전날 100점을 받으면 소정의 장학금 지급을 약속하였고 시험은 경선식에듀 회사로 직접 와서 치렀습니다.)

bruise
[bruːz]

n. 멍 v. 멍들게 하다

멍이 든 곳을 호오~ 하고 **브루즈**(불어주)세요!

mature
[mətjúər]

a. 성숙한 v. 성숙하다

아이들은 춥다고 하지만 "**뭐가 추워?**" 하며 잘 견디는 성숙한 어른

urban
[ə́ːrbən]

a. 도시의

돈 얼마를 번 사람들만 모이는
urban
도시의
집세 100만 달러
집세 300만 달러
집세 200만 달러

비싼 주거환경 때문에 돈 **얼**마를 **번** 사람들만 모이는 도시의

firm
[fəːrm]

a. ¹ 굳은, 단단한
² 확실한, 확고한

머리를 **펌**(파마)으로 변경하기로 마음이 확고한, 확실한. **펌**으로 머리 모양이 그대로 굳은, 단단한

oral
[ɔ́ːrəl]

a. 구두의, 입의

oral-B 칫솔로 닦는 입의 내부

capacity
[kəpǽsəti]

n. ¹ 능력 ² 용량, 수용력

마라톤 선수가 **커**다란 **폐 써티**(썼지), 즉 폐의 용량이 커서 오래 달릴 수 있는 능력

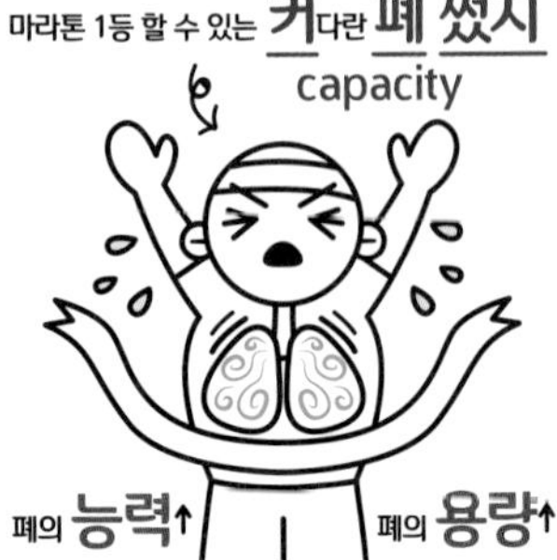

hesitation
[hèzitéiʃən]

n. 망설임, 주저

hesitate
주저하다

계약을 **해지**하면 계약금을 **떼이션**(떼이셔), 해지해? 말아? 망설임, 주저

twin
[twin]

n. 쌍둥이(중의 한 명)

1. 2:1로 two(2)명이 싸우기 때문에 항상 win(이기는) 쌍둥이
2. 쌍둥이 마스코트를 가진 LG **트윈스**(twins)

drift
[drift]

v. 떠가다 n. 이동, 흐름

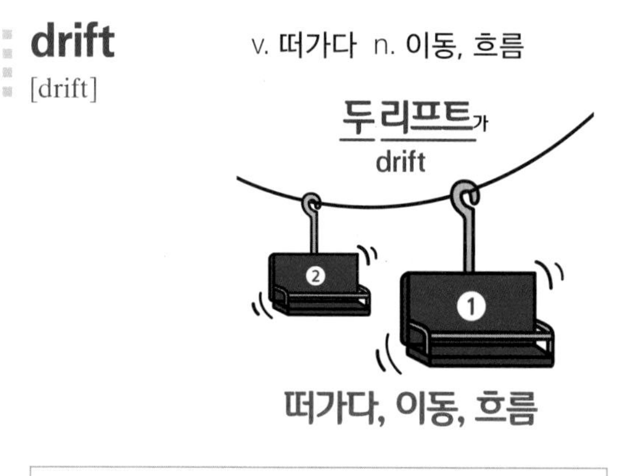

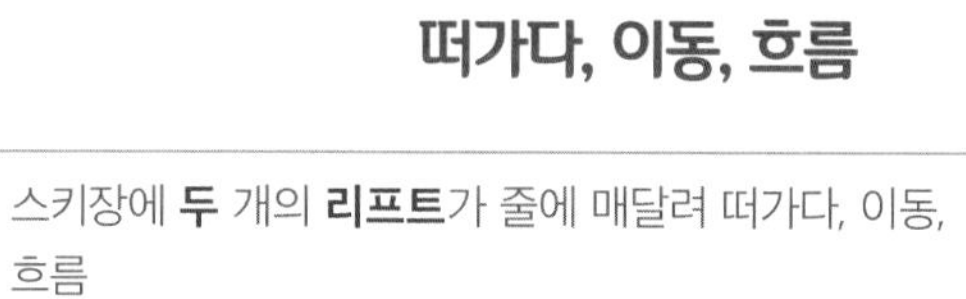

스키장에 **두** 개의 **리프트**가 줄에 매달려 떠가다, 이동, 흐름

currency
[kə́:rənsi]

n. 통화, 화폐

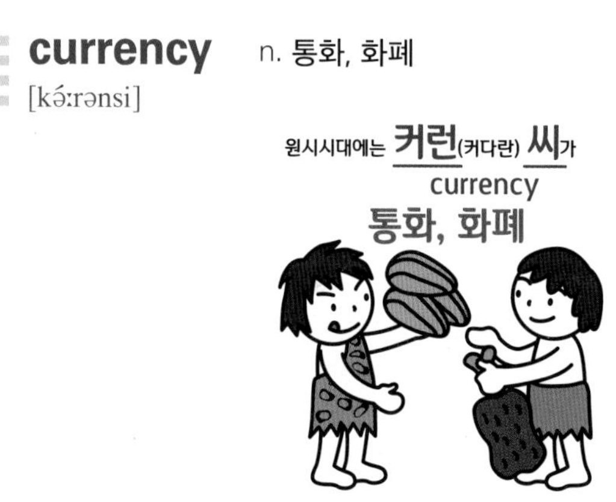

원시시대에는 **커런**(커다란) 과일의 **씨**가 통화, 화폐

예문 I get **bruise** very easily. 나는 멍이 잘 든다. / She is more **mature** than her age. 그녀는 나이보다 더 어른스럽다. / Many people are moving to **urban** areas. 많은 사람들이 도시로 이주하고 있다. / [1] a **firm** mattress 단단한 매트리스 [2] a **firm** belief 확고한 믿음 / an **oral** test 구두시험 / [1] The singer has the **capacity** to capture the audience's attention at once. 그 가수는 청중의 관심을 한 번에 사로잡을 수 있는 능력이 있다. [2] Her breathing **capacity** is getting better. 그녀의 폐활량이 더 좋아지고 있다. / She answered questions without **hesitation**. 그녀는 질문에 주저 없이 답변했다. / My brother and I are **twins**. 나의 형과 나는 쌍둥이다. / The boat was **drifting** down the river. 배가 강 아래로 떠내려가고 있었다. / The **currency** of Japan is Yen. 일본의 통화는 엔이다.

복습문제

□□□ bruise	□□□ firm	□□□ hesitation	□□□ currency
□□□ mature	□□□ oral	□□□ twin	
□□□ urban	□□□ capacity	□□□ drift	

dedicate

[dèdikéit]

v. 헌신하다, 전념하다

식구들을 먹여 살리기 위해 **daddy**(아빠)가 탄광에서 석탄을 **케이트**(케다), 즉 식구들을 위해 헌신하다, 전념하다

dip

[dip]

v. 담그다, 적시다

빨래할 옷을 물에 **deep**(깊이) 담그다, 적시다

desperate

[déspərət]

a. ¹ 절망적인 ² 필사적인

desperately
절망적으로, 필사적으로

내 작은 구멍가게 앞에 **大**(큰) **수퍼**가 들어와 **있트**(있다). 손님들 뺏길 것 같아 절망적인, 하지만 할인판매를 하는 등 필사적인

despite

[dispáit]

prep. ~에도 불구하고

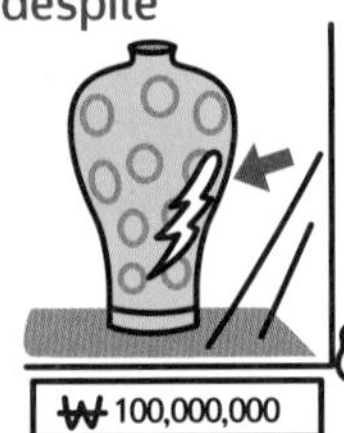

고려청자는 **this**(이렇게) **파이**였음에도 불구하고 1억이야.

engage❶

[ingéidʒ]

v. ¹ 관여하다 ² 종사하다

"일을 나에게 **인계이지?**(인계하는 거지?)" 인계하여 그 일에 관여하다, 종사하다

engage❷

[ingéidʒ]

v. 약혼하다, 약속하다

engagement
약혼, 약속

"장인어른, 딸을 제게 **인계이지?**(인계하는 거지요?)" 즉, 약혼하다, 약속하다

salmon n. 연어
[sǽmən]

새가 먼 곳에서
salmon
내려와서
연어

새가 먼 곳에서 아래로 내려와 잡아채는 연어

nightmare n. 악몽
[náitmὲər]

night(밤)마다 매여 사는
nightmare
악몽

night(밤)마다 매여 사는 악몽

adapt v. 조정하다, 적응시키다
[ədǽpt]

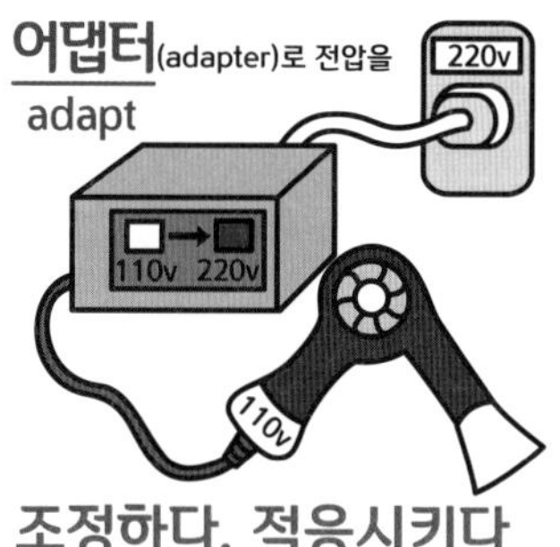
어댑터(adapter)로 전압을
adapt
220v
110v 220v
110v
조정하다, 적응시키다

어댑터(adapter)로 220볼트 전압을 110볼트로 조정하다, 110볼트에 적응시키다

adopt v. 채택하다, 받아들이다
[ədάpt]

오답두 맞는 답으로
adopt

7번 문제
출제 오류
앗싸!
다행이다

채택하다, 받아들이다

시험에서 문제를 잘못 출제하여 오답두(오답도) 맞는 답으로 채택하다, 받아들이다

예문 She **dedicated** her life to woman's rights. 그녀는 여성의 권리를 위해 일생을 바쳤다. / **Dip** your pen into the ink. 펜을 잉크에 찍어라. / 1 a **desperate** situation 절망적인 상황 2 We are **desperate** for your help. 우리는 필사적으로 당신의 도움이 필요합니다. / **Despite** his fear, he successfully walked across the bridge. 그는 두려움에도 불구하고 성공적으로 다리를 건넜다. / 1 We **engage** in many types of complex activities. 우리는 여러 유형의 복잡한 활동에 관여한다. 2 Lucy is **engaged** in trade industry. 루시는 무역업에 종사하고 있다. / She is **engaged** to Bill. 그녀는 빌과 약혼한 상태이다. / smoked **salmon** 훈제 연어 / The news turned my birthday into a **nightmare**. 그 소식은 나의 생일을 악몽으로 바꾸었다. / She **adapted** herself quickly to her new school. 그녀는 새 학교에 빨리 적응했다. / We'll have to **adopt** plan C. 우리는 C안을 채택해야 할 겁니다.

복습문제

□□□ dedicate	□□□ despite	□□□ salmon	□□□ adopt
□□□ dip	□□□ engage❶	□□□ nightmare	
□□□ desperate	□□□ engage❷	□□□ adapt	

19

procedure n. 과정, 방법
[prəsíːdʒər]

선생님이 "수학 풀이 과정, 방법을 **풀어 써 줘**."

beast n. 짐승, 야수
[biːst]

비수를 꽂다
beast
투!
짐승, 야수

짐승, 야수의 가슴에 **비수**를 꽂고 침을 **투!** 뱉다

brilliant a. 빛나는, 눈부신, 훌륭한
[bríljənt]

brilliantly
찬란히, 훌륭히

불이 1년 동안
brilliant
빛나는, 눈부신

성화의 **불**이 **1년(트)** 동안 빛나는, 눈부신

stimulate v. 자극하다
[stímjulèit]

꼴찌 성적표가 내 머리에서
steam을(김을) 내이트(내도록)
stimulate
자극하다
성적표
40/40
꼴찌

꼴찌 성적표가 내 머리에서 **steam을**(김을) **내이트**(내도록) 자극하다

minister n. [1] 장관 [2] 목사
[mínistər]

장관
미니(작은)
스타를 단
minister

미니(작은) **스타**(별)를 어깨에 단 장관, 목사

occupy v. 차지하다, 점령하다
[ⓜ ɑ́kjupài]
[ⓔ ɔ́kjupài]

아쿠! 파이를 동생이 벌써
occupy
차지하다

아쿠! 엄마가 만들어준 **파이**를 동생이 벌써 차지하다

ultimate [ʌ́ltimət] a. 궁극적인, 최후의

ultimately 궁극적으로

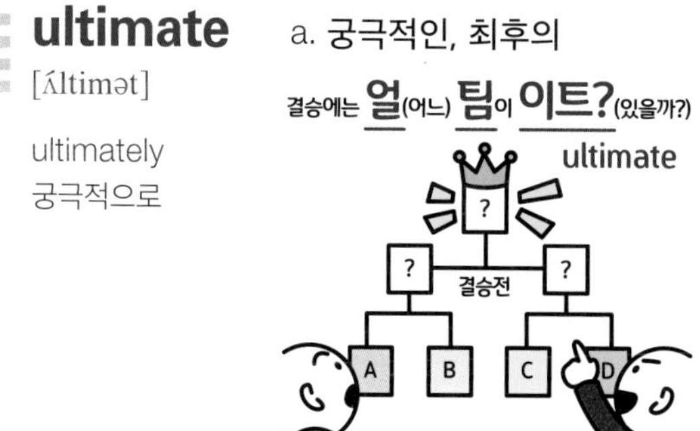

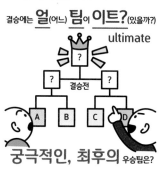

토너먼트 결승에는 **얼**(어느) **팀**이 **이트?**(있을까?) 즉, 궁극적인, 최후의 우승팀이 궁금한

potential [pəténʃəl] a. 가능성이 있는, 잠재하는 n. 가능성, 잠재력

포탄이 터질까 봐 멀리서 **ten**(10)까지 **셔**가며(세며) 안전한지 확인하다. 즉, 터질 가능성이 있는, 잠재력

protein [próuti:n] n. 단백질

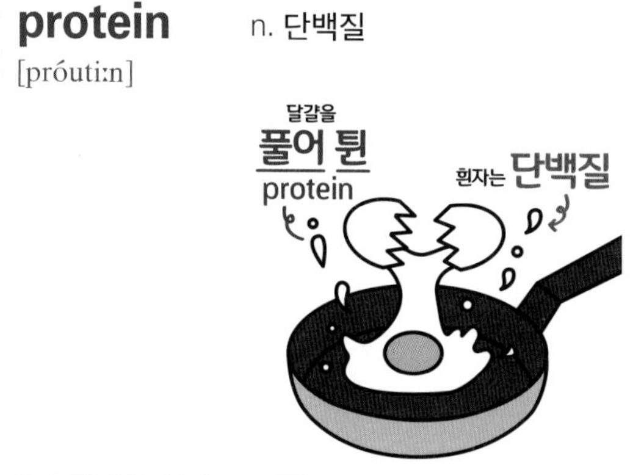

달걀을 프라이팬에 **풀어 튄** 흰자는 단백질

designate [dézignèit] v. [1] 가리키다, 지정하다 [2] 임명하다

"**돼지 그**것으로 **내이트**(내세요!)" 하며 돼지 하나를 가리키다, 오늘의 저녁거리로 임명하다

예문 the **procedure** of obtaining a dreiver's license 운전면허 취득 과정 / Bell fell in love with the **beast**. 벨은 야수와 사랑에 빠졌다. / a **brilliant** diamond 눈부신 다이아몬드 / An award can **stimulate** students' interest. 상은 학생들의 흥미를 자극할 수 있습니다. / [1] **minister** of education 교육부 장관 [2] Their wedding ceremony was conducted by the **minister**. 그들의 결혼식은 목사님의 주례로 치러졌다. / The French army **occupied** many countries during the war. 프랑스군은 전쟁 중에 많은 나라를 점령했다. / the **ultimate** conclusion 최종적인 결론 / He has great **potential** as a writer. 그는 작가로서 큰 잠재력을 지니고 있다. / essential **proteins** and vitamins 필수 단백질과 비타민 / [1] The town has been **designated** a development area. 그 도시는 개발 지역으로 지정되었다. [2] The officer was **designated** for the command. 그 장교는 지휘관으로 임명되었다.

복습문제

□□□ procedure □□□ stimulate □□□ ultimate □□□ designate
□□□ beast □□□ minister □□□ potential
□□□ brilliant □□□ occupy □□□ protein

01 1강 단위 복습 05 5강 단위 복습 15 15강 단위 복습 30 30강 단위 복습

다음 단어들의 뜻이 1초 내에 생각나지 않으면 각 강의 단위에 표시를 하고 표시한 단어들을 다시 복습하세요.
(학원이나 학교의 숙제용 주관식 문제는 별도로 p.246~p.260에 있습니다.)

bruise	01 05 15 30 30 30
mature	01 05 15 30 30 30
urban	01 05 15 30 30 30
firm	01 05 15 30 30 30
oral	01 05 15 30 30 30
capacity	01 05 15 30 30 30
hesitation	01 05 15 30 30 30
twin	01 05 15 30 30 30
drift	01 05 15 30 30 30
currency	01 05 15 30 30 30
dedicate	01 05 15 30 30 30
dip	01 05 15 30 30 30
desperate	01 05 15 30 30 30
despite	01 05 15 30 30 30
engage ❶	01 05 15 30 30 30
engage ❷	01 05 15 30 30 30
salmon	01 05 15 30 30 30
nightmare	01 05 15 30 30 30
adapt	01 05 15 30 30 30
adopt	01 05 15 30 30 30
procedure	01 05 15 30 30 30
beast	01 05 15 30 30 30
brilliant	01 05 15 30 30 30
stimulate	01 05 15 30 30 30
minister	01 05 15 30 30 30
occupy	01 05 15 30 30 30
ultimate	01 05 15 30 30 30
potential	01 05 15 30 30 30
protein	01 05 15 30 30 30
designate	01 05 15 30 30 30

파생어, 숙어 복습

hesitate	01 05 15 30 30 30
desperately	01 05 15 30 30 30
engagement	01 05 15 30 30 30
brilliantly	01 05 15 30 30 30
ultimately	01 05 15 30 30 30

경선식에듀 1:1 Online-Care 수강생 후기

영덕중학교 2학년 김*영 수강생 – 하루 2시간 주 4일 학습 및 관리

4개월 만에 고2전국모의고사 45점 → 95점

입반 테스트	고2모의고사 45점
▶ 4개월 만에	고2모의고사 95점 (50점 향상)

고등학교 2학년 모의고사에서 45점을 받았었는데 4달 만에 95점을 받았습니다.

이전에 대형어학원을 다녀보기도 했지만 경선식에듀에서 학습한 것만큼 이렇게 단기간에 성적을 올려보지 못했습니다. 오히려 대형학원에서 훨씬 많은 영어공부를 했음에도 좋은 성적을 거두지 못해 영어라는 과목이 힘들었는데 단어 학습부터 차근차근 학습하면서 단기간에 놀라운 성적 향상을 이뤄낼 수 있었습니다.

경선식영단어는 빨리 암기되기도 하지만 놀라울 정도로 오래 기억되어 훨씬 영어가 재미있어졌습니다.

어학원에서는 패턴 위주의 문법문제를 풀다보니 개념을 이해하기 힘들었고 심지어 문제를 풀고 나면 그 단원을 잊어버리기 일수였는데, 경선식영문법은 개념부터 쉽게 이해할 수 있도록 설명해주시고 독해에 적용하는 방법까지 가르쳐주셔서 저도 모르게 독해 기초실력까지 향상되는 것을 느꼈습니다.

그리고 제가 가장 어려웠던 것이 독해였는데 문법강의를 통해 기본적인 문장 해석 연습이 되었고 독해강의를 들으면서 문장구조를 이해할 수 있게 되었습니다. 그리고 유형별풀이비법을 통해 시간을 단축시킬 수 있었을 뿐만 아니라 정확성도 높일 수 있었습니다.

20강

nutrition
[njuːtríʃən]

n. 영양, 영양분

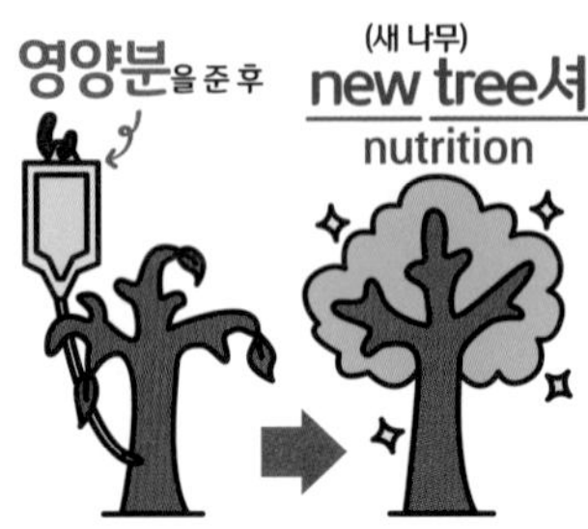

영양분을 준 후
(새 나무)
new tree셔
nutrition

죽어가는 나무를 **new tree션**(새 나무셔)가 되도록 만든 영양, 영양분

soak
[souk]

v. 담그다, 흠뻑 젖다

물에 쏘옥
soak
담그다
쏘옥!

흠뻑 젖다

물속에 **쏘옥** 담그다, 흠뻑 젖다

ceiling
[síːliŋ]

n. 천장

천장을 보며
누워서 쉴리~잉
ceiling

천장을 보고 누워서 **쉴리(잉)**.

trigger
[trígər]

1 n. 방아쇠 v. 발사하다
2 v. 촉발시키다

tree(나무)에 고무줄을 걸어
trigger 방아쇠를 당겨 전쟁을
촉발시키다
전쟁이다!

tree(나무)에 고무줄을 **걸**어 방아쇠를 당겨 이웃과 전쟁을 촉발시키다

manual
[mǽnjuəl]

1 n. 안내서 2 a. 손으로 하는

메뉴가 all(모두) 적혀있는
manual
메뉴판
손짜장
손짬뽕
손우동
안내서의 음식을
손으로 하는 손짜장집

메뉴가 **all**(모두) 적혀있는 메뉴판 안내서의 음식을 손으로 하는 손짜장집

manufacture
[mæ̀njufǽktʃər]

n. 제조 v. 제조하다

음식점 메뉴에 있는 것을 팩으로 처리하여
manufacture
원조 갈비탕 가게
원조 갈비탕팩 출시
제조,
제조하다

판매를 위해 음식점 **메뉴**에 있는 것을 **팩**으로 **처**리하여 제조, 제조하다

parallel
[pǽrəlèl]

a. 평행한

두 팔을 낼 때 두 팔이
parallel
앞으로 나란히!
서로 평행한

'앞으로 나란히' 구령에 맞춰 두 **팔을 낼** 때 두 팔이 서로 평행한

liver
[lívər]

n. 간

니간댕이가
붜었구나
liver

니가 **붜**(부었구나) 간댕이가!

expert
[ékspəːrt]

n. 전문가 a. 전문가의

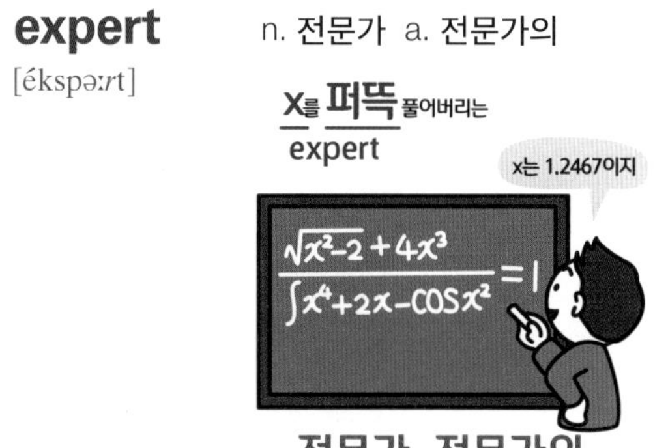

X를 퍼뜩 풀어버리는
expert
x는 1.2467이지
수학 전문가, 전문가의

X를 구하는 문제를 보자마자 **퍼뜩** 풀어버리는 수학 전문가

diverse
[㉤divə́ːrs, daivə́ːrs]
[㉧daivə́ːs]

a. 다양한, 가지각색의

diversity
다양성

가지각색의 옷을 다 입었수
diverse

사람들이 다양한, 가지각색의 옷을 **다 입었수**.

예문 Plants get their **nutrition** from the soil and water. 식물은 토양과 물에서 영양분을 얻는다. / My clothes **soaked.** 내 옷이 흠뻑 젖었다. / There is a fly on the **ceiling.** 천장에 파리 한 마리가 있다. / [1] Don't pull the **trigger** without warning. 경고 없이 방아쇠를 당기지 마세요. [2] The terror last week **triggered** the war. 지난주 테러가 전쟁을 촉발시켰다. / [1] a computer **manual** 컴퓨터 사용 설명서 [2] a **manual** worker 육체노동자 / Many products are **manufactured** in China. 많은 상품들이 중국에서 제조된다. / The road is **parallel** with a river. 그 도로는 강과 평행으로 뻗어 있다. / Alcohol may cause damage to your **liver.** 알코올은 당신의 간을 손상시킬 수 있다. / He is an **expert** in insects. 그는 곤충 전문가이다. / The media provide us with **diverse** views. 대중매체는 다양한 시각들을 우리에게 제공해준다.

복습문제

□□□ nutrition	□□□ trigger	□□□ parallel	□□□ diverse
□□□ soak	□□□ manual	□□□ liver	
□□□ ceiling	□□□ manufacture	□□□ expert	

echo n. 메아리 v. 울리다
[ékou]

애가 코 고는 소리가
echo
드르렁
메아리로 울리다

애(아이) **코** 고는 소리가 방 안에 메아리로 울리다

crisis n. 위기 (*pl.* crises)
[kráisis]

염산이 들어가 cry(울며) 눈을 씻수
crisis
실명 위기
엉엉~
염산

염산이 눈에 들어가 **cry**(울며) 눈을 **씻수**. 실명 위기

volcano n. 화산
[ⓜvɑlkéinou]
[ⓨvɔlkéinou]

화산
올라오는 불 때문에 땅이 케이노
volcano

땅속에서 올라오는 **불** 때문에 땅이 **케이노**(캐이다), 즉 화산

absolute a. 완전한, 절대적인
[ǽbsəlùːt]

absolutely
완전히, 전적으로

월등하게 앞설
absolute
완전한, 절대적인 1등

다른 선수들보다 월등하게 **앞설(루트)**, 즉 완전한, 절대적인 1등

beneficial a. 이로운, 이익을 주는
[bènəfíʃəl]

benefit
이익, 이득;
이익을 주다

내가 산 주식
200
100
오예
형편이 두 배나 피셔
beneficial
이익을 주는, 이로운 사업

이익을 주는 사업 때문에 형편이 (두) **배나 피셔**.

decade n. 10년
[dékeid]

축 설립 10년 파티
10
大(대)
케익도
decade
샀네

설립한 지 10년이 돼서 **大**(큰) **케익도**(케이크도) 사서 기념하는

legacy [légəsi] n. 유산

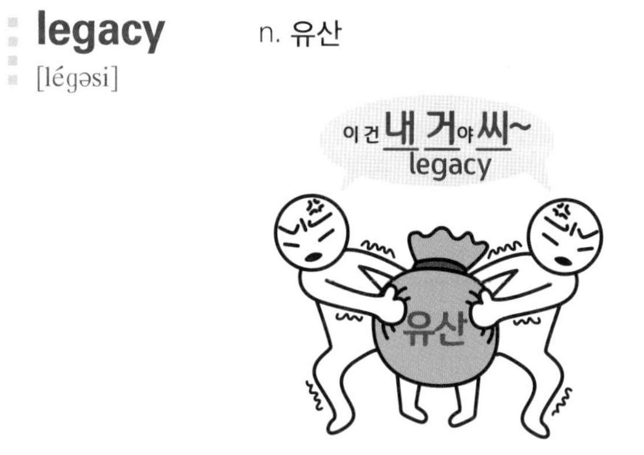

"이건 **내 거**야. **씨~**" 하며 서로 가지려고 싸우는 유산

tension [ténʃən] n. 긴장, 긴장감

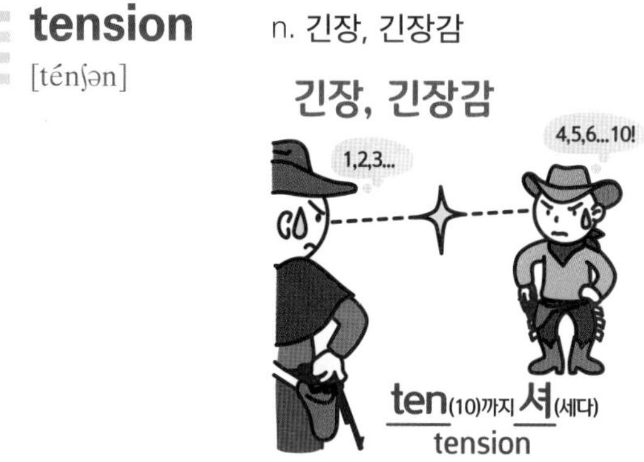

총잡이 둘이 10까지 세고 쏘기로 하고 **ten**(10)까지 **셔**(세다), 즉 두 사람 간의 긴장, 긴장감

web [web] n. [1] 거미줄 [2] (복잡하게 연결된) ~망

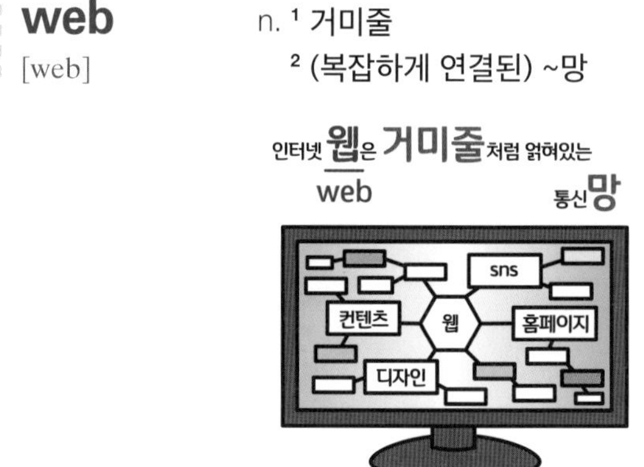

인터넷 **웹**(web)이란 거미줄처럼 얽혀있는 통신망

embarrass [imbǽrəs] v. 당황하게 하다

음식을 쏟아 상대방 옷을 **잉! 배렸수**(버렸수), 즉 당황하게 하다

예문 The shout **echoed** through the valley. 그 함성은 골짜기에 울려 퍼졌다. / The family went through a financial **crisis**. 그 가족은 재정 위기를 겪었다. / How many **volcanoes** are there in Hawaii? 하와이에는 몇 개의 화산이 있나요? / She is an **absolute** idiot. 그녀는 완전히 바보예요. / Drinking lots of water is **beneficial** to your skin. 물을 많이 마시면 피부에 도움이 된다. / The impact of color has been studied for **decades**. 색깔의 영향이 수십 년간 연구되어 왔다. / Sungnyemun Gate is our cultural **legacy**. 숭례문은 우리의 문화유산이다. / Atheletes felt great **tension** at the final competition. 선수들은 결승전에서 엄청난 긴장감을 느꼈다. / [1] a spider's **web** 거미줄 [2] a **web** of streets 도로망 / Liz looked a little **embarrassed**. 리즈는 조금 당황한 것처럼 보였다.

복습문제

□□□ echo	□□□ absolute	□□□ legacy	□□□ embarrass
□□□ crisis	□□□ beneficial	□□□ tension	
□□□ volcano	□□□ decade	□□□ web	

appropriate a. 적당한, 적절한
[əpróupriət]

소금을 5프로만 뿌리엇!(뿌려!)
appropriate
소금의 양
프라이 5%
스크램블 10%
계란찜 15%
소금
5프로가 적당한, 적절한

미역국을 끓일 때는 소금을 **5프로**만 **뿌리엇!**(뿌려!), 즉 5프로가 적당한, 적절한

cone n. 원뿔, (아이스크림의) 콘
[koun]

아이스크림 콘은 원뿔 모양
cone

아이스크림**콘**은 원뿔 모양

approval n. 허가, 허락
[əprú:vəl]

approve
허가하다, 찬성하다

앞으로 벌주세요
approval
체벌을 허가, 허락

"**앞으로 벌**을 주도록 하세요." 하고 학부모가 선생님에게 학생의 체벌을 허가, 허락

innovation n. 혁신, 쇄신
[ìnəvéiʃən]

이 놈들을 칼로 베셔
innovation
탐관오리
부패한 정부를 혁신, 쇄신

이 놈들을 칼로 **베이션**(베셔), 그렇게 부패한 관료를 없애 정부를 혁신, 쇄신

brief a. (시간·글 등이) 짧은, 간결한
[bri:f]

1. 성냥에 붙은 **불이 프~** 하고 금방 꺼지다, 즉 타는 (시간이) 짧은, 간결한
2. 회사에서 **브리핑**(briefing)한다는 말은 간단한 요약 보고를 뜻함

성냥불이 프~ 금방 꺼지다
brief
타는 (시간이) 짧은, 간결한

disposal n. [1] 배치 [2] 처리
[dispóuzəl]

dispose
배치하다, 처리하다

도둑이 들거란 첩보
this(이) 포졸을 배치하여
disposal
도둑 사건을 처리

도둑 사건이 잦은 곳에 **this**(이) **포졸**을 배치하여 도둑 사건을 처리

caution n. 조심, 경고
[kɔ́:ʃən]

cautious
조심하는

낯선 사람이 꼬셔? 조심!
caution

낯선 사람이 **꼬션?**(꼬셔?) 조심해야 해! 즉, 조심, 경고

obvious a. 명백한, 분명한
[ɑ́bviəs]

obviously
명백하게

시체의 몸 앞이 칼에 비었수
obvious
타살이 명백한, 분명한

시체의 몸 **앞**이 칼에 **비었수**. 타살이 명백한, 분명한

summit n. (산의) 정상, 꼭대기
[sʌ́mit]

산 정상에 서서 밑을 바라보다
summit

산 정상에 **서**서 **밑**을 바라보다

eliminate v. 제거하다
[ilímìnèit]

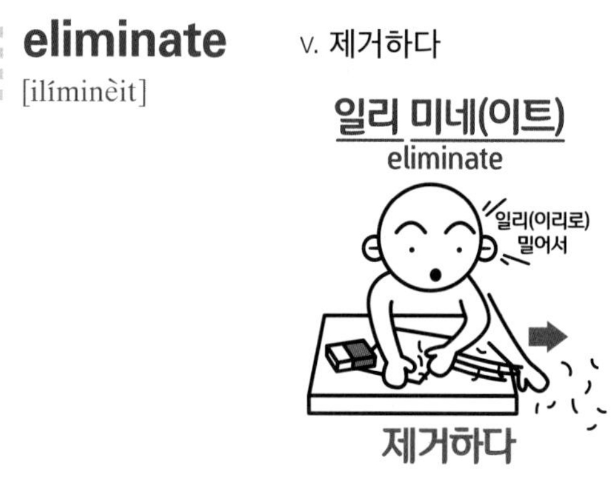
일리 미네(이트)
eliminate
일리(이리로) 밀어서
제거하다

지우개 찌꺼기를 책상 밖 **일리**(이리로) **미네(이트)**(밀다). 그렇게 제거하다

예문 They are looking for an **appropriate** place to build their house. 그들은 집을 지을 적절한 장소를 찾고 있다. / A witch's hat is in the shape of a **cone.** 마녀의 모자는 원뿔 모양이다. / The new drug received government **approval.** 그 신약은 정부의 승인을 받았다. / a plan for **innovation** 혁신을 위한 계획 / The teacher gave us a **brief** explanation. 선생님께서 간결하게 설명해 주셨다. / [1] the **disposal** of the furniture 가구 배치 [2] garbage **disposal** 쓰레기 처리 / Antibiotics need to be used with **caution.** 항생제는 주의해서 사용되어야 한다. / The answer to the question was quite **obvious.** 그 질문에 대한 대답은 꽤 명백했다. / The **summit** is not open to tourists. 그 산의 정상은 관광객들에게 개방되지 않는다. / The troop **eliminated** the enemy from our territory. 군대는 우리 영토에서 적을 제거했다.

20일

복습문제

□□□ appropriate
□□□ cone
□□□ approval
□□□ innovation
□□□ brief
□□□ disposal
□□□ caution
□□□ obvious
□□□ summit
□□□ eliminate

01 1강 단위 복습 05 5강 단위 복습 15 15강 단위 복습 30 30강 단위 복습

다음 단어들의 뜻이 1초 내에 생각나지 않으면 각 강의 단위에 표시를 하고 표시한 단어들을 다시 복습하세요.
(학원이나 학교의 숙제용 주관식 문제는 별도로 p.246~p.260에 있습니다.)

nutrition	01 05 15 30 30 30	decade	01 05 15 30 30 30
soak	01 05 15 30 30 30	legacy	01 05 15 30 30 30
ceiling	01 05 15 30 30 30	tension	01 05 15 30 30 30
trigger	01 05 15 30 30 30	web	01 05 15 30 30 30
manual	01 05 15 30 30 30	embarrass	01 05 15 30 30 30
manufacture	01 05 15 30 30 30	appropriate	01 05 15 30 30 30
parallel	01 05 15 30 30 30	cone	01 05 15 30 30 30
liver	01 05 15 30 30 30	approval	01 05 15 30 30 30
expert	01 05 15 30 30 30	innovation	01 05 15 30 30 30
diverse	01 05 15 30 30 30	brief	01 05 15 30 30 30
echo	01 05 15 30 30 30	disposal	01 05 15 30 30 30
crisis	01 05 15 30 30 30	caution	01 05 15 30 30 30
volcano	01 05 15 30 30 30	obvious	01 05 15 30 30 30
absolute	01 05 15 30 30 30	summit	01 05 15 30 30 30
beneficial	01 05 15 30 30 30	eliminate	01 05 15 30 30 30

파생어, 숙어 복습

diversity	01 05 15 30 30 30	dispose	01 05 15 30 30 30
absolutely	01 05 15 30 30 30	cautious	01 05 15 30 30 30
benefit	01 05 15 30 30 30	obviously	01 05 15 30 30 30
approve	01 05 15 30 30 30		

경쌤's TIP

축하합니다. 여러분은 20강까지 완성하였습니다.

1 먼저 6강~15강의 5강 단위 복습에 표시했었던 단어들을 복습하세요.

2 그런 다음 16강부터 20강까지 "전체 단어"를 복습하세요.

- 16강의 복습문제 단어 옆의 5강 단위 네모 표시 란에 1초 내에 바로 생각나지 않는 단어들을 표시하고 그것들 위주로 완벽하게 복습한 후 17강, 18강, 19강, 20강을 같은 방식으로 복습합니다.

3 그런 다음 마지막으로 16강~20강의 위 2번에서 5강 단위 네모 표시 란에 표시한 단어들을 다시 한 번 복습하도록 하세요.

복습을 미루는 시간에 비례하여 복습시간이 늘어난다는 점 명심하세요!!!

21강

symptom n. 증상, 징후
[símptəm]

신부가 열나고 오들오들 **떰**(떨다), 즉 몸살감기의 증상, 징후

routine a. 일상적인 n. 틀에 박힌 일상
[ruːtíːn]

야간자율학습 시간에 누가 PC방으로 튄 것은
routine
오늘도 또..!
PC방
흔한, 일상적인 일

야간자율학습 시간에 **누**가 PC방으로 **튄** 것은 일상적인, 틀에 박힌 일상

explanation n. 설명
[èksplənéiʃən]

explain
설명하다

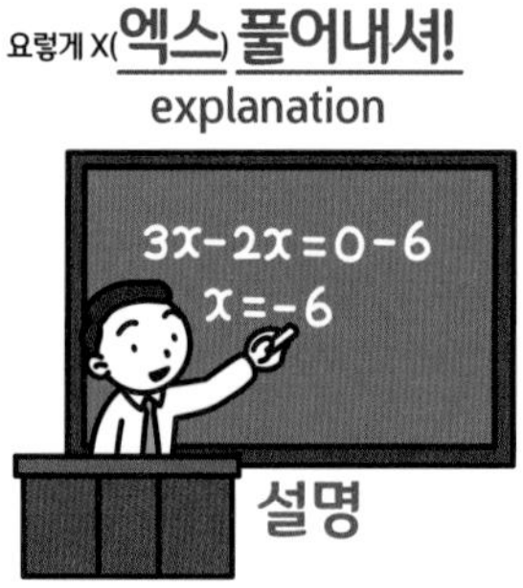

1. 수학 선생님이 "요렇게 **엑스**(x) **풀어내셔**" 하고 푸는 방법을 설명
2. **explain**의 명사형

positive a. 확신하고 있는, 긍정적인
[pázətiv]

'아들이 분명히 **빠져**있을 거야, EBS **TV**에'라고 공부할 것이라 확신하고 있는, 긍정적인

dare v. 감히 ~하다
[dɛər]

"감히 ~하다니 손 **대어!**"

strict a. 엄격한
[strikt]

strictly
엄격히, 엄하게

street(거리)에 담배꽁초를 버리면 벌금이 170만원일 정도로 엄격한 싱가포르

alliance
n. 동맹, 연합

[əláiəns]

all(모든) **사자들**이 옆 마을 사자들의 침입을 막기 위해 서로 동맹, 연합

obtain
v. 얻다, 획득하다

[əbtéin]

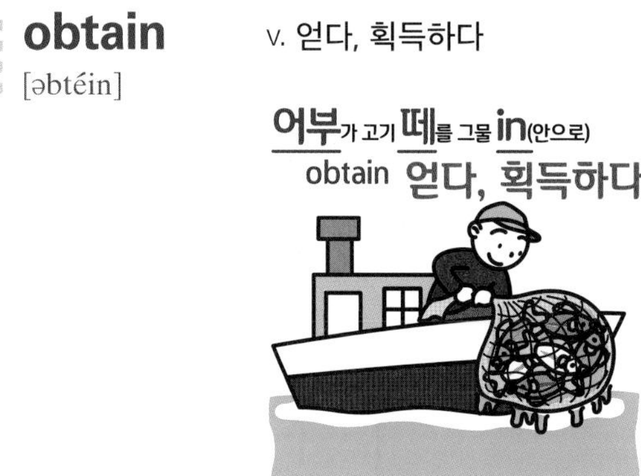

어부가 고기 떼를 그물 in(안으로)
obtain 얻다, 획득하다

어부가 고기 **떼**를 그물 **in**(안으로) 얻다, 획득하다

territory

n. 영토, 지역, 영역

[㊔térətɔ̀:ri]
[㊎térətəri]

테러가 일어나는 터(땅)리
territory

이곳은 **테러**가 자주 일어나는 **터리**(땅이리), 즉 테러가 일어나는 영토, 지역, 영역

영토, 지역

staff
n. 직원

[stæf]

대리-과장-차장-부장 등과 같이 **step**(단계)별로 있는 직원

예문 The patient needed to explain the **symptoms** to the doctor. 환자는 의사에게 증상을 설명해야 했다. / This is my daily **routine**. 이것이 나의 하루 일과다. / His **explanation** was interesting. 그의 설명은 흥미로웠다. / [1] He was **positive** that she was a liar. 그는 그녀가 거짓말쟁이라는 것을 확신했다. [2] They have **positive** views on the economic influences of tourism. 그들은 관광산업이 미치는 경제적 영향에 대해 긍정적인 시각을 갖고 있다. / How **dare** you read my diary without my permission. 감히 내 허락도 없이 내 일기를 읽다니. / My grandfather was very **strict** with us. 우리 할아버지는 우리에게 매우 엄격하셨다. / Germany made an **alliance** with Italy. 독일은 이탈리아와 동맹을 맺었다. / Mario **obtained** 80% of the winning prize. 마리오가 우승 상금의 80%를 획득했다. / You have to explore a new **territory**. 당신은 새로운 영역을 탐험해야 한다. / The manager hired new **staff** for the event. 매니저는 행사를 위해 새 직원을 고용했다.

복습문제

□□□ symptom	□□□ positive	□□□ alliance	□□□ staff
□□□ routine	□□□ dare	□□□ obtain	
□□□ explanation	□□□ strict	□□□ territory	

sequence [síːkwəns] n. 연속, 순서

식당에서 **식권**을 **쓰**기 위해 줄을 연속으로 서서 순서를 기다리는

variety [vəráiəti] n. 다양성, 변화

'**버라이어티** 쇼'란 다양성, 변화가 있는 쇼

vary [vɛ́əri] v. 각기 다르다, 달라지다

various
다양한

블루**베리**, 스트로**베리**, 크랜**베리** 등 **베리**는 각기 다르다

toll [toul] n. (유료 도로·다리 등의) 통행료

톨게이트 : 통행료를 내는 gate(문)
toll

서 울 seoul
30

고속도로 **톨**게이트(toll gate)에서 받는 통행료

skip [skip] v. 깡충 뛰다, (식사·수업 등을) 건너뛰다

스키로 장애물을 건너뛰다

surge [səːrdʒ] v. 밀려오다, 솟구치다 n. 파도, 급증

파도가 싹 **쓸지**, 즉 파도가 밀려오다, 솟구치다, 급증

accuracy [ǽkjurəsi] n. 정확성, 정확도

accurate 정확한

애꾸눈으로 조준하면 역시 높아지는
accuracy
정확성, 정확도

총을 쏠 때 **애꾸**눈으로 조준하면 **역시** 높아지는 정확성, 정확도

mud [mʌd] n. 진흙

충남 보령의 **머드** 축제는 진흙 축제

assemble [əsémbl] v. 모이다, 모으다, 조립하다

너무 추워서 **어! 센 불** 주위로 사람들이 모이다, 모으다

stuff [stʌf] [1] n. 물건, 재료 [2] v. ~에 채우다, 채워 넣다

水(수), 라면, 계란 등 재료, 물건을 채워 넣다 그리고 냄비 뚜껑을 **덮으!** (덮어!)

예문 The report described the **sequence** of the ceremony. 그 보고서는 기념식의 순서를 설명했다. / People consume a **variety** of foods. 사람들은 다양한 음식을 먹는다. / A child's appetite can **vary** from day to day. 아이의 식욕은 날마다 다를 수 있다. / a **toll** bridge (통행료가 부과되는) 유료 다리 / [1] I **skipped** down the hill. 나는 언덕 아래를 껑충 뛰어 내려갔다. [2] **skip** the class 수업을 빼먹다 / [1] A strong storm **surged** from Russia. 강한 폭풍이 러시아에서 밀려왔다. [2] a **surge** in oil prices 유가 급등 / Check the **accuracy** of the information before you use it. 사용하기 전에 정보의 정확성을 확인하세요. / He washed the **mud** off his boots. 그는 부츠에 붙은 진흙을 씻어냈다. / Roger **assembled** all the members. 로저는 모든 멤버들을 불러 모았다. / [1] a hard **stuff** 단단한 물건 [2] He **stuffed** a bag with a few clothes. 그는 가방 하나에 옷 몇 벌을 채워 넣었다.

복습문제

□□□ sequence	□□□ toll	□□□ accuracy	□□□ stuff
□□□ variety	□□□ skip	□□□ mud	
□□□ vary	□□□ surge	□□□ assemble	

shelter n. 은신처, 피난처, 주거지
[ʃéltər]

여기가 나의 **쉴 터**야. 즉, 은신처, 피난처, 주거지

border n. 국경, 경계선
[bɔ́ːrdər]

몇 **보 더** 가면 다른 나라인 국경, 경계선

reside v. 살다, 거주하다
[rizáid]

resident
거주자, 주민

니가 **자이**아파트에 살다, 거주하다

chaos n. 혼돈, 무질서
[㉠kéiɑs]
[㉡kéiɔs]

상점들 유리창이 **깨이**고(깨지고) **아수**라장이 된 혼돈, 무질서

privilege n. 특권, 특혜
[prívəlidʒ]

은행장이기 때문에 은행에서 돈을 **free**(자유롭게) **빌리지**, 즉 자유롭게 돈을 빌릴 수 있는 특권, 특혜

violation n. 침해, 위반
[vàiəléiʃən]

violate
위반하다, 침해하다

밤늦게 이웃이 **바이올**린 소리를 크게 **내이션**(내셔), 즉 사생활 침해, 위반

contribution n. 공헌, 기부, 기부금

[ⓜkàntribjúːʃən]
[ⓔkɔ̀ntribjúːʃən]

contribute
공헌하다, 기부하다

country(나라)에
기부금을 부으션(부으셔)
contribution
좋은 일에 써 주세요
OO기업
기부금
공헌, 기부, 기부금

country(나라)에 기부금을 **부으션**(부으셔), 즉 공헌, 기부, 기부금

distribution n. 분배, 분포

[dìstribjúːʃən]

distribute
분배하다,
나누어 주다

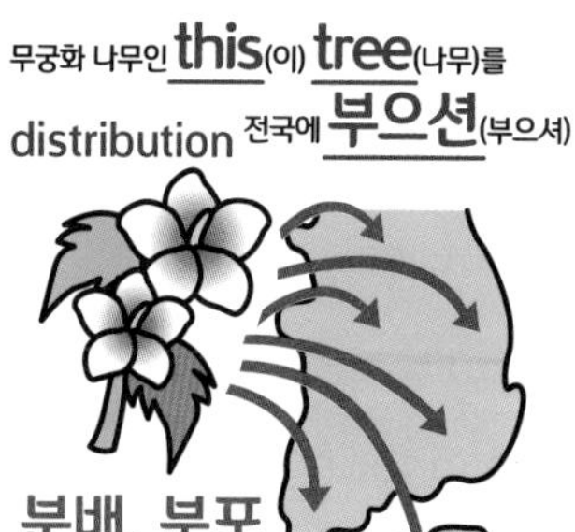

무궁화 나무인 this(이) tree(나무)를
distribution 전국에 부으션(부으셔)
분배, 분포

우리나라 꽃인 무궁화 나무인 **this**(이) **tree**(나무)를 전국에 **부으션**(부으셔), 즉 분배, 분포

fever n. 열, 열병

[fíːvər]

열, 열병으로 쓰러진 환자는 빨리 태양을 **피**하고 물을 **붜!**(부어!)

열, 열병
빨리 태양을 피하고 물을 붜!
fever

assault v. 공격하다, 폭행하다 n. 공격, 폭행

[əsɔ́ːlt]

미사일을 **어! 쏠!** 즉, 공격하다

어! 쏠!(쏘다)
assault
공격하다

예문 We found a large rock that provides some **shelter**. 우리는 피신처를 제공하는 커다란 바위를 발견했다. / You can't cross the **border** without a visa. 당신은 비자 없이 국경을 넘을 수 없다. / Many Korean Americans **reside** in Los Angeles. 많은 재미교포가 로스앤젤레스에 거주하고 있다. / The meeting was a total **chaos**. 그 회의는 완전 무질서 그 자체였다. / Are you willing to give up your **privilege**? 당신은 당신의 특권을 포기할 의향이 있습니까? / 1 **violations** of privacy 사생활의 침해 2 a traffic **violation** 교통 위반 / She made a great **contribution** to the research. 그녀는 연구에 커다란 기여를 했다. / The company is responsible for the **distribution** of masks. 그 회사는 마스크의 분배에 책임이 있다. / Steve didn't go to work because he has a **fever**. 스티브는 열이 나서 출근하지 않았다. / He was seriously injured in an **assault**. 그는 폭행으로 크게 다쳤다.

복습문제

□□□ shelter	□□□ chaos	□□□ contribution	□□□ assault
□□□ border	□□□ privilege	□□□ distribution	
□□□ reside	□□□ violation	□□□ fever	

01 1강 단위 복습 05 5강 단위 복습 15 15강 단위 복습 30 30강 단위 복습

다음 단어들의 뜻이 1초 내에 생각나지 않으면 각 강의 단위에 표시를 하고 표시한 단어들을 다시 복습하세요.
(학원이나 학교의 숙제용 주관식 문제는 별도로 p.246~p.260에 있습니다.)

symptom	01 05 15 30 30 30	surge	01 05 15 30 30 30
routine	01 05 15 30 30 30	accuracy	01 05 15 30 30 30
explanation	01 05 15 30 30 30	mud	01 05 15 30 30 30
positive	01 05 15 30 30 30	assemble	01 05 15 30 30 30
dare	01 05 15 30 30 30	stuff	01 05 15 30 30 30
strict	01 05 15 30 30 30	shelter	01 05 15 30 30 30
alliance	01 05 15 30 30 30	border	01 05 15 30 30 30
obtain	01 05 15 30 30 30	reside	01 05 15 30 30 30
territory	01 05 15 30 30 30	chaos	01 05 15 30 30 30
staff	01 05 15 30 30 30	privilege	01 05 15 30 30 30
sequence	01 05 15 30 30 30	violation	01 05 15 30 30 30
variety	01 05 15 30 30 30	contribution	01 05 15 30 30 30
vary	01 05 15 30 30 30	distribution	01 05 15 30 30 30
toll	01 05 15 30 30 30	fever	01 05 15 30 30 30
skip	01 05 15 30 30 30	assault	01 05 15 30 30 30

파생어, 숙어 복습

explain	01 05 15 30 30 30	resident	01 05 15 30 30 30
strictly	01 05 15 30 30 30	violate	01 05 15 30 30 30
various	01 05 15 30 30 30	contribute	01 05 15 30 30 30
accurate	01 05 15 30 30 30	distribute	01 05 15 30 30 30

경선식 영단어 생생 학습 후기

2,700개를 8일 만에 실제로 제가 해보니 진실로 믿겨지더군요. 시간이 정말 엄청나게 절약됩니다. (이*수)

외워도 외워도 계속 잊혀지는 어휘에 제 자신이 한심스럽고 자괴감이 들었습니다. 그러다 경선식 영단어를 보게 되었습니다. 책 전체 단어를 초단기 장학생들은 열흘이면 끝낸다고 하길래 저도 미친 척하고 하루에 10챕터를 수강해봤습니다. 정말 외워지는 게 맞더군요. 2,700개를 8일 만에 외운다는 게 말로만 들었을 때는 불가능하게 여겨졌지만, 실제로 제가 해보니 진실로 믿겨지더군요. 매일 다시 반복해서 보니 뜻을 떠올리는 시간이 점점 단축되어서 결국엔 단어를 보자마자 바로 뜻이 떠오르게 됩니다. 가장 좋은 점은 굳이 손에 연필을 쥐고 쓰면서 외우지 않아도 단어를 읽으면 자동으로 뜻이 떠오른다는 점이었습니다. 그냥 발음하면서 읽으면 자동으로 해당 뜻이 떠오르는 게 너무 신기합니다. 발음을 손상시키지 않고 외울 수 있어서인 것 같습니다. 시간 절약한 것을 생각하면 정말 돈이 아깝지 않고 이렇게 좋은 강의는 주변에 널리 알려졌으면 좋겠습니다.

fraud n. 사기, 사기꾼
[frɔːd]

탈출 마술은 미리 수갑을 **풀어두**고서 푸는 척만 하는 사기, 사기꾼

facile a. 손쉬운, 편리한
[㉯fǽsl]
[㉰fǽsail]

facility
편의, 편의 시설

한 장씩 **빼**서 **쓸** 수 있는 곽 휴지가 두루마리 휴지보다 쓰기에 손쉬운, 편리한

shield n. 방패 v. 방패로 막다
[ʃiːld]

스파이더맨이 쳐놓은 거미줄 **실두**(실도) 로켓을 막아 주는 방패

swift a. 신속한, 빠른
[swift]

아파트에 화재가 나자 문 앞의 **수위부터** 신속한, 빠른 탈출

neutral a. 중립적인, 중간의, 중성의
[njúːtrəl]

TV 채널을 갖고 싸울 때 나는 **누**가 어떤 채널을 **틀어**도 상관없는, 즉 중립적인, 중간의

accompany v. 동행하다, 동반하다
[əkʌ́mpəni]

어! 친구와 **company**(회사)가 같은 방향이라 동행하다, 동반하다

nap
[næp]

n. 낮잠, 잠깐 잠

넵?
nap
거기 자는 놈!
잠깐 잠

수업시간에 잠깐 잠. 그러다 선생님이 부르자 **넵?** 하고 놀라다

shrink
[ʃriŋk]

v. 움츠러들다, 오그라들다 (shrink-shrank[shrunk]-shrunk[shrunken])

손이 시린
움츠러들다, 오그라들다
크~
shrink

시린 손을 무릎 사이에 넣고 추워서 "**크으~**" 하며 몸이 잔뜩 움츠러들다, 오그라들다

accomplish
[㉺əkάmpliʃ]
[㉧əkʌ́mpliʃ]

v. 완수하다, 성취하다

숙제를
어! 컴퓨터로 풀리 she(그녀가)
accomplish
숙제 끝!
f(x)=ax³ -3x² +(a+2)x+1
x=2√3
숙제를 완수하다, 성취하다

숙제를 **어! 컴**(퓨터)로 **풀리, she**(그녀가). 즉, 숙제를 완수하다, 성취하다

exhibit
[igzíbit]

v. 전시하다, 보이다

exhibition
전시, 전시회

이 그지(거지) 인형을 빛으로 비춰
exhibit
좀 더 위로
조선시대
전시하다, 보이다

민속촌에 조선시대의 **이 그지**(거지) 인형을 **빛**으로 비춰 전시하다, 보이다

예문 He is a liar and a **fraud**. 그는 거짓말쟁이에다 사기꾼이다. / The group found a **facile** method to build a rocket. 그 그룹은 로켓을 만드는 쉬운 방법을 찾아냈다. / The soldier used a tree as a **shield**. 그 군인은 나무를 방패로 삼았다. / a **swift** response 신속한 반응 / The President remained **neutral** in the political dispute. 대통령은 정치적 논쟁에서 중립을 지켰다. / Parents **accompanied** the school's field trip. 학부모들이 학교 현장학습에 동행했다. / I want to take a **nap**. 나는 한잠 자고 싶다. / I think this T-shirts **shrank** a little. 내 생각에는 이 티셔츠가 좀 줄어든 것 같다. / The trainee **accomplished** his mission. 수습직원은 그의 임무를 완수했다. / The painter's works will be **exhibited** until the end of the month. 그 화가의 작품들이 이번 달 말까지 전시될 예정입니다.

복습문제

□□□ fraud	□□□ swift	□□□ nap	□□□ exhibit
□□□ facile	□□□ neutral	□□□ shrink	
□□□ shield	□□□ accompany	□□□ accomplish	

에스 띠 매이션

estimation n. 평가, 판단
[èstiméiʃən]

estimate
평가하다, 판단하다

등급을 평가, 판단

송아지에게 **S**자가 쓰인 **띠**를 목에 **매이션**(매셔), 즉 S 등급으로 평가, 판단

flexible a. 구부리기 쉬운, 융통성 있는
[fléksəbl]

껌 종이를 **풀래!** 그리고 껌을 구부려 **씹을**. 껌은 구부리기 쉬운, 즉 융통성 있는

struggle n. 투쟁, 싸움 v. 분투하다
[strʌ́gl]

화물 운송노조가 수많은 트럭을 몰고 와
struggle
투쟁, 싸움,
분투하다

화물 노조가 인금인상을 요구하며 **수**많은 **트럭을** 몰고 와 투쟁, 싸움, 분투하다

referee n. 심판 v. 심판하다
[rèfəríː]

오디션에서 **랩퍼**의 노래를 **이**(2)점으로 심판이 심판하다

surrender v. 항복하다, 포기하다
[səréndər] n. 항복, 포기

두 손을 들고 총도 버릴 테니 쏠 테면 **쏘랜다**, 즉 항복하다, 포기하다

쏠 테면 쏘세요

재들이 쏠 테면

노트에 필기하면서
note
[nout]

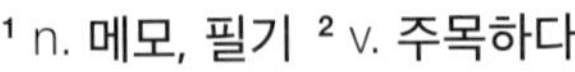
¹ n. 메모, 필기 ² v. 주목하다

노트에 열심히 필기를 하면서 수업에 주목하다

strategy n. 전술, 전략
[strǽtədʒi]

수풀에 지뢰가
터지도록 하는
strategy
전술, 전략

지뢰를 설치하여 **수풀에**서 **터지**도록 하는 전술, 전략

orchard n. 과수원
[ɔ́ːrtʃərd]

과수원
오! 자두
orchard

오! 자두가 열린 과수원

available a. 이용할 수 있는, 구할 수 있는
[əvéiləbl]

어, 이 배는 일억불 주면
available
얼마죠?
구할 수 있는,
이용할 수 있는

어, **배**가 **일억불** 주면 구할 수 있는, 이용할 수 있는

withdraw v. ¹ 물러나다, 철수하다
² (돈을) 인출하다
(withdraw-withdrew-withdrawn)
[wiðdrɔ́ː]

부도를 앞둔 은행으로 **with**(함께) **들어**가 돈을 몽땅 인출하다, 그런 후 물러나다, 철수하다

with(함께) 들어가
withdraw
OO은행 부도 날 거래
내 돈 찾자!
OO 은행
돈을 몽땅 인출하다
OO 은행
그런 다음 물러나다, 철수하다

예문 The writer rates high in my **estimation**. 나는 그 작가를 높이 평가한다. / You need to be more **flexible** in your approach. 당신은 접근방법에 있어 더 융통성이 있을 필요가 있다. / Many people **struggle** to get a job. 많은 사람들이 취업하기 위해 고군분투한다. / The **referee** blew the whistle. 심판이 호루라기를 불었다. / We shall never **surrender**. 우리는 결코 항복하지 않을 것이다. / ¹ She left a **note** for me. 그녀가 나에게 쪽지를 남겼다. ² The detective **noted** that his hands were dirty. 그 형사는 그의 손이 더러운 것에 주목했다. / General Lee had a great **strategy** to secure the land. 이 장군은 국토를 지키기 위한 훌륭한 전략을 가지고 있었다. / His father has an apple **orchard** in the country. 그의 아버지는 시골에 사과 과수원이 하나 있다. / Free snacks will be **available** at the cafeteria. 무료 스낵이 식당에서 이용 가능할 것이다. / ¹ The general refused to **withdraw** his soldiers from the town. 장군은 마을에서 군인들을 철수하기를 거부했다. ² I'd like to **withdraw** $3000 please. 3000달러를 인출하고 싶습니다.

복습문제

□□□ estimation	□□□ referee	□□□ strategy	□□□ withdraw
□□□ flexible	□□□ surrender	□□□ orchard	
□□□ struggle	□□□ note	□□□ available	

tolerate v. 참다, 견디다
[ⓜtáləreìt]
[ⓔtɔ́ləreìt]

수업시간에 배가 **탈나**서 화장실 가고 싶지만 **에잇!** 하고 참다, 견디다

defect n. 결점, 결함
[díːfekt]

사려는 중고차 **뒤**에 **팩!** 하고 찌그러져 있는 **two**(2)개의 결점, 결함

notion n. 개념, 생각
[nóuʃən]

know셔?(알고 있으셔?) 이 수학 개념, 생각을?

accuse v. 고발하다, 비난하다
[əkjúːz]

정치인이 비자금으로 1**억**을 **키우**고(모으고) 있다고 고발하다, 비난하다

barely ad. 거의 ~않다[~없다]
[bέərli]

이런 무인도에 **배**가 **올 리**가 거의 없다, 거의 오지 않다.

canyon n. 깊은 협곡, 골짜기
[kǽnjən]

그랜드**캐년**은 grand(웅장한) 깊은 협곡, 골짜기

tribe [traib] n. 부족, 종족

춤을 **추라이!** 하는 **부**족
tribe

모닥불 주위를 돌며 춤을 **추라이!** 하는 인디언 **부**족, 즉 부족, 종족

possess [pəzés] v. 소유하다, 지니다

possession
소유, 소유물

소유한 금화를 **퍼**서 **재**가 **쓰**다
possess

금화를 바가지로 **퍼**서 **재**가 **쓰**다, 즉 많은 금화를 소유하다, 지니다

precious [préʃəs] a. 귀중한, 값비싼

풀에 셔스(셔츠)가 닿아서 물들면 안 돼!
precious

1000만원
셔츠

귀중한, 값비싼 셔츠

풀밭에 눕지 마! **풀에 셔스**(셔츠)가 닿아서 물들면 안 돼! 즉, 귀중한, 값비싼 셔츠

vessel [vésəl] n. 1 (큰) 배 2 그릇

그릇을 **배**로 **쓸**
vessel

개미가 그릇을 **배**로 **쓸**, 즉 배, 그릇

예문 I will not **tolerate** your behaving like this. 난 네가 이런 식으로 행동하는 것은 참지 않을 것이다. / mechanical **defects** in a car 자동차의 기계적 결함들 / He has no **notion** of equality. 그는 평등에 대한 개념이 없다. / Billy was **accused** of stealing money. 빌리는 돈을 훔친 죄로 고발되었다. / I can **barely** remember life without television. 나는 텔레비전이 없는 삶을 거의 기억할 수 없다. / The **canyon** landscape is famous around the world. 그 협곡의 풍경은 세계적으로 유명하다. / The **tribe** lived by gathering and hunting. 그 부족은 수렵채집 생활을 했다. / The Gates family **possesses** a great fortune. 게이츠 가문은 엄청난 재산을 가지고 있다. / Each life is **precious**. 각각의 삶은 소중한 것이다. / 1 He owns a huge **vessel**. 그는 거대한 선박을 소유하고 있다. 2 **vessels** of fine copper 순동으로 만든 그릇

복습문제

□□□ tolerate	□□□ accuse	□□□ tribe	□□□ vessel
□□□ defect	□□□ barely	□□□ possess	
□□□ notion	□□□ canyon	□□□ precious	

01 1강 단위 복습 05 5강 단위 복습 15 15강 단위 복습 30 30강 단위 복습

다음 단어들의 뜻이 1초 내에 생각나지 않으면 각 강의 단위에 표시를 하고 표시한 단어들을 다시 복습하세요.
(학원이나 학교의 숙제용 주관식 문제는 별도로 p.246~p.260에 있습니다.)

fraud	01 05 15 30 30 30	note	01 05 15 30 30 30
facile	01 05 15 30 30 30	strategy	01 05 15 30 30 30
shield	01 05 15 30 30 30	orchard	01 05 15 30 30 30
swift	01 05 15 30 30 30	available	01 05 15 30 30 30
neutral	01 05 15 30 30 30	withdraw	01 05 15 30 30 30
accompany	01 05 15 30 30 30	tolerate	01 05 15 30 30 30
nap	01 05 15 30 30 30	defect	01 05 15 30 30 30
shrink	01 05 15 30 30 30	notion	01 05 15 30 30 30
accomplish	01 05 15 30 30 30	accuse	01 05 15 30 30 30
exhibit	01 05 15 30 30 30	barely	01 05 15 30 30 30
estimation	01 05 15 30 30 30	canyon	01 05 15 30 30 30
flexible	01 05 15 30 30 30	tribe	01 05 15 30 30 30
struggle	01 05 15 30 30 30	possess	01 05 15 30 30 30
referee	01 05 15 30 30 30	precious	01 05 15 30 30 30
surrender	01 05 15 30 30 30	vessel	01 05 15 30 30 30

파생어, 숙어 복습

facility	01 05 15 30 30 30	estimate	01 05 15 30 30 30
exhibition	01 05 15 30 30 30	possession	01 05 15 30 30 30

동사의 과거, 과거분사형 복습

shrink	–	01 05 15 30 30 30
withdraw	–	01 05 15 30 30 30

경쌤's TIP

영어단어를 어근으로 암기하는 방법의 장단점

그냥 무식하게 암기하는 방법보다는 어느 정도 효과가 있는 것이 사실입니다. 하지만 어근으로 많은 효과를 볼 수 있는 단어들은 전체 단어의 10%~20% 정도 수준입니다. 하나의 어근에서 여러 단어가 파생되고 그 파생된 단어가 그 어근의 뜻에서 많이 벗어나지 않는 경우가 많은 효과를 볼 수 있는 경우입니다. 그래서 저는 경선식 영단어 수능과 토플 단어책에서 그러한 효과적인 어근들만 사용하여 전체 단어 암기의 10% 정도는 어근을 활용하고 있습니다. 심지어 그 단어들조차 헷갈림을 방지하고 더 잘 암기하기 위해 연상법을 혼합하여 가르치고 있습니다.

일단 어떠한 어근으로도 설명할 수 없는 단어들이 전체 영어단어의 40%가 넘습니다.
그리고 하나의 어근에서 겨우 1~2개의 단어만 파생된 경우가 대다수입니다.

이 어근을 알아두면 나중에 대학 가서 그 어근과 관련된 몇 단어는 거저 암기할 수 있겠지?라고 생각하고 암기해 두어도 그 어근을 다시는 보지 못하는 경우가 굉장히 많다는 것이죠. 1~2단어 암기하고자 어근을 암기하는 것은 오히려 시간을 더 낭비하는 경우가 됩니다. 또한 같은 어근에서 여러 단어가 파생되었다 해도 같은 어근에서 파생되었기 때문에 그 단어들끼리 혼동되는 경우도 많습니다.
그리고 어근의 뜻에서 많이 벗어나는 단어들도 굉장히 많습니다. 그러한 경우도 어근을 암기하는 것은 오히려 시간을 더 낭비하는 경우가 될 것입니다.

나중에 대학 가서도 어휘를 확장하기 위해서는 어근으로 암기해야 한다고 주장하는 사람들이 있습니다. 하지만 수능단어에서 배운 어근을 이용해서 더 암기할 수 있는 대학수준 이상의 단어는 10%도 되지 않습니다.

23강

myth [miθ] n. 신화, (근거 없는) 이야기

"사람이 알에서 태어났다는 신화를 **믿수?**"

precise [prisáis] a. 정확한, 정밀한

신축성 있는 **free 사이즈**의 장갑은 누구에게나 정확한, 정밀한 사이즈

nod [ⓜnɑd] [ⓔnɔd] v. (머리를) 끄덕이다

"너도 먹을래?"라는 물음에 "**나두**(나도) 먹을래." 하고 머리를 끄덕이다

convince [kənvíns] v. 납득시키다, 설득하다

탄원서의 **칸**이 **빈** 서명란에 이름을 **쓰**라고 동네 주민들을 납득시키다, 설득하다

stink [stiŋk] n. 악취 v. 악취를 풍기다 (stink-stank-stunk)

스컹크의 악취, 악취를 풍기다

pursue [pərsúː] v. 뒤쫓다, 추구하다

로봇에서 분리된 로켓 주먹 **팔**이 **슈우~** 하고 적을 뒤쫓다

breed v. (새끼를) 기르다, 낳다
[bri:d] (breed-bred-bred)

부리에 먹이를 두다
breed
새끼를 기르다, 낳다

어미새가 새끼의 **부리**에 먹이를 **두다**, 즉 새끼를 기르다, 낳다

dust n. 먼지
[dʌst]

dusty
먼지투성이의

옷을 뒀수 two(2)년이나
dust
2년 만에 집에 왔더니...
그래서 쌓인 먼지

옷걸이에 옷을 **뒀수 two**(2)년이나, 그래서 쌓인 먼지

nevertheless ad. 그럼에도 불구하고
[nèvərðəlès] (=nonetheless)

내가 음식값을 **never 덜 냈수**(덜 내지 않았수). 그럼에도 불구하고 왜 나만 요만큼 줘?

1000
1000
never 덜 냈수(덜 내지 않았수)
nevertheless
그럼에도 불구하고
왜 나만 요만큼 줘?

appreciate v. 감사하다, 고마워하다
[əprí:ʃièit]

몸을 땅에 엎으리(시) 에잇! 하고
appreciate
산신령님, 감사합니다
산신령께 감사하다, 고마워하다

산삼을 발견하자 바로 몸을 땅에 **엎으리(시) 에잇!** 하고 산신령께 감사하다, 고마워하다

예문 An old Greek **myth** tells the story of a farmer. 오래된 그리스 신화에는 한 농부에 관한 이야기가 있다. / a clear and **precise** description of the incident 그 사고에 대한 분명하고 정확한 묘사 / He was **nodding** in agreement. 그는 동의한다는 듯 고개를 끄덕였다. / I failed to **convince** him. 나는 그를 납득시키는 데 실패했다. / The **stink** of your feet made me sick. 당신의 발 냄새 때문에 속이 메스꺼웠다 / The police **pursued** the suspect. 경찰이 용의자를 뒤쫓았다. / My dog **breeds** five puppies. 우리 집 개는 강아지 다섯 마리를 키운다. / The car was all covered with **dust**. 그 자동차에는 온통 먼지가 뒤덮여 있었다. / It looks easy. **Nevertheless**, it will take long time. 그것은 쉬워 보인다. 그럼에도 불구하고 그것은 시간이 오래 걸릴 것이다. / I **appreciate** the teacher's advice. 나는 그 선생님의 충고에 감사드린다.

복습문제

□□□ myth	□□□ convince	□□□ breed	□□□ appreciate
□□□ precise	□□□ stink	□□□ dust	
□□□ nod	□□□ pursue	□□□ nevertheless	

discipline [dísəplin]

n. ¹ 훈련 ² 규율

숙제 안 해오면
뒤에 남아 숙제를 써 풀린
discipline
〈나머지 공부〉
숙제
100번 쓰기
훈련을 시키는
학교 규율

숙제를 안 해오면 학교가 끝난 **뒤**에 남아 숙제를 **써**서 **풀린**(풀리는) 훈련을 시키는 것이 학교의 규율

advocate v. [ǽdvəkèit] n. [ǽdvəkət]

v. 옹호하다, 지지하다
n. 옹호자, 지지자

엄마 아빠가 싸울 때 **애두**(애도) **붜케**(부엌에) 엄마랑 같이 **있다**, 즉 엄마를 옹호하다, 지지하다

애두 붜케(부엌에) 엄마랑 같이 있다
advocate
엄마를 옹호하다

spare [spɛər]

¹ a. 예비의, 여분의
² v. 아끼다, (시간·돈 등을) 할애하다

1. 월급의 50% **수**(숫자)를 **빼어** 예비의, 여분의 돈으로 아끼다, 할애하다
2. **스페어** 타이어는 예비의, 여분의 타이어

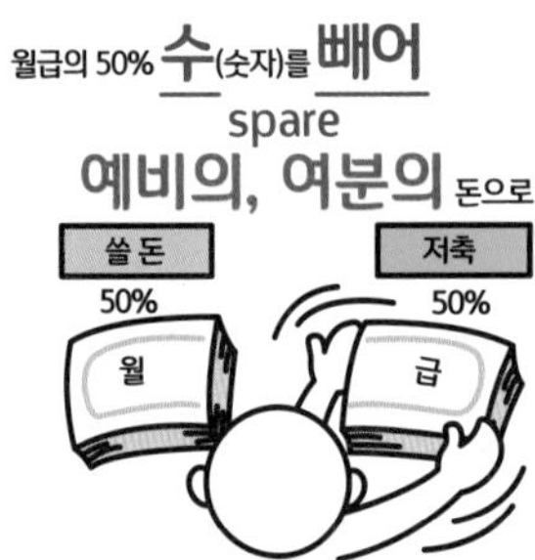
월급의 50% 수(숫자)를 빼어
spare
예비의, 여분의 돈으로
쓸 돈
50%
저축
50%
월
급
아끼다, 할애하다

moderately [㊀mάdərətli] [㊂mɔ́dərətli]

ad. 적당히, 알맞게

moderate
적당한, 보통의

내가 국을 끓이면 짜거나 싱거운데, 역시 **mother**(엄마)**라**서 **틀리**셔. 간을 적당히, 알맞게 끓이셔.

mother(엄마)라서 틀리셔
moderately
너무 짜!
내가 만든 국
엄마가 만든 국
간을 적당히, 알맞게 끓이셔

derive [diráiv]

v. 이끌어내다, 얻다, 유래되다

낭만적인 해안가
드라이브로 그녀의 환심을
derive
이끌어내다,
얻다, 사랑이 유래되다

낭만적인 해안가 **드라이브**를 시켜주어 그녀의 환심을 이끌어내다, 얻다, 사랑이 유래되다

rush [rʌʃ]

v. ¹ 서두르다
² 돌진하다, 쇄도하다

나폴레옹 군대가 **러시**아를 향해 돌진하다, 쇄도하다, 진군을 서두르다

진격하라!
러시아를 향해
rush
러시아
프랑스
돌진하다,
쇄도하다,
진군을 서두르다

charity

n. 자선, 자선단체

[tʃǽrəti]

추위에 떠는 거지에게 **체리tea**(차)를 끓여서 주는 charity 자선, 자선단체

추위에 떨고 있는 거지에게 따끈한 **체리 tea**(차)를 끓여서 주는 자선, 자선단체

declare

v. 선언하다, 공표하다

[diklέər]

declaration
선언, 발표

뒤에까지 들리도록 목소리가 클래요
declare
저는!
이렇게!
선언합니다!
선언하다, 공표하다

뒤에까지 들리도록 목소리가 **클래요**. 즉, 크게 선언하다, 공표하다

mutual

a. 서로의, 공동의

[mjúːtʃuəl]

서로의 얼굴을 마주보고
뮤직에 맞춰 춤을 추얼
mutual

서로의 얼굴을 마주보고 **뮤**직에 맞춰 춤을 **추얼**

crack

n. 갈라진 틈, 날카로운 소리
v. 금이 가다

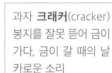

[kræk]

크래커에 금이 가다
crack

과자 **크래커**(cracker) 봉지를 잘못 뜯어 금이 가다, 금이 갈 때의 날카로운 소리

23강

예문 [1] military **discipline** 군사훈련 [2] The police university has strict **discipline.** 경찰대학은 규율이 엄격하다. / Chris does not **advocate** the use of violence. 크리스는 폭력 사용을 지지하지 않는다. / [1] a **spare** shirt 여분의 셔츠 [2] Would you **spare** me one hour now? 지금 제게 한 시간 정도 할애해 주시겠습니까? / Please tune your strings **moderately.** 현을 적당히 조율해 주세요. / Many Italian words **derived** from Latin. 많은 이탈리아어가 라틴어에서 유래되었다. / [1] We **rushed** to finished the work on time. 우리는 제때 그 일을 마치기 위해 서둘렀다. [2] The wounded lion suddenly **rushed** at me. 다친 사자가 갑자기 내게 돌진했다. / She donated books to the **charity.** 그녀는 그 자선단체에 책을 기부했다. / Wane **declared** war against terrorism. 웨인은 테러와의 전쟁을 선포했다. / The couple held a **mutual** goal of buying a house. 그 부부는 집을 사겠다는 공동의 목표를 가지고 있었다. / [1] a loud **crack** of thunder 찢어질 듯 크게 울리는 소리 [2] a **cracked** rock 금이 간 바위

복습문제

□□□ discipline	□□□ moderately	□□□ charity	□□□ crack
□□□ advocate	□□□ derive	□□□ declare	
□□□ spare	□□□ rush	□□□ mutual	

illusion n. 환영, 망상
[ilú:ʒən]

일루(이리로) **짠!** 절루(저리로) 짠! 나타나는 환영, 망상

gravity n. 중력, 인력
[grǽvəti]

"**그래, 버티**어! 이 블랙홀의 중력, 인력을"

deliberately ad. ¹ 신중히 ² 고의로
[dilíbərətli]

deliberate 1. 신중한; 신중히 생각하다 2. 고의의

주인이 배달원에게 "**deliver**(배달)을 **너**가 **틀리**게 했어. 신중히 배달해!" 알고 보니 주문자가 장난하려고 고의로 주소를 잘못 준 것임

pretend v. ~인 체하다, 가장하다
[priténd]

적에게 텐트를 숨기려고 **풀이 텐트**를 덮게 하여 풀더미인 체하다, 가장하다

conscious 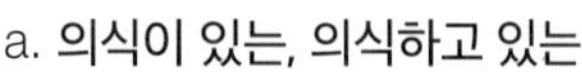 a. 의식이 있는, 의식하고 있는
[㊀kάnʃəs]
[㊂kɔ́nʃəs]

consciously 의식하여, 의도적으로

의식이 없던 환자가 **큰** 숨을 **쉬었수**, 즉 의식이 있는, 의식하고 있는

particle n. 입자, 티끌
[pά:rtikl]

part(부분)으로 나누어진 **티끌**같이 작은 입자, 티끌

witch
[witʃ]

n. 마녀

여기저기 위치를 옮기는 마녀
witch

여기저기로 사라졌다 다시 나타났다 하면서 **위치**를 옮기는 마녀

wizard
[wízərd]

n. (남자) 마법사

마법사
위저가두
wizard

위 저기에**두**(저기에도) 빗자루를 타고 날아가는 마법사

eternal
[itə́ːrnəl]

a. 영원한, 변함없는

이 터널은
eternal
영원한, 변함없는

가도 가도 끝없는 **이 터널**은 영원한, 변함없는

official
[əfíʃəl]

[1] a. 공적인, 공식적인
[2] n. 공무원

officially
공식적으로, 공무상

office(사무실)에서 하는 일의
official
공적인, 공식적인, 공무원

개인의 집이 아닌 **office**(사무실)에서 하는 일의, 즉 공적인, 공식적인, 공무원

예문 These hopes are just an **illusion**. 이런 희망은 단지 망상일 뿐이다. / the force of **gravity** 중력의 힘 / [1] She chose her words **deliberately**. 그녀는 말을 신중히 골라서 했다. [2] He **deliberately** pushed her into the pool. 그는 일부러 그녀를 수영장에 밀었다. / He **pretended** that he knew nothing. 그는 아무것도 모르는 체했다. / He's **conscious** of the importance of his work. 그는 자신의 업무의 중요성을 알고 있다. / I feel a **particle** of dust in my eye. 내 눈에 작은 먼지 입자가 느껴진다. / The **witch** turned the prince into a frog. 마녀가 그 왕자를 개구리로 바꿔 버렸다. / It is a story about **wizards**. 그건 마법사들에 관한 이야기이다. / He promised her his **eternal** love. 그는 그녀에게 영원한 사랑을 약속했다. / [1] Visit our **official** web site! 저희의 공식 웹 사이트를 방문하세요! [2] London city **officials** wanted to build a new bridge. 런던 시 공무원들은 새로운 다리를 건설하기를 원했다.

복습문제

□□□ illusion
□□□ gravity
□□□ deliberately
□□□ pretend
□□□ conscious
□□□ particle
□□□ witch
□□□ wizard
□□□ eternal
□□□ official

01 1강 단위 복습 05 5강 단위 복습 15 15강 단위 복습 30 30강 단위 복습

다음 단어들의 뜻이 1초 내에 생각나지 않으면 각 강의 단위에 표시를 하고 표시한 단어들을 다시 복습하세요.
(학원이나 학교의 숙제용 주관식 문제는 별도로 p.246~p.260에 있습니다.)

myth	01 05 15 30 30 30	rush	01 05 15 30 30 30
precise	01 05 15 30 30 30	charity	01 05 15 30 30 30
nod	01 05 15 30 30 30	declare	01 05 15 30 30 30
convince	01 05 15 30 30 30	mutual	01 05 15 30 30 30
stink	01 05 15 30 30 30	crack	01 05 15 30 30 30
pursue	01 05 15 30 30 30	illusion	01 05 15 30 30 30
breed	01 05 15 30 30 30	gravity	01 05 15 30 30 30
dust	01 05 15 30 30 30	deliberately	01 05 15 30 30 30
nevertheless	01 05 15 30 30 30	pretend	01 05 15 30 30 30
appreciate	01 05 15 30 30 30	conscious	01 05 15 30 30 30
discipline	01 05 15 30 30 30	particle	01 05 15 30 30 30
advocate	01 05 15 30 30 30	witch	01 05 15 30 30 30
spare	01 05 15 30 30 30	wizard	01 05 15 30 30 30
moderately	01 05 15 30 30 30	eternal	01 05 15 30 30 30
derive	01 05 15 30 30 30	official	01 05 15 30 30 30

파생어, 숙어 복습

dusty	01 05 15 30 30 30	deliberate	01 05 15 30 30 30
moderate	01 05 15 30 30 30	consciously	01 05 15 30 30 30
declaration	01 05 15 30 30 30	officially	01 05 15 30 30 30

동사의 과거, 과거분사형 복습

stink	—	01 05 15 30 30 30
breed	—	01 05 15 30 30 30

경선식 영단어 생생 학습 후기

혼자 외울 때와는 비교가 안 될 정도로 빠르고 정확하게 외워지더군요. 5일 만에 다 외웠어요! (박*인)

제가 계속 '아... 이대로는 안 되겠다. 영어를 포기해가지고는 아무것도 안 된다.'라고 생각해서 몇 달 동안 틈틈이 공부해왔습니다. 근데 주변 지인이 단어 외우기는 경선식 영단어가 좋다고 추천해주더라고요. 그래서 속는 셈치고 일단 경선식 영단어 중학 책을 사서 하루에 120개씩 외우기 시작했습니다. 근데 장난 아니라 정말 잘 외워지더군요. 혼자 외울 때와는 비교가 안 될 정도로 빠르고 정확하게 외워지더군요. 저는 책으로만 일단 중1, 2 과정을 5일 만에 다 외우고 중3 과정은 강의로 들었습니다. 또 신기한 게 책으로만 외울 때보다 강의로 들으니 더욱! 잘 외워지더군요. ㅋㅋ 거기다가 경선식선생님이 단어와 관련된 파생어까지 집어주시니까 더 좋더군요. 강의도 하루에 6강씩 5일 만에 다 끝내버렸네요. ㅎㅎ

24강

drag v. 끌다, 끌고 가다
[dræg]

끌다, 끌고 가다

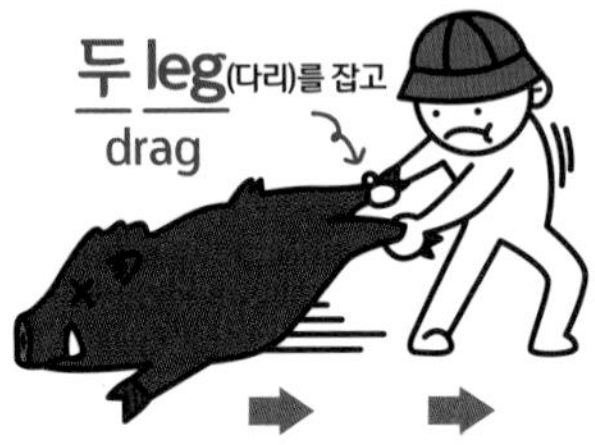
두 leg(다리)를 잡고
drag

사냥한 멧돼지의 **두 leg**(다리)를 잡고 질질 끌고 가다

disaster n. 재앙, 재난
[dizǽstər]

재앙, 재난을 불러오는
10년 전
5년 전
1년 전
디게 재수 없는 터
disaster

디게(되게) **재수** 없는 **터**라 이사 오는 집마다 발생하는 재앙, 재난

---

cope v. 맞서다, 대처하다
[koup]

맞서다
코 프으~
cope

두 마리의 소가 **코**를 **프우~** 하며 맞서다, 대처하다

bible n. 성서, 성경
[báibl]

바위에 번갯불로 새겨서 쓴
bible
성서, 성경
성경

하느님이 **바위**에 번갯**불**로 새겨서 쓴 성서, 성경

---

compose v. 구성하다
[kəmpóuz]

컴퓨터 배경화면을 여러 포즈의 사진으로
compose

구성하다

컴퓨터 배경화면을 자신의 여러 **포즈**를 취한 사진으로 구성하다

component n. 구성요소, 성분
[kəmpóunənt]

compose(구성하다) + **ent**(~것): 구성요소, 성분

sacrifice n. 희생 v. 희생시키다

[sǽkrəfàis]

새를 끓여 파이로 쓰다
sacrifice
새를 희생, 희생시키다

배고파서 기르던 **새**를 **끓여 파이**로 **쓰**다, 즉 새를 희생, 희생시키다

flaw n. 흠, (갈라진) 금

[flɔː]

갈라진 흠을 풀로 붙이다
flaw

풀로 붙여야 하는 갈라진 흠, 금

pause v. 잠시 멈추다, 중단하다

[pɔːz]

포즈를 잡으며 잠시 멈추다
pause

사진을 찍기 위해 **포즈**를 잡으며 잠시 멈추다, 중단하다

idiot n. 바보, 천치

[ídiət]

자기 자리도 못 찾는
바보, 천치
니 책상은
이 뒤엇!
idiot

"니 책상은 **이 뒤엇!**(뒤야!)" 즉, 자기 자리도 못 찾는 바보, 천치

예문 She **dragged** the heavy suitcases into the house. 그녀는 무거운 가방들을 집 안으로 끌고 들어왔다. / The school closed due to a natural **disaster**. 그 학교는 천재지변으로 휴교했다. / She was unable to **cope** with stress. 그녀는 스트레스에 대처할 수 없었다. / He always carries his **bible** with him. 그는 항상 성경을 가지고 다닌다. / The team is **composed** of a lawyer, a researcher, and a police officer. 그 팀은 변호사, 연구원, 그리고 경찰관으로 구성되어 있다. / We also need other **components** to make this machine. 우리가 이 기계를 만들기 위해서는 다른 구성요소들도 필요하다. / I'm willing to **sacrifice** myself for our team's win. 나는 우리 팀의 승리를 위해 기꺼이 나를 희생할 것이다. / There is a **flaw** in the glass. 그 유리에 흠이 있다. / She **paused** to catch her breath. 그녀는 숨을 돌리기 위해 잠시 멈췄다. / Don't treat me like an **idiot**! 나를 바보 취급하지 마!

복습문제

□□□ drag
□□□ disaster
□□□ cope
□□□ bible
□□□ compose
□□□ component
□□□ sacrifice
□□□ flaw
□□□ pause
□□□ idiot

solid

[미 sάlid]
[영 sɔ́lid]

a. 단단한 n. 고체

액체
고체
단단한, 고체 쪽으로 쏠리다
solid

같은 부피의 고체와 액체가 천칭에 있을 때 단단한, 고체 쪽으로 **쏠리다**

congress

[미 kάŋgris]
[영 kɔ́ŋgres]

n. 국회, 의회

큰 그리스 나라를 통치했던
congress
국회, 의회

큰 그리스 나라를 통치하고 이끌었던 국회, 의회

encounter

[inkáuntər]

v. ¹ (우연히) 만나다, 마주치다
² (위험·곤란 등에) 직면하다

(곤란에) 직면하다
잉, 카운터에서
encounter
만나다니..
주인
밥 값 없음

무전취식하고 도망치려다가 **잉! 카운터**에서 주인을 마주치다, (곤란에) 직면하다

adequate

[ǽdikwət]

a. 적당한, 충분한

adequately
적절하게, 충분히

애들이 뒤에서 기다리지만 cut!(잘라!)
adequate
여기까지 11명 끝!
이미 인원이 적당한, 충분한

축구 경기 인원인 11명을 다 채웠으니 **애**들이 **뒤**에서 기다리지만 **cut!**(잘라!), 즉 이미 인원이 적당한, 충분한

abandon

[əbǽndən]

v. 버리다, 포기하다

어, 아내가 뺀 돈은 포기하다
abandon
비상금

책 속에 숨겨둔 비상금 중에 **어!** 아내가 **뺀 돈**은 버리다, 포기하다

oyster

[ɔ́istər]

n. 굴

오이(스) 위에 떠 있는 굴
oyster

얇게 썬 **오이s** 위에 **떠** 있는 채로 나온 한 접시의 굴

sled n. 썰매
[sled]

슬래도 스기 힘든 썰매
sled
멈춰!

비탈길을 내려갈 때 **슬래두**(슬래도) 스기 힘든 썰매

starfish n. 불가사리
[stɑ́ːrfiʃ]

star(별)+fish(물고기, 어류)
starfish 불가사리

star(별)처럼 생긴 **fish**(물고기), 즉 불가사리

isolate v. 고립시키다, 격리시키다
[áisəlèit]

isolation
고립, 격리

아이 소가 late(늦게) 따라가자
isolate
사자들이
고립시키다
엄마~~

아이 소가 어미 소를 **late**(늦게) 따라가자 사자들이 잡아먹으려고 고립시키다, 격리시키다

gradual a. 점진적인, 서서히 일어나는
[grǽdʒuəl]

gradually
점진적으로,
점차적으로

그래, 이렇게 하나씩 주을(줍다)
gradual
하나씩
점진적인 증가

동전을 **그래,** 그렇게 하나씩 **주얼**(줍다). 티끌모아 태산처럼 점진적인, 서서히 일어나는 동전의 증가

예문 a **solid** building 견고한 건물 / She was elected as a member of **congress**. 그녀는 국회의원으로 선출되었다. / [1] I **encountered** a childhood friend by chance. 나는 어릴 적 친구를 우연히 만났다. [2] We **encountered** problems at the beginning of the project. 우리는 프로젝트 초기에 문제에 직면했다. / **adequate** food for 50 people 50명을 위한 충분한 음식 / He will never **abandon** hope. 그는 절대 희망을 버리지 않을 것이다. / **Oysters** are expensive in Europe. 유럽에서는 굴이 비싸다. / His **sled** disappeared slowly in the distance. 그의 썰매가 저 멀리 천천히 사라졌다. / Some people eat **starfish**. 어떤 사람들은 불가사리를 먹는다. / Several villages have been **isolated** by the flood. 홍수 때문에 몇몇 마을이 고립되어 있었다. / She showed a **gradual** improvement in her grades. 그녀의 성적은 점차 향상되었다.

복습문제

□□□ solid	□□□ adequate	□□□ sled	□□□ gradual
□□□ congress	□□□ abandon	□□□ starfish	
□□□ encounter	□□□ oyster	□□□ isolate	

sneeze v. 재채기하다
[sniːz]

칫
순이
순이가 츠!
sneeze
재채기하다

순이가 **츠!** 하고 재채기하다

criterion n. (평가의) 기준 (*pl*. criteria)
[kraitíəriən]

신인 배우 오디션
cry(우는) 연기가 튀는지가
criterion
(평가의) 기준

신인 배우 오디션에서 얼마나 **cry**(우는) 연기가 **튀어리?**(튀는지가) 평가의 기준

discriminate v. 1 식별하다 2 차별하다
[diskrímineìt]

discrimination
식별, 차별

this(이) 크림이네!
discriminate
정답은 3번!
좋아하는 크림을
식별하다
①
②
③

빵집의 모든 크림을 찍어먹어 보고 "**this 크림이네!**" 하고 자신이 좋아하는 빵을 식별하다, 차별하다

convey v. 운반하다, 전달하다
[kənvéi]

큰 배 2(두 개)로
convey
운반하다

큰 배 2(두 개)로 물건을 운반하다, 전달하다

sustain v. 떠받치다, 유지하다
[səstéin]

서서 무등을 태인(태워진) 사람을 밑에서
sustain
떠받치다,
유지하다

서서 무등을 **태인**(태워진) 사람을 밑에서 떠받치다, 유지하다

scar n. 상처, 흉터
[skɑːr]

상처,
흉터
살점이 슥- 까여
scar
슥!

살점이 **슥 까**여서 생긴 상처, 흉터

awful
[ɔ́:fəl]

a. 엄청난, 지독한

awfully
엄청나게, 지독하게

아무리 해도 죽지 않는 오! 풀!
awful
엄청난, 지독한 풀

농약을 써도, 낫으로 잘라도 자꾸 자라는 **오! 풀!** 즉, 엄청난, 지독한 풀

penalty
[pénəlti]

n. 벌칙, 형벌

페널티 킥(penalty kick)은 반칙에 대한
penalty
벌칙, 형벌

축구에서 **페널티** 킥(penalty kick)은 반칙에 대한 벌칙, 형벌

jar
[dʒɑ:*r*]

n. 항아리, 단지

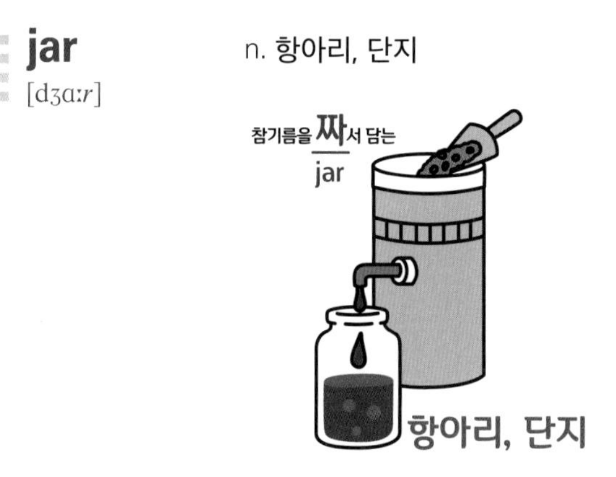
참기름을 짜서 담는
jar
항아리, 단지

참기름을 **짜**서 담는 항아리, 단지

fossil
[ⓜfɑ́səl]
[ⓨfɔ́səl]

n. 화석 a. 화석의

화석을 땅속에서 팠을
fossil

화석을 땅속에서 **팠을**

예 문 Black pepper makes me **sneeze.** 후추 때문에 재채기가 난다. / The **criterion** changes every year. 그 기준은 매년 바뀐다. / [1] My dog can **discriminate** different voices. 내 개는 다른 목소리들을 구별할 수 있다. [2] Society still **discriminates** against women. 사회는 아직도 여자를 차별 대우한다. / This train **conveys** both passengers and goods. 이 기차는 승객과 화물 모두 실어 나른다. / Would the company be able to **sustain** its current status? 그 회사는 현재의 상태를 유지할 수 있을까? / I have a huge **scar** in my thigh. 나는 허벅지에 엄청 큰 상처가 있다. / The smell of the room was **awful.** 그 방은 냄새가 지독했다. / The soccer player received two **penalties.** 그 축구 선수는 페널티를 두 개 받았다. / a candy **jar** 캔디 단지 / We use **fossil** fuels to produce electricity. 우리는 전기를 생산하기 위해 화석 연료를 사용한다.

복습문제

□□□ sneeze
□□□ criterion
□□□ discriminate
□□□ convey
□□□ sustain
□□□ scar
□□□ awful
□□□ penalty
□□□ jar
□□□ fossil

01 1강 단위 복습 05 5강 단위 복습 15 15강 단위 복습 30 30강 단위 복습

다음 단어들의 뜻이 1초 내에 생각나지 않으면 각 강의 단위에 표시를 하고 표시한 단어들을 다시 복습하세요.
(학원이나 학교의 숙제용 주관식 문제는 별도로 p.246~p.260에 있습니다.)

단어	복습	단어	복습
drag	01 05 15 30 30 30	oyster	01 05 15 30 30 30
disaster	01 05 15 30 30 30	sled	01 05 15 30 30 30
cope	01 05 15 30 30 30	starfish	01 05 15 30 30 30
bible	01 05 15 30 30 30	isolate	01 05 15 30 30 30
compose	01 05 15 30 30 30	gradual	01 05 15 30 30 30
component	01 05 15 30 30 30	sneeze	01 05 15 30 30 30
sacrifice	01 05 15 30 30 30	criterion	01 05 15 30 30 30
flaw	01 05 15 30 30 30	discriminate	01 05 15 30 30 30
pause	01 05 15 30 30 30	convey	01 05 15 30 30 30
idiot	01 05 15 30 30 30	sustain	01 05 15 30 30 30
solid	01 05 15 30 30 30	scar	01 05 15 30 30 30
congress	01 05 15 30 30 30	awful	01 05 15 30 30 30
encounter	01 05 15 30 30 30	penalty	01 05 15 30 30 30
adequate	01 05 15 30 30 30	jar	01 05 15 30 30 30
abandon	01 05 15 30 30 30	fossil	01 05 15 30 30 30

파생어, 숙어 복습

단어	복습	단어	복습
adequately	01 05 15 30 30 30	discrimination	01 05 15 30 30 30
isolation	01 05 15 30 30 30	awfully	01 05 15 30 30 30
gradually	01 05 15 30 30 30		

세계 여러 논문에 실린 연상법의 탁월한 효과(3)

발췌 논문 제목

핵심어 기법(keyword method = 연상법)의 활용이 한국 고등학생의 영어 어휘 학습에 미치는 영향

저자명

정주안 (이화여대 석사논문)

핵심어 기법(연상법)을 활용한 실험 집단이 단순 암기 방법을 활용한 통제 집단보다 높은 점수를 나타내었고 이러한 결과는 핵심어 기법의 활용이 단순 암기 방식보다 어휘 학습에 더 큰 긍정적 영향을 미치는 것을 알려준다.

어휘 기억 측면에서 핵심어 기법의 활용은 단순 암기 방식에 비해 더 높은 효율성을 보이므로 학습자들에게 핵심어 기법의 이와 같은 효율성을 잘 인식시켜 개인별 어휘 학습에 적극 활용할 수 있도록 장려하는 것이 좋을 것이다.

25강

priority n. 우선사항
[praiɔ́:rəti, praiɑ́:rəti]

prior
~보다 먼저의, 우선하는

후라이 요리법 알았지?
priority
요리사가 되기 위한 우선사항

계란 **후라이** 요리법 **알았지?** 요리사가 알아야 할 우선사항이야.

element n. 요소, 성분
[éləmənt]

이 약의 구성 요소, 성분이 **일**(1), **이**(2)... **많다**

---

form n. 모양, 형태 v. 형성하다
[fɔːrm]

폼이 멋있다고 할 때 폼은 그 사람의 모양이나 형태

---

latest a. 최근의, 최신의
[léitist]

lately 요즘, 최근에

3시, 5시, 6시 중에 **latest**(가장 늦은) 시간인 6시가 세 개의 시간 중에 최근의, 최신의 시간

---

memorable a. 기억할 만한, 중대한
[mémərəbl]

memory(기억) + **able**(~할 만한): 기억할 만한, 중대한

---

accelerate v. 가속하다, 가속화되다
[æksélərèit]

자동차의 **액셀러레이터**(accelerator)를 밟아 가속하다, 가속화되다

intellect
[íntəlèkt]

n. 지성, 지능

intell(인텔) + ect: 회사 **인텔**은 컴퓨터의 지능에 해당하는 CPU 회사

intellectual 지능의, 지적인
intelligent 지적인, 총명한

humanitarian
[hjuːmæ̀nitέəriən]

a. 인도주의적인

human(인간)의 파생어: 인도주의적인

partial
[pάːrʃəl]

a. ¹ 부분적인 ² 편파적인

한쪽 part(부분)에만 치우친, 즉 부분적인, 편파적인

partially
부분적으로, 불공평하게

somewhat
[sʌ́mhwɑ̀t]

ad. 어느 정도, 다소

some(약간의) + what(무엇): 약간의 무엇이 있는 정도, 즉 어느 정도, 다소

예문 My first **priority** is to care for my family. 나의 최우선 순위는 가족을 돌보는 것이다. / The first **element** of success is confidence. 성공의 첫 번째 요소는 자신감이다. / The stones **form** a huge circle. 그 돌들은 거대한 원을 이루고 있다. / His **latest** movie was successful. 그의 최신 영화는 흥행에 성공했다. / When is the most **memorable** moment for you? 당신에게 가장 기억에 남는 순간은 언제입니까? / Tests show global warming has **accelerated.** 실험은 지구 온난화가 가속화되었다는 것을 보여준다. / He is a man of **intellect.** 그는 이지적인 사람이다. / The company supports **humanitarian** views. 그 회사는 인도주의적 관점을 지지한다. / [1] a **partial** recovery 부분적인 회복 [2] The referee was accused of being **partial.** 그 심판은 편파적이라는 비난을 받았다. / This new cell phone is **somewhat** faster than other ones. 이 새 휴대전화는 다른 휴대전화들보다 어느 정도 더 빠르다.

복습문제

□□□ priority
□□□ element
□□□ form
□□□ latest
□□□ memorable
□□□ accelerate
□□□ intellect
□□□ humanitarian
□□□ partial
□□□ somewhat

breakthrough
[bréikθrù:]

n. 돌파구

난관을 **break**(부수어) **through**(통과하게) 하는 것, 즉 돌파구

resistance
[rizístəns]

resist 저항하다, 반대하다

n. 저항, 반대, 레지스탕스

레지스탕스는 프랑스의 독일 나치에 대한 저항, 반대운동

incident
[ínsidənt]

n. 사건, 일

인시던트 → **accident**(사건)

treetop
[trí:tὰ:p]

n. 나무 꼭대기

tree(나무) + **top**(꼭대기): 나무 꼭대기

fashionable
[fǽʃənəbl]

a. 유행하는

fashion(패션) + **able**(~할 수 있는): 너도나도 그 옷 **패션을 따라갈 수 있는**, 즉 유행하는

turn
[tə:rn]

1 v. 돌다, 돌리다, 뒤집다 2 v. 변하다, 변화시키다 3 n. 차례

1. 상태를 **turn**(돌려서) 변하다, 변화시키다
2. 순번이 **turn**(돌아가며) 찾아오는 차례

nowadays
[náuədèiz]

ad. **오늘날, 요즘**

now(지금, 현재) **a days**(날들): 오늘날, 요즘

---

misunderstand
[mìsʌndərstǽnd]

v. **오해하다** (misunderstand-misunderstood-misunderstood)

mis(잘못) **understand**(이해하다), 즉 오해하다

---

badly
[bǽdli]

ad. [1] **나쁘게** [2] **몹시, 심하게**

bad(나쁜) + **ly**(부사형 어미): 나쁠 정도로 심하게

---

millionaire
[mìljənέər]

n. **백만장자**

불우이웃 돕기 성금으로 **million**(백만) 달러를 **내어?** 백만장자네!

예문 I need a **breakthrough**. 난 돌파구가 필요해. / There is some **resistance** to the new policy. 그 새 정책에 대한 저항(반대 의견)도 다소 존재합니다. / I won't forget today's **incident**. 나는 오늘의 일을 잊지 못할 것이다. / birds nesting in the **treetops** 나무 꼭대기에 둥지를 튼 새들 / It is **fashionable** to wear small watches now. 요즘은 작은 시계를 차는 것이 유행이다. / [1] **Turn** left at the end of the street. 도로의 끝에서 좌회전하세요. [2] The grass is **turning** green. 풀이 파래지고 있다. [3] It's your **turn** to sing a song. 네가 노래 부를 차례야. / Everyone is busy **nowadays**. 요즘에는 모두가 바쁘다. / Please don't **misunderstand** my intention. 제 의도를 오해하지 말아 주세요. / [1] I slept very **badly** last night. 어젯밤에 잠을 잘 자지 못했다. [2] She was **badly** burned on the face and body. 그녀는 얼굴과 몸에 심한 화상을 입었다. / He is an ugly **millionaire**. 그는 못생긴 백만장자이다.

복습문제

□□□ breakthrough	□□□ treetop	□□□ nowadays	□□□ millionaire
□□□ resistance	□□□ fashionable	□□□ misunderstand	
□□□ incident	□□□ turn	□□□ badly	

altogether
[ɔ̀ːltəgéðər]

ad. **다같이, 다 합하여**

all(모두) **together**(함께), 즉 다같이, 다 합하여

forest
[fɔ́ːrist]

n. **숲, 삼림**

퍼(퍼렇다) + **est**(최상급 어미), 즉 지구에서 가장 피런 숲, 심림

upper
[ʌ́pər]

a. **위쪽의, 더 위에 있는**

up(위에) + **per**: 위쪽의, 더 위에 있는

pronunciation
[prənʌ̀nsiéiʃən]

n. **발음**

혀를 안으로 **풀어 넌시**(넣듯이) '**A**(에이)'를 **션**하게(시원하게) 발음하셔.

penny
[péni]

pence penny의 복수형

n. **(영국의 화폐 단위) 페니**

1페니는 1파운드의 100분의 1이다.

penniless
[pénilis]

a. **무일푼의**

penny(1페니) + **less**(~없는): 1페니도 없는, 즉 무일푼의

nearby
[nìərbái]

a. 가까운, 가까이의

near(가까운) + by(옆에): 가까운, 가까이의

---

ferry
[féri]

n. 여객선 v. 나르다

여객선 중에는 카페리호 등과 같이 '~훼리(페리)호'란 이름이 많다. 그리고 ferry(여객선)으로 승객을 나르다

---

receipt
[risíːt]

n. 받기, 수령, 영수증

receive(받다)의 명사형

예문 Let's do it **altogether**. 우리 그것을 다같이 하자. / Many rare animals live in the Amazon **forest.** 많은 희귀한 동물들이 아마존 숲에 살고 있습니다. / This fruit grows only in the **upper** part of the state. 이 과일은 그 주의 상류 지역에서만 자란다. / This word has two different **pronunciations.** 이 단어는 두 개의 다른 발음을 가지고 있다. / The cake is one pound and 50 **pennies**. 그 케이크는 1파운드 50페니이다. / I became **penniless** and finally stopped painting. 나는 무일푼이 되었고 결국 그림 그리는 것을 그만두었다. / An old man lived in a **nearby** town. 한 노인이 인근 마을에 살았다. / They are on the **ferry.** 그들은 여객선을 타고 있다. / May I have a **receipt**? 영수증을 받을 수 있을까요?

복습문제

□□□ altogether　□□□ pronunciation　□□□ nearby
□□□ forest　□□□ penny　□□□ ferry
□□□ upper　□□□ penniless　□□□ receipt

01 1강 단위 복습 05 5강 단위 복습 15 15강 단위 복습 30 30강 단위 복습

다음 단어들의 뜻이 1초 내에 생각나지 않으면 각 강의 단위에 표시를 하고 표시한 단어들을 다시 복습하세요.
(학원이나 학교의 숙제용 주관식 문제는 별도로 p.246~p.260에 있습니다.)

priority	01 05 15 30 30 30	turn	01 05 15 30 30 30
element	01 05 15 30 30 30	nowadays	01 05 15 30 30 30
form	01 05 15 30 30 30	misunderstand	01 05 15 30 30 30
latest	01 05 15 30 30 30	badly	01 05 15 30 30 30
memorable	01 05 15 30 30 30	millionaire	01 05 15 30 30 30
accelerate	01 05 15 30 30 30	altogether	01 05 15 30 30 30
intellect	01 05 15 30 30 30	forest	01 05 15 30 30 30
humanitarian	01 05 15 30 30 30	upper	01 05 15 30 30 30
partial	01 05 15 30 30 30	pronunciation	01 05 15 30 30 30
somewhat	01 05 15 30 30 30	penny	01 05 15 30 30 30
breakthrough	01 05 15 30 30 30	penniless	01 05 15 30 30 30
resistance	01 05 15 30 30 30	nearby	01 05 15 30 30 30
incident	01 05 15 30 30 30	ferry	01 05 15 30 30 30
treetop	01 05 15 30 30 30	receipt	01 05 15 30 30 30
fashionable	01 05 15 30 30 30		

파생어, 숙어 복습

prior	01 05 15 30 30 30	partially	01 05 15 30 30 30
lately	01 05 15 30 30 30	resist	01 05 15 30 30 30
intellectual	01 05 15 30 30 30	pence	01 05 15 30 30 30
intelligent	01 05 15 30 30 30		

동사의 과거, 과거분사형 복습

misunderstand – 01 05 15 30 30 30

경쌤's TIP

축하합니다. 여러분은 25강까지 완성하였습니다.

1 먼저 11강~20강의 5강 단위 복습에 표시했던 단어들을 복습하세요.

2 그런 다음 21강부터 25강까지 "전체 단어"를 복습하세요.

- 21강의 복습문제 단어 옆의 5강 단위 네모 표시 란에 1초 내에 바로 생각나지 않는 단어들을 표시하고 그것들 위주로 완벽하게 복습한 후 22강, 23강, 24강, 25강을 같은 방식으로 복습합니다.

3 그런 다음 마지막으로 21강~25강의 위 2번에서 5강 단위 네모 표시 란에 표시한 단어들을 다시 한 번 복습하도록 하세요.

복습을 미루는 시간에 비례하여 복습시간이 늘어난다는 점 명심하세요!!!

26강

접두어 in-

접두어 in-에는 '~ 안에'라는 의미와 not의 의미가 있다.

instruct v. 가르치다, 지시하다
[instrʌ́kt]

instruction
가르침, 교육, 지시

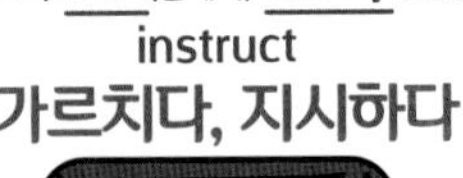
트럭 ins(안에서) 트럭 운전을
instruct
가르치다, 지시하다

트럭 **ins**(안에서) **트럭** 운전을 가르치다, 지시하다

invest v. 투자하다
[invést]

investment
투자

우리나라 in(안에서) best(최고의)
invest
현재 한국 1위
삼성전자
주식
매수
회사 주식에 투자하다

우리나라 **in**(안에서) **best**(최고의) 회사인 삼성 주식에 투자하다

income n. 수입, 소득
[ínkʌm]

주머니 in(안으로) come(들어오는) 돈
income
수입, 소득

내 주머니 **in**(안으로) **come**(들어오는) 돈, 즉 수입, 소득

install v. (장비·장치 등을) 설치하다
[instɔ́:l]

방 ins(안에) tall(큰) 크리스마스트리를
install
설치하다

방 **ins**(안에) **tall**(큰) 크리스마스트리를 설치하다

insert v. 삽입하다, 끼워 넣다
[insə́:rt]

빵 in(안에) 썰은 two(2)개의 토마토를
insert
삽입하다,
끼워 넣다

샌드위치 빵 **in**(안에) **썰**은 **two**(2)개의 토마토를 삽입하다, 끼워 넣다

ingredient
n. 성분, 재료

[ingríːdiənt]

동전 in(안에) 들어있는 구리
ingredient
성분, 재료
구리
니켈
500

동전 **in**(안에) 들어있는 **구리** 성분, 재료

insult
n. 모욕 v. 모욕하다

n. [ínsʌlt]
v. [insʌ́lt]

재 배 in(안에) 살 좀 봐! 침을 투!
insult
투!
모욕, 모욕하다

"재 배 **in**(안에) **살** 좀 봐!" 하며 침을 **투!** 뱉으며 모욕, 모욕하다

infect
v. 감염시키다, 전염시키다

[infékt]

infection
전염, 감염

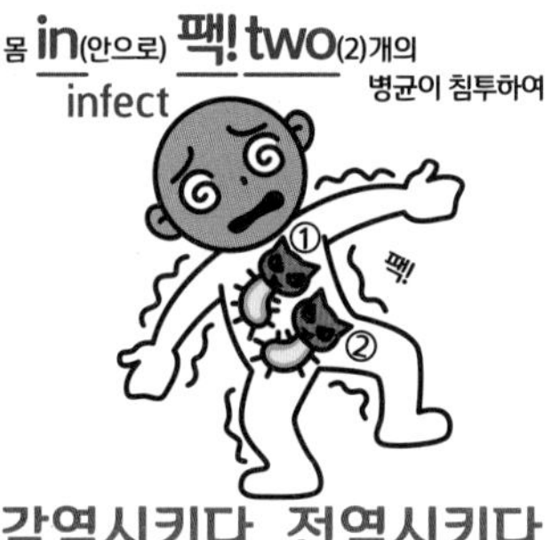
몸 in(안으로) 팩! two(2)개의 병균이 침투하여
infect
팩!
①
②
감염시키다, 전염시키다

몸 **in**(안으로) **팩! two**(2)개의 병균이 침투하여 감염시키다, 전염시키다

instrument
n. ¹ 기계, 기구 ² 악기

[ínstrəmənt]

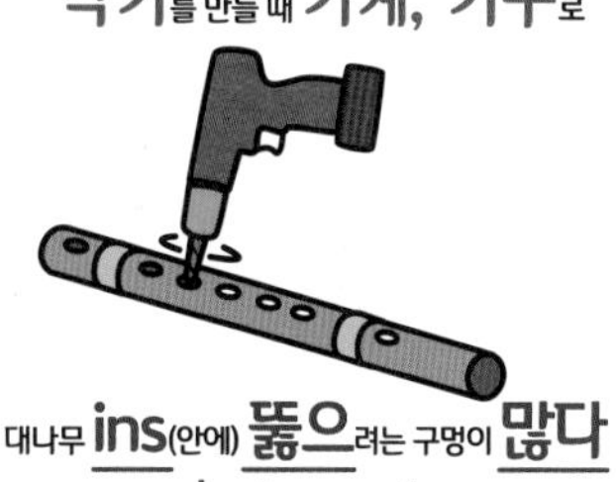
피리 같은
악기를 만들 때 기계, 기구로
대나무 ins(안에) 뚫으려는 구멍이 많다
instrument

피리와 같은 악기를 만들 때는 전동드라이버와 같은 기계, 기구로 대나무 **ins**(안에) **뚫으**려는 구멍이 **많다**

26강

예문 The trainer **instructed** the students on how to play tennis. 트레이너는 학생들에게 테니스 치는 법을 가르쳤다. / We decided to **invest** in the company. 우리는 그 회사에 투자하기로 결정했다. / His **income** was enough to raise 4 children. 그의 수입은 4명의 아이들을 키우기에 충분했다. / They **installed** speakers in a garage. 그들은 차고에 스피커를 설치했다. / We have to **insert** more coins to continue the game. 게임을 계속하려면 동전을 더 넣어야 한다. / Mix all the **ingredients** in a bowl. 모든 재료를 그릇에 넣고 섞어라. / He **insulted** me in public. 그는 여러 사람 앞에서 나를 모욕했다. / He was **infected** with COVID 19. 그는 코로나19에 감염되었다. / ¹ medical **instruments** 의료 기구 ² a keyboard **instrument** 건반악기

복습문제

□□□ instruct	□□□ install	□□□ insult
□□□ invest	□□□ insert	□□□ infect
□□□ income	□□□ ingredient	□□□ instrument

insect n. 벌레, 곤충
[ínsekt]

코 **in**(안으로) **쌕!** 들어오는 하루살이와 같은 벌레, 곤충

indeed ad. 참으로, 정말로
[indí:d]

공부 안 한 것 같다는 엄마의 말에 참으로! 정말로! 방 **in**(안에서) 공부 **did!**(했어요!)

invade v. 침략하다, 침입하다
[invéid]

invasion
침입, 침략

나라 **in**(안으로) 들어와 칼로 **베이드**(베다), 즉 침략하다, 침입하다

insist v. 주장하다, 고집하다
[insíst]

씻으라는 말에 "**in**(not: 안) **씻으!**(씻어!)" 하고 침을 **투!** 뱉으며 씻지 않겠다고 주장하다, 고집하다

internal a. 내부의
[intə́:rnl]

in(안으로) **터널**에 들어간, 즉 터널 내부의

inner a. 안쪽의, 내적인
[ínər]

in(~ 안에) + **ner**: 안에 있는, 즉 안쪽의, 내적인

접두어 sub-

접두어 sub-는 under(아래에)의 의미로 쓰인다. 대표적인 예로 subway(지하철, 지하도)가 있다.

subject
[sʌ́bdʒikt]

n. ¹ (실험) 대상, 피실험자 ² 과목 ³ 주제

현미경 **sub**(밑에서) 주사를 **찍!** 하고 맞는 쥐와 같은 (실험) 대상, 피실험자. 이러한 "쥐의 해부"가 오늘 생물 과목 시간의 주제

substance
[sʌ́bstəns]

n. ¹ 물질 ² 본질, 실체

substantial
본질적인, 상당한

고대 집터 **sub**(아래에) 주춧돌인 **stones**(돌들)만 남아있다, 즉 남아있는 돌들은 물질, 집의 본질, 실체

submit
[səbmít]

v. 제출하다

sub(아래) **밑**바닥 점수 받은 학생들이 선생님께 반성문을 제출하다

예문 The light attracted a lot of **insects**. 불빛이 많은 곤충들을 끌어들였다. / I was very sad **indeed** to hear of his death. 나는 그의 사망 소식을 듣고 정말로 슬펐다. / Napoleon **invaded** Egypt in 1798. 나폴레옹이 1798년도에 이집트를 침략했다. / She **insisted** that her idea was correct. 그녀는 자신의 생각이 옳다고 주장했다. / They removed an **internal** wall in their house. 그들은 집에 있던 내벽을 하나 없앴다. / **inner** beauty 내면의 아름다움 / ¹ We need some male **subjects** for a psychology experiment. 우리는 심리학 실험을 위해 남성 실험 대상자가 좀 필요하다. ² Physics is my favorite **subject**. 물리학은 내가 좋아하는 과목이다. ³ I have to choose a **subject** for an essay. 나는 에세이 주제를 골라야 한다. / ¹ This **substance** is very soft. 이 물질은 매우 부드럽다. ² What's the **substance** of your argument? 당신의 주장의 본질(핵심)은 뭔가요? / Paintings **submitted** by students will be exhibited. 학생들이 제출한 그림들이 전시될 것이다.

복습문제

□□□ insect	□□□ insist	□□□ subject
□□□ indeed	□□□ internal	□□□ substance
□□□ invade	□□□ inner	□□□ submit

26

접두어 co-, col-, com-, con-

접두어 co-, col-, com-, con-은 together(~와 함께)나 with(~을 가지고)의 의미로 쓰인다.

combat
n. 전투, 싸움 v. 싸우다

[㊀kámbæt]
[㊁kɔ́mbæt]

com(함께) 침을 뱉으며
combat
싸움, 전투

com(함께) 침을 **뱉**으며 싸움, 전투

comply
v. 따르다, 순응하다

[kəmplái]

대장 새 뒤를 com(함께) fly(날면서)
comply

따르다, 순응하다

기러기들이 대장 새 뒤를 **com**(함께) **fly**(날면서) 따르다, 순응하다

conform
v. 따르다, 순응하다

[kənfɔ́:rm]

con(함께) 선생님 폼을
conform

따르다, 순응하다

에어로빅 수강생들이 **con**(함께) 선생님 **폼**을 따르다, 순응하다

compound
a. 혼합한 n. 혼합물

[kámpaund]

com(함께) 몇 파운드씩
compound
밀가루 3파운드
설탕 2파운드
초코가루 3파운드

혼합한, 혼합물

com(함께) 몇 **파운드**씩 합하여 혼합한, 혼합물

companion
n. 친구, 동료

[kəmpǽnjən]

com(함께) 패거리를 이루는 녀(여자)
companion

친구, 동료

com(함께) **패**거리를 이루는 **녀**(여자)들, 즉 친구, 동료

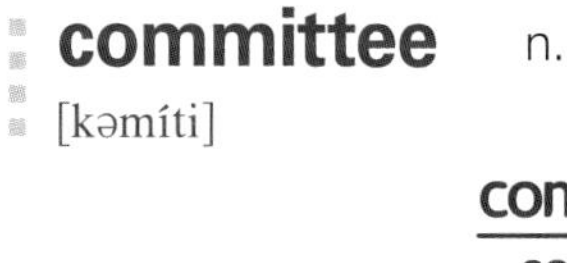

committee n. 위원회

[kəmíti]

com(함께) **미티**(미팅)하여 회의하는 위원회

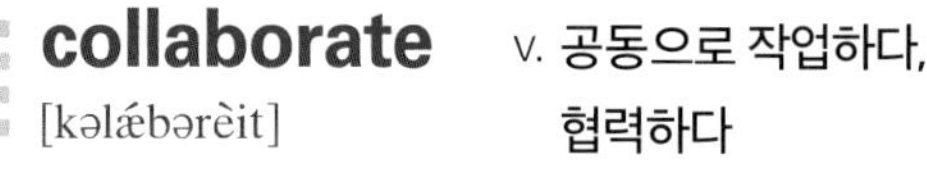

collaborate v. 공동으로 작업하다, 협력하다

[kəlǽbərèit]

col(함께) **labor**(노동) **ate**(하다), 즉 공동으로 작업하다, 협력하다

competition n. 경쟁, 시합

[㊊kɑ̀mpətíʃən]
[㊎kɔ̀mpətíʃən]

compete
경쟁하다, 겨루다

경쟁, 시합하느라 com(함께) **피 튀션**(튀셔).

competence n. 능숙함, 능숙

[㊊kɑ́mpitəns]
[㊎kɔ́mpitəns]

competent
유능한

컴퓨턴(컴퓨터는) 수
competence
성적표
과목
컴퓨터 수우미양가
국어 수우미양가
수학 수우미양가
컴퓨터는 능숙함, 능숙

컴퓨턴(컴퓨터는) 수우미양가 중에 **수**를 맞을 정도로 능숙함, 능숙

26강

예문 Iraqi people are still in **combat.** 이라크 사람들은 여전히 전투 중이다. / You must **comply** with the rules. 너는 규칙을 따라야만 한다. / They put more pressure on us to **conform.** 그들은 우리에게 순응하라고 더 많은 압력을 가했다. / a chemical **compound** 화학 혼합물 / my close **companion** 나의 친한 친구 / She needs to get approval from the **committee.** 그녀는 위원회의 승인을 받아야 한다. / He was suspected of **collaborating** with the enemy. 그는 적과 협력했다는 의심을 받았다. / The chef won at the world's biggest cooking **competition.** 그 요리사는 세계에서 가장 큰 요리 대회에서 우승했다. / The rookie doesn't have the **competence** to handle the problem. 그 신입은 그 문제를 다룰 능숙함이 없다.

복습문제

□□□ combat	□□□ compound	□□□ collaborate
□□□ comply	□□□ companion	□□□ competition
□□□ conform	□□□ committee	□□□ competence

01 1강 단위 복습 05 5강 단위 복습 15 15강 단위 복습 30 30강 단위 복습

• 다음 단어들의 뜻이 1초 내에 생각나지 않으면 각 강의 단위에 표시를 하고 표시한 단어들을 다시 복습하세요.
(학원이나 학교의 숙제용 주관식 문제는 별도로 p.246~p.260에 있습니다.)

instruct	01 05 15 30 30 30
invest	01 05 15 30 30 30
income	01 05 15 30 30 30
install	01 05 15 30 30 30
insert	01 05 15 30 30 30
ingredient	01 05 15 30 30 30
insult	01 05 15 30 30 30
infect	01 05 15 30 30 30
instrument	01 05 15 30 30 30
insect	01 05 15 30 30 30
indeed	01 05 15 30 30 30
invade	01 05 15 30 30 30
insist	01 05 15 30 30 30
internal	01 05 15 30 30 30
inner	01 05 15 30 30 30
subject	01 05 15 30 30 30
substance	01 05 15 30 30 30
submit	01 05 15 30 30 30
combat	01 05 15 30 30 30
comply	01 05 15 30 30 30
conform	01 05 15 30 30 30
compound	01 05 15 30 30 30
companion	01 05 15 30 30 30
committee	01 05 15 30 30 30
collaborate	01 05 15 30 30 30
competition	01 05 15 30 30 30
competence	01 05 15 30 30 30

파생어, 숙어 복습

instruction	01 05 15 30 30 30
investment	01 05 15 30 30 30
infection	01 05 15 30 30 30
invasion	01 05 15 30 30 30
substantial	01 05 15 30 30 30
compete	01 05 15 30 30 30
competent	01 05 15 30 30 30

경쌤's TIP

연상법은 연상을 거치기 때문에 암기하는 데 오래 걸린다?

그렇다면 어근으로 암기하면 어근까지 암기하고 그 어근을 거치기 때문에 더 오래 걸리지 않을까요?

그럼 단순히 그냥 암기하는 것은 중간에 거치는 것이 없어서 암기하는 데 더 빨리 암기될까요?

이 책을 보기 전 여러분이 다른 방식으로 암기했던 때를 생각해 보세요. 그 뜻이 바로 떠오를 정도로 암기하려면 몇 번을 복습해야 했었나요? 한두 번 봐서는 그 뜻조차도 생각나지 않았을 것이고 5~6번 복습을 했다 해도 1달 후에 다시 보면 생각이 안 나거나 "그 뜻이 뭐였지???? 아, 맞아 그거였지." 하고 뜻을 생각해 내는 데 시간이 오래 걸릴 것입니다. 과학적 실험에 따르면 아무런 힌트 없이 완전하게 암기하려면 잊어버리고 다시 암기하고 잊어버리고 다시 암기하는 과정을 17번 반복해야 한다고 합니다.

경선식 영단어는 어떤가요? 3번만 복습해도 대다수의 단어들의 뜻이 바로바로 떠올랐을 것이란 말에 여러분은 동의하실 겁니다. 그리고 복습을 거치면서 연상의 도움 없이도 그 뜻이 바로 떠오르는 경험을 했을 것입니다. 설사 오랜 시간 후에 잊어버려도 복습하는 데 1~2초면 충분할 정도로 복습시간에 있어서도 다른 암기법과 비교가 되지 않습니다.

연상법은 연상을 거치기 때문에 암기하는 데 오래 걸린다?

제 연상법 강의를 직접 경험해보지도 않은 경쟁 강사 및 경쟁 어휘 저자들의 입에서 시작되거나 그 말에 현혹되어 그것이 사실인양 믿고 있는 딱한 학생들의 근거 없는 말입니다.

어떠한 목적을 갖고 경선식 영단어를 비방한 말들을 철석같이 믿고 있는 친구들이 있다면, 인터넷 상에서 그러한 비방의 글이 있다면 여러분의 경험을 솔직하게 말해주세요.

접두어 re-

접두어 re-는 again(다시), back(뒤로, 뒤에)의 의미로 쓰인다.

retire
[ritáiər]

v. 은퇴하다

retirement
은퇴

re(뒤로) 물러나야겠어, tired(피곤해)
retire
사장
은퇴하다

re(뒤로) 물러나야겠어, 나이 들어 tired(피곤해), 즉 은퇴하다

restore
[ristɔ́ːr]

v. 회복시키다, 복구하다

re(다시) store(가게)를
restore
OPEN
회복시키다, 복구하다

지진으로 파괴되었지만 re(다시) store(가게)를 회복시키다, 복구하다

relieve
[rilíːv]

v. 구제하다, (고통 등을) 덜어주다

relief
구제, (고통 등의) 경감, 안도

re(다시) live(살도록)
relieve
오늘부터는 이 약을 써 보죠
목숨을
구제하다,
(고통을) 덜어주다

의사가 re(다시) live(살도록) 목숨을 구제하다, (고통을) 덜어주다

repair
[ripέər]

v. 고치다, 수리하다

re(다시) 패어 있는 곳을 원상태로
repair

고치다, 수리하다

re(디시) 자동차의 패어 있는 곳을 원상태로 고치다, 수리하다

resource
[ríːsɔːrs]

n. 자원

재활용하여 re(다시) 썼수 자원을
resource

재활용하여 re(다시) 썼수, 자원을

restrict
[ristríkt]

v. 제한하다, 금지하다

restriction
제한, 금지

우범지역인 re(뒤의) street(거리) 접근을
restrict

제한하다, 금지하다

우범지역인 **re**(뒤의) **street**(거리)는 접근을 제한하다, 금지하다

recycle
[ri:sáikl]

v. 재활용하다

recycling
재활용

쓰레기를 re(다시) cycle(순환)시키다
recycle

재활용하다

빈 병과 같은 쓰레기를 **re**(다시) **cycle**(순환)시키다, 즉 재활용하다

remarkable
[rimá:rkəbl]

a. 주목할 만한, 놀라운

remarkably
두드러지게, 몹시

re(다시)
별표 mark(마크)를 able(할 만한)
remarkable

주목할 만한, 놀라운 뉴스

re(다시) 또 별표 **mark**(마크)를 **able**(할 만한), 즉 주목할 만한, 놀라운 뉴스

remark
[rimá:rk]

n. 말, 논평 v. 말하다, 논평하다

니가 말을 크게 하여
remark

말하다, 논평하다

니가 **말**을 **크**게 하여 말하다, 논평하다

27강

예문 My grandfather **retired** 3 years ago. 우리 할아버지는 3년 전에 은퇴하셨다. / My brother **restored** his confidence. 나의 형은 자신감을 되찾았다. / She **relieved** my worries by telling me the truth. 그녀는 나에게 진실을 말해줌으로써 나의 걱정을 덜어주었다. / The car should be **repaired**. 그 자동차는 수리되어야 한다. / The natural **resource** has a limit. 그 천연자원은 한계가 있다. / The school **restricts** the number of students in a class. 그 학교는 한 학급의 학생 수를 제한한다. / Paper milk packages can be **recycled** as tissues. 종이 우유팩은 휴지로 재활용될 수 있다. / We congratulate you on your **remarkable** achievements. 우리는 당신의 놀라운 성과에 대해 축하한다. / He is famous for his **remarks**. 그는 논평으로 유명하다.

복습문제

□□□ retire	□□□ repair	□□□ recycle
□□□ restore	□□□ resource	□□□ remarkable
□□□ relieve	□□□ restrict	□□□ remark

reserve [rizə́ːrv] v. [1] 예약하다 [2] 따로 남겨두다

reservation 예약

re(뒤에) 있는 페이지를 **접어** 다음에 읽을 부분으로 예약하다, 따로 남겨두다

reward [riwɔ́ːrd] n. 보상 v. 보상하다, 보답하다

re(뒤로) 되갚아 **워드**를 쳐준 대가를 돈으로 보상, 보상하다

resign [rizáin] v. 사직하다, 사임하다

re(뒤로) 물러나겠다고 사직서에 **sign**(사인하다), 즉 사직하다, 사임하다

rely [rilái] v. 의지하다, 믿다

rely on ~에 의지하다

아기가 엄마 등 **re**(뒤에) **lie**(누워) 엄마를 의지하다, 믿다

reverse [rivə́ːrs] a. 반대의 n. 반대 v. 반대로 하다

우리 집 방향과 반대의 방향인 집 re(뒤로) 가는 버스

reverse

우리 집

우리 집 방향과 반대의 방향인 **re**(뒤로) 가는 버스

reflect [riflékt] v. [1] 반사하다 [2] 반영하다 [3] 심사숙고하다

re(다시) 풀래 **two**(2)번 문제를! 즉, 시험지를 틀렸다고 반사하다(되돌려주다), 학생은 다른 공식을 반영하다, 다시 풀려고 심사숙고하다

regal
[ríːgəl]

a. 국왕의, 장엄한

re(뒤에) 걸어놓은 국왕의 사진
regal

독재국가 집집마다 **re**(뒤에) 벽에 **걸**어놓은 장엄한, 국왕의 사진

replace
[ripléis]

v. ~을 대신하다, 대체하다

re(다시) 빈 place(자리)를 이부장이
replace
잘 부탁합니다 이 OO 입니다
은퇴
김 부장
부장
대신하다, 대체하다

김부장이 은퇴한 후 **re**(다시) 그 **place**(자리)를 이부장이 대신하다, 대체하다

refund
n. [ríːfʌnd]
v. [riːfʌ́nd]

n. 환불 v. 환불하다

re(뒤로) 되돌려 **fund**(펀드, 자금)을 주다, 즉 환불, 환불하다

republic
[ripʌ́blik]

n. 공화국

re(뒤에서) **public**(대중)이 함께 화합하여 받쳐주는 나라, 즉 공화국

27강

예문 1 I'd like to **reserve** a room for two nights. 이틀 밤 묵을 방을 예약하고 싶습니다. 2 **Reserve** your strength for the climb. 등산에 대비하여 힘을 아껴둬라. / What is the **reward** for it? 그것에 대한 보상은 무엇입니까? / Sue didn't like her job, so she **resigned**. 수는 자신의 일이 마음에 들지 않아 사직했다. / I need someone to **rely** on. 나는 의지할 수 있는 누군가가 필요하다. / My husband did the **reverse** of what I asked. 남편은 내가 부탁한 것과 반대로 했다. / 1 See how beautifully the river **reflects** the trees. 강에 나무들이 얼마나 아름답게 비치는지 봐. 2 The novel **reflects** our society. 그 소설은 우리 사회를 반영한다. 3 We had time to **reflect** and debate. 우리는 숙고하고 토론할 시간을 가졌다. / The Queen has full **regal** power. 여왕은 완전한 왕권을 가지고 있다. / We could not find a member to **replace** Josh. 우리는 조쉬를 대신할 멤버를 찾을 수 없었다. / Your travelling expenses will be **refunded** to you. 당신의 여행 경비는 환불될 것입니다. / the **Republic** of Ireland 아일랜드 공화국

복습문제

□□□ reserve	□□□ rely	□□□ regal	□□□ republic
□□□ reward	□□□ reverse	□□□ replace	
□□□ resign	□□□ reflect	□□□ refund	

접두어 em-, en-

접두어 em-, en-은 in(~ 안에)의 의미 또는 동사형을 만드는 접두어로 쓰인다.

employ v. 고용하다

[implɔ́i]

employer 고용주

employee 피고용인, 종업원 (-ee: 피~)

unemployment 실업, 실직

방 em(안에) 짐을 풀로이(풀러)
employ
이건 유니폼이네
종업원으로 고용하다

이 방 **em**(안에) 짐을 **풀로이**(풀러) 놓고 당장 일해! 하고 식당 종업원으로 고용하다

envelope n. 봉투

[㊀énvəlòup]
[㊁énvələup]

en(안을) 벌렵!(벌려!) 서류를 넣는
envelope
봉투

en(안)을 **벌럽**(벌려) 서류를 넣는 봉투

empire n. 제국, 왕국

[émpaiər]

1. 네로황제 시절 성 **em**(안에서) **fire**(불)이 타고 있던 로마 제국, 왕국
2. 미국의 **엠파이어** 스테이트 빌딩은 하나의 제국, 왕국과 같이 높고 크다.

성 em(안에서) fire(불)이 타고 있던
empire
로마 제국, 왕국
나의 로마제국이...

entire a. 완전한, 전체의

[intáiər]

entirely 완전히

타이어 en(안에) 공기가
entire
완전한, 전체 가득한
100%

자동차 **타이어 en**(안에) 공기가 완전한, 전체 가득한

environment n. 환경

[inváiərənmənt]

environmental 환경의, 주위의

마을 en(안에) 바위, 논이 많다
environment

OO마을
주변 환경

이 마을 **en**(안에) **바위, 논**이 **많다**, 즉 그 마을의 주변 환경

encourage
[inkə́:ridʒ]

v. 용기를 북돋우다

en(동사를 만드는 접두어) + **courage**(용기): 용기를 북돋우다

enable
[inéibl]

v. ~할 수 있게 하다

en(동사를 만드는 접두어) + **able**(~할 수 있는): ~할 수 있게 하다

enforce
[infɔ́:rs]

v. 강요하다

en(동사를 만드는 접두어) + **force**(힘): 힘으로 ~하게 하다, 즉 강요하다

ensure
[inʃúər]

v. 반드시 ~하게 하다, 보장하다

en(동사를 만드는 접두어) + **sure**(확신하는): 반드시 ~하게 하다, 보장하다

예문 Many care homes **employ** foreign workers. 많은 요양원이 외국인 노동자들을 고용하고 있다. / The papers must be sealed in an **envelop.** 그 서류들은 봉투에 밀봉해야 합니다. / the ancient Egyptian **empire** 고대 이집트 왕국 / The **entire** city is in a festive mood. 시 전체가 축제 분위기이다. / The single dad tried to make a better **environment** for his son. 홀아버지는 아들을 위해 더 나은 환경을 만들려고 노력했습니다. / My friends **encouraged** me to try new things. 친구들은 나에게 새로운 것을 시도해 보라고 용기를 북돋아 줬다. / This dictionary will **enable** you to understand English words. 이 사전은 당신이 영어 단어를 이해할 수 있도록 해줄 것이다. / They tried to **enforce** agreement with their plans. 그들은 자신들의 계획에 대한 합의를 강요하려고 했다. / Please **ensure** that all the lights are switched off at night. 밤에는 꼭 모든 전등을 꺼 주십시오.

복습문제

□□□ employ	□□□ entire	□□□ enable
□□□ envelope	□□□ environment	□□□ enforce
□□□ empire	□□□ encourage	□□□ ensure

01 1강 단위 복습 05 5강 단위 복습 15 15강 단위 복습 30 30강 단위 복습

다음 단어들의 뜻이 1초 내에 생각나지 않으면 각 강의 단위에 표시를 하고 표시한 단어들을 다시 복습하세요.
(학원이나 학교의 숙제용 주관식 문제는 별도로 p.246~p.260에 있습니다.)

retire 01 05 15 30 30 30
restore 01 05 15 30 30 30
relieve 01 05 15 30 30 30
repair 01 05 15 30 30 30
resource 01 05 15 30 30 30
restrict 01 05 15 30 30 30
recycle 01 05 15 30 30 30
remarkable 01 05 15 30 30 30
remark 01 05 15 30 30 30
reserve 01 05 15 30 30 30
reward 01 05 15 30 30 30
resign 01 05 15 30 30 30
rely 01 05 15 30 30 30
reverse 01 05 15 30 30 30

reflect 01 05 15 30 30 30
regal 01 05 15 30 30 30
replace 01 05 15 30 30 30
refund 01 05 15 30 30 30
republic 01 05 15 30 30 30
employ 01 05 15 30 30 30
envelope 01 05 15 30 30 30
empire 01 05 15 30 30 30
entire 01 05 15 30 30 30
environment 01 05 15 30 30 30
encourage 01 05 15 30 30 30
enable 01 05 15 30 30 30
enforce 01 05 15 30 30 30
ensure 01 05 15 30 30 30

파생어, 숙어 복습

retirement 01 05 15 30 30 30
relief 01 05 15 30 30 30
restriction 01 05 15 30 30 30
recycling 01 05 15 30 30 30
remarkably 01 05 15 30 30 30
reservation 01 05 15 30 30 30

rely on 01 05 15 30 30 30
employer 01 05 15 30 30 30
employee 01 05 15 30 30 30
unemployment 01 05 15 30 30 30
entirely 01 05 15 30 30 30
environmental 01 05 15 30 30 30

경선식 영단어 생생 학습 후기

10점짜리 영포자에서 수능 1등급의 기적을 이뤄낸 건 당연히 경선식 영단어 덕분! (변*진)

때는 바야흐로 중3 시절. 공부와는 담을 쌓고 있었던 나는 중간고사 영어 시험에서 10점이라는 최악의 점수를 받게 된다. 친척의 강력한 권유로 경선식 영단어 인강을 신청해서 듣기 시작했다. 효과는 정말 놀라웠다. 예전 같았으면 금세 질려서 그만하던가 외운 내용이 생각이 안 나던가 할 텐데 경선식 인강으로 공부하니 공부도 재밌고 머릿속에도 기억이 확실히 나기 시작했다. 그렇게 중3 겨울방학을 보내고 고등학교에 입학한다. 단어가 보이니 영어 공부가 재밌고 쉬워진 걸 확실히 느낄 수 있었다. 꾸준히 경선식 인강을 들으며 영어 실력을 늘려갔고 그 결과로 고등학교 첫 시험에서 96점이란 높은 점수를 받게 된다. 대망의 수능시험에선 1등급을 맞는 쾌거를 이루기까지 하였다. 10점짜리 영포자에서 수능 1등급의 기적을 이뤄낸 건 당연히 경선식 영단어 덕분이였고 앞으로도 기억에 많이 남을 것 같다.

접두어 pre-

접두어 pre-는 before(이전에, 미리, ~ 앞에)의 의미로 쓰인다.

prevent

[privént]

v. 막다, 방해하다

prevent A from -ing
A가 ~하는 것을 막다, 방해하다

횡단보도에서 아이들을 보호하기 위해 **pre**(앞에서) **벤츠** 자동차를 막다, 방해하다

previous

[príːviəs]

a. 이전의, 앞의

previously
이전에, 미리

"밥그릇을 언제 비웠어?" "벌써 이전에 너보다 **pre**(먼저) **비웠수**. 난 금방 먹거든."

prefer

[prifə́ːr]

v. ~을 더 좋아하다

prefer A to B
B보다 A를 더 좋아하다

뷔페에서 다른 음식들보다 **pre**(먼저) **퍼** 담을 정도로 그 음식을 더 좋아하다

preferable

[préfərəbl]

a. 더 좋은, 더 나은

prefer(더 좋아하다) + **able**(~할 만한): 사람들이 더 좋아할 만한, 즉 더 좋은, 더 나은

prejudice

[prédʒudis]

n. 선입관, 편견

pre(미리) + **jud**(→ judge: 판단하다) + **ice**(명사형 어미): 선입관, 편견

접두어 e-, ex-

접두어 e-와 ex-는 out(밖으로)의 의미로 쓰인다.

extent
n. 범위, 정도, 넓이

[ikstént]

extend
넓히다, 늘리다

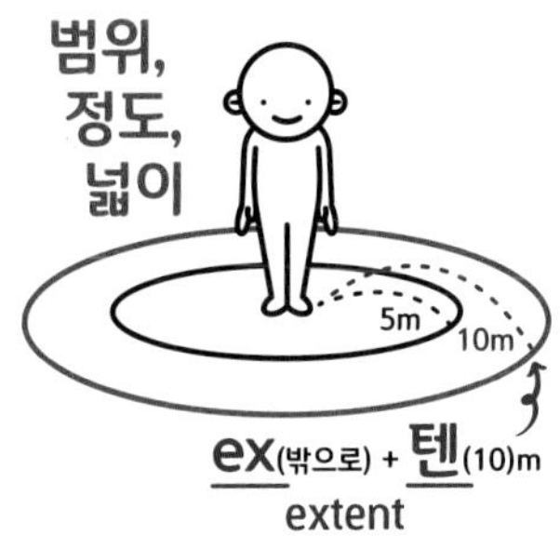

ex(밖으로) **ten**(10) 미터의 범위, 정도, 넓이

enormous
a. 거대한, 엄청난

[inɔ́ːrməs]

enormously
엄청나게

홍수로 인하여 댐 **e**(밖으로) 물이 **넘었수!** 거대한, 엄청난 물

expand
v. 확대되다, 확대시키다, 팽창시키다

[ikspǽnd]

expansion
확대, 확장, 팽창

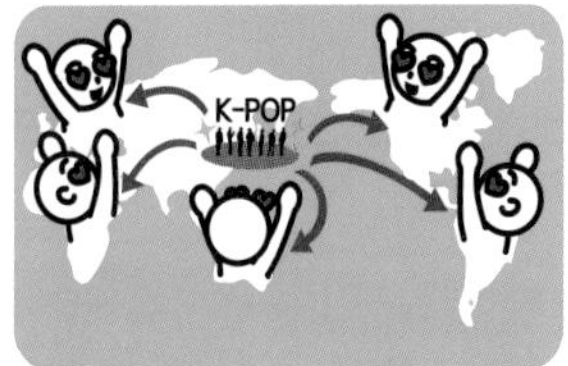

케이팝 가수들이 우리나라 **ex**(밖으로) **팬들**을 확대시키다, 팽창시키다

28강

예문 This medicine will **prevent** you from having a cold. 이 약은 감기에 걸리는 것을 예방할 것이다. / I left my coat in the **previous** class. 나는 이전 수업에 코트를 두고 왔다. / Do you **prefer** hot or cold weather? 넌 더운 날씨를 더 좋아하니, 아니면 추운 날씨를 더 좋아하니? / Any plan is **preferable** to none. 어떤 계획이라도 없는 것보다는 낫다. / We should not hold a **prejudice** about foreign residents. 우리는 외국인 거주자에 대한 편견을 가져서는 안 된다. / I agree with you to some **extent**. 어느 정도는 네 말에 동의해. / We attracted **enormous** investment from UAE. 우리는 아랍에미레이트로부터 엄청난 투자를 유치했다. / [1] He continued to **expand** his business. 그는 계속해서 자신의 사업을 확장해나갔다. [2] Heat **expands** most metals. 열은 대부분의 금속을 팽창시킨다.

복습문제

□□□ prevent	□□□ prefer	□□□ prejudice	□□□ enormous
□□□ previous	□□□ preferable	□□□ extent	□□□ expand

explode v. 폭발하다, 터지다
[ikspló͡ud]

explosion
폭발, 파열

폭발하다, 터지다

테러범이 보낸 소포를 **ex**(밖으로) **풀러두**(풀러도) 폭발하다, 터지다

exposure n. 드러냄, 폭로
[ikspóuʒər]

expose
드러내다, 폭로하다

ex(밖으로) 퍼져나가게 비밀을
exposure
드러냄, 폭로
범인은 김형사다!
영화관

비밀이 **ex**(밖으로) **퍼져**나가게 비밀을 드러냄, 폭로

---

evaluate v. 평가하다
[ivǽljuèit]

e(밖으로) 어떤 것의 **value**(가치)를 드러내다, 즉 평가하다

접두어 over-

접두어 over-는 '위에', '~에 걸쳐서', '~ 이상으로'의 의미로 쓰인다.

overwhelm v. 압도하다
[òuvərhwélm]

압도하다

내 **over**(위에서) 혀를 **웰름**(낼름)거리는 커다란 뱀이 나를 압도하다

overcome v. 극복하다 (overcome-overcame-overcome)
[òuvərkʌ́m]

over(~넘어서)+come(오다)
overcome 극복하다

어려운 고비 등을 **over**(~ 위로 넘어) **come**(오다), 즉 극복하다

overhear
[òuvərhíər]

v. 엿듣다 (overhear-overheard-overheard)

담을 **over**(~을 넘어서) **hear**(듣다), 즉 엿듣다

overnight
[òuvərnáit]

ad. 밤사이에, 하룻밤 사이에

over(~에 걸쳐서) + **night**(밤): 밤사이에, 하룻밤 사이에

overflow
[òuvərflóu]

v. 넘쳐흐르다, 넘치다 n. 넘침

over(~을 넘어) + **flow**(흐르다): 넘쳐흐르다, 넘치다

overall
[óuvərɔ̀:l]

ad. 전체적으로 a. 전체적인

all(모든) 것에 **over**(걸쳐서), 즉 전체적으로, 전체적인

overweight
[óuvərwèit]

a. 과체중의, 비만의

over(~ 이상의) + **weight**(무게): 과체중의, 비만의

28일

예문 At last his anger **exploded**. 마침내 그의 분노가 폭발했다. / Too much **exposure** to the sun ages the skin. 햇볕에 지나치게 노출되면 피부가 노화된다. / Teachers **evaluate** their students. 선생님들은 그들의 학생들을 평가한다. / I was **overwhelmed** by the beauty of the sunset. 나는 일몰의 아름다움에 압도당했다. / I think he'll **overcome** this sorrow quickly. 나는 그가 이 슬픔을 빨리 극복할 거라고 생각한다. / I **overheard** my parents talking about my secret Christmas present. 나는 부모님이 내 비밀 크리스마스 선물에 대해 이야기하는 것을 우연히 엿들었다. / Laundries dried **overnight**. 빨래는 하룻밤 사이에 다 말랐다. / Streams **overflow** when it rains heavily. 비가 많이 오면 시냇물이 넘친다. / The **overall** composition of the event was good. 행사의 전반적인 구성이 좋았다. / I am a little **overweight**, so I have to go on a diet. 나는 약간 과체중이어서 다이어트를 해야 한다.

복습문제

□□□ explode
□□□ exposure
□□□ evaluate
□□□ overwhelm
□□□ overcome
□□□ overhear
□□□ overnight
□□□ overflow
□□□ overall
□□□ overweight

접두어 multi-

접두어 multi-는 many(많은)의 의미로 쓰인다. 대표적인 예로 multimedia(멀티미디어)가 있다.

multiple a. 많은, 다양한
[mʌ́ltəpl]

들판의 multi(많은) 풀
multiple
많은, 다양한

들판의 **multi**(많은) **풀**, 즉 많은, 다양한 풀

multiply v. 증가시키다, 번식하다, 곱하다
[mʌ́ltəplài]

multi(많은) fly(파리)들이
multiply
증가시키다, 번식하다, 곱하다

multi(많은) **fly**(파리)들이 알을 까서 증가시키다, 번식하다, 곱하다

multiplex n. 복합 상영관, 멀티플렉스
[mʌ́ltəplèks]

multi(many) + **plex**: 많은 것들을 복합적으로 상영하는 곳, 즉 복합 상영관

multimedia n. 멀티미디어, 다중매체
[mʌ̀ltimíːdiə]

multi(많은) + **media**(매체): 다중매체

multitude n. 다수, 군중
[mʌ́ltətjùːd]

multi(many) + **tude**(명사형 어미): 많은 것들, 즉 다수, 군중

접미어 -ology

접미어 -ology는 '~학, ~론'의 의미로 쓰인다.

biology [baiάlədʒi]

n. 생물학

bio(life) + **ology**(~학, ~론): 생명체에 대한 학문, 즉 생물학

psychology [saikάlədʒi]

n. 심리학

psycho(mind를 뜻하는 접두어) + **logy**(~학, ~론): 심리학

geology [dʒiάlədʒi]

n. 지질학

地(땅 **지**)에 대한 **ology**(~학, ~론), 즉 지질학

sociology [sòusiάlədʒi]

n. 사회학

social(사회의) + **ology**(~학, ~론): 사회학

예문 The lawyer has **multiple** cars. 그 변호사는 여러 대의 차를 가지고 있다. / **Multiply** 3 by 7. 3에 7을 곱해라. / We went to a **multiplex** to watch the new Thor movie. 우리는 새 토르 영화를 보기 위해 멀티플렉스에 갔다. / The teachers use **multimedia** to make class more fun. 선생님들은 수업을 더 재미있게 만들기 위해 멀티미디어를 사용합니다. / A **multitude** of people lined up to watch the Olympics. 많은 사람들이 올림픽을 보기 위해 줄을 섰다. / I study **biology** in college. 나는 대학에서 생물학을 전공한다. / The **psychology** professor is new to the school. 그 심리학 교수는 신입 교수이다. / I major in **geology**. 나는 지질학을 전공한다. / Weber is the father of **Sociology**. 베버는 사회학의 아버지이다.

복습문제

□□□ multiple	□□□ multimedia	□□□ psychology
□□□ multiply	□□□ multitude	□□□ geology
□□□ multiplex	□□□ biology	□□□ sociology

01 1강 단위 복습 05 5강 단위 복습 15 15강 단위 복습 30 30강 단위 복습

다음 단어들의 뜻이 1초 내에 생각나지 않으면 각 강의 단위에 표시를 하고 표시한 단어들을 다시 복습하세요.
(학원이나 학교의 숙제용 주관식 문제는 별도로 p.246~p.260에 있습니다.)

prevent	01 05 15 30 30 30
previous	01 05 15 30 30 30
prefer	01 05 15 30 30 30
preferable	01 05 15 30 30 30
prejudice	01 05 15 30 30 30
extent	01 05 15 30 30 30
enormous	01 05 15 30 30 30
expand	01 05 15 30 30 30
explode	01 05 15 30 30 30
exposure	01 05 15 30 30 30
evaluate	01 05 15 30 30 30
overwhelm	01 05 15 30 30 30
overcome	01 05 15 30 30 30
overhear	01 05 15 30 30 30
overnight	01 05 15 30 30 30
overflow	01 05 15 30 30 30
overall	01 05 15 30 30 30
overweight	01 05 15 30 30 30
multiple	01 05 15 30 30 30
multiply	01 05 15 30 30 30
multiplex	01 05 15 30 30 30
multimedia	01 05 15 30 30 30
multitude	01 05 15 30 30 30
biology	01 05 15 30 30 30
psychology	01 05 15 30 30 30
geology	01 05 15 30 30 30
sociology	01 05 15 30 30 30

파생어, 숙어 복습

prevent A from -ing	01 05 15 30 30 30
previously	01 05 15 30 30 30
prefer A to B	01 05 15 30 30 30
extend	01 05 15 30 30 30
enormously	01 05 15 30 30 30
expansion	01 05 15 30 30 30
explosion	01 05 15 30 30 30
expose	01 05 15 30 30 30

동사의 과거, 과거분사형 복습

overcome	—		01 05 15 30 30 30
overhear	—		01 05 15 30 30 30

경쌤's TIP

예전에 유명한 공무원 어휘 저자가 몰래 학생인양 경선식영단어를 비방하는 글을 네이버 카페에 올렸다가 저희 회사에 발각이 되어 서초경찰서에 고소되어 다시는 그러지 않겠다는 각서를 쓰고 무마해준 사건이 있었습니다.

그리고 연상법으로 하면 영어를 망친다는 해외 논문이 엄청 많다고 말했던 유명 수능 강사도 있었습니다. 저는 그러한 논문이 있다면 당장 보여주고 만약 그러한 논문을 보여주지 못하면 당신은 사기를 친 것이라는 내용의 항의 영상을 올렸습니다. 결국 그 강사는 단 하나의 그러한 논문을 보여주지 못했고 그 강사가 사과한 사건도 있었습니다.

그리고 또 다른 유명 공부관련 컨설턴트는 원본인 아프리카TV 영상에서의 학생과의 인터뷰를 교묘히 편집하여 유튜브에 올려서 경선식영단어를 비방한 경우도 있었습니다. 그 영상 속 학생은 경선식영단어로 공부하여 영어 3등급까지 올리고 나서 2년 동안 비영어권 국가에서 영어의 영자도 공부하지 않았는데 유학을 끝내고 돌아와 보니 경선식영단어가 뒤죽박죽되고 뜻이 생각나지 않는다는 내용이었습니다. 2년간 전혀 복습하지 않았는데 그 단어 뜻이 생각나지 않는 것은 당연한 것입니다.

그런데 그 원본에서 그 유명 컨설턴트는 영어가 3등급까지 올랐다는 내용과 비영어권 국가로 유학을 가 있던 2년 동안 복습을 전혀 하지 않았다는 내용은 쏙 빼고 경선식영단어를 비방하는 내용만 올린 것입니다. 그 이후 그 유명 컨설턴트는 자신의 어휘서를 한 출판사를 통해 출간했습니다.

경선식영단어를 비난하는 사람치고 경선식영단어 강의를 수강하여 열심히 공부해 본 사람은 거의 없습니다. 적어도 편견 없이 1시간이라도 제대로 강의를 들어보고 판단하여 얘기하는 것이 아니라 처음부터 비난을 목적으로 경쟁 강사나 저자들이 아주 그럴듯하게 비난하는 것입니다. 설사 책이나 강의를 듣고서 비난하는 사람이 있다 해도 그것은 반복 복습을 하지 않은 경우가 대부분입니다. 그 반복 복습이라는 것이 다른 암기방법 복습의 10분의 1만 해도 되는데 말입니다.

그동안 쌓인 수만 개의 경선식영단어에 대한 수강후기들을 볼 때 직접 강의를 듣고 제대로 반복 복습을 한 사람들은 경선식영단어의 효과를 확실하게 알고 있습니다.

강의를 들어본 학생들의 수많은 수강후기들을 믿으시겠습니까? 아니면 경쟁 강사나 경쟁 저자의 비난만을 목적으로 한 말을 믿으시겠습니까?

28강까지 들은 제자님들은 잘 알고 있을 것입니다.

비열한 방법으로 남을 밟고 일어서려는 사람들이 적지 않습니다.

무엇이 사실인지를 알면서도 침묵하는 것은 대한민국을 그러한 비열한 사람들이 득세하도록 도와주는 꼴이 될 것입니다.

29강

접두어 under-

접두어 under-는 '~ 아래에'의 의미로 쓰인다.

underline [ʌ̀ndərláin] v. 밑줄을 긋다, 강조하다

중요한 부분 글씨 **under**(밑에) **line**(선)을 긋다, 즉 밑줄을 긋다, 강조하다

undertake [ʌ̀ndərtéik] v. 떠맡다, 착수하다 (undertake-undertook-undertaken)

under(아랫)사람이 윗분의 일을 **take**(취하여) 떠맡다, 그 일을 착수하다

undergo [ʌ̀ndərgóu] v. (안 좋은 일 등을) 겪다, (수술 등을) 받다 (unergo-underwent-undergone)

안 좋은 상황 **under**(아래로) **go**(지나가다), 즉 그 일을 겪다, 받다

underground [ʌ̀ndərgráund] a. 지하의 ad. 지하에(서) n. 지하

under(아래에) + **ground**(땅): 지하의, 지하

underneath [ʌ̀ndərní:θ] ad. 아래에, 밑에 prep. ~의 아래[밑]에

under(아래에) 있는 지하실 공간을 **니**가 **쓰**세요, 즉 아래에, 밑에

접미어 -ward

접미어 -ward는 '~쪽으로, ~쪽의'의 의미로 쓰인다.

toward
[tɔ:rd]

prep. ~쪽으로, ~을 향하여

to(~쪽으로) + **ward**(쪽으로): ~쪽으로, ~을 향하여

upward
[ʌ́pwərd]

ad. 위로, 위로 향한

up(위에) + **ward**(쪽으로): 위로, 위로 향한

downward
[dáunwərd]

ad. 아래쪽으로, 아래로 향한

down(아래로) + **ward**(쪽으로): 아래쪽으로, 아래로 향한

forward
[fɔ́:rwərd]

ad. 앞으로, 전방으로

for(fore: before를 뜻하는 접두어) + **ward**(쪽으로): 앞으로, 전방으로

예문 He **underlined** the importance of good teamwork. 그는 좋은 팀워크의 중요성을 강조했다. / I don't want to **undertake** the job. 나는 그 일을 맡고 싶지 않다. / The patient had to **undergo** much suffering. 환자는 많은 고통을 겪어야 했다. / The subway runs **underground.** 지하철은 지하로 운행된다. / There is a huge mall **underneath** the hotel. 호텔 아래에 거대한 쇼핑몰이 있다. / The branches are spreading **toward** the sun. 그 나뭇가지들이 햇빛을 향해 뻗어 있다. / The spaceship flied **upward.** 우주선이 위로 날아올랐다. / The stock moved sharply **downward.** 주가가 급락했다. / Let's move **forward.** 앞으로 나아가자.

복습문제

□□□ underline
□□□ undertake
□□□ undergo
□□□ underground
□□□ underneath
□□□ toward
□□□ upward
□□□ downward
□□□ forward

접두어 out-

접두어 out-은 outside(밖의, 밖에, 밖으로)의 의미로 쓰인다.

outstanding

a. 눈에 확 띄는, 뛰어난

[àutstǽndiŋ]

남들보다 **out**(밖으로) **standing**(서 있는), 즉 눈에 확 띄는, 뛰어난

outbreak

n. (전쟁·질병 등의) 발생, 발발

[áutbrèik]

잠재해 있던 것이 세상 **out**(밖으로) **break**(깨고) 나옴, 즉 (전쟁·질병 등의) 발생, 발발

outcome

[áutkʌ̀m]

n. 결과, 성과

안에서 작업하여 **out**(밖으로) **come**(나온) 결과, 성과

output

[áutpùt]

input 투입, 입력

n. 생산, 출력, 생산량

기계가 생산한 물건을 **out**(밖으로) **put**(내놓다), 즉 생산, 출력

어근 sens, sent

어근 sens, sent는 feel(느끼다)의 의미로 쓰인다.
대표적인 예로 sense(센스, 느낌, 감각)가 있다.

sensitive [sénsətiv] a. 민감한, 예민한

옆방에서 리모컨을 켜도 **센서**가 작동하는 **TV**, 즉 민감한, 예민한 TV

sensation [senséiʃən] n. [1] 감각, 느낌 [2] 센세이션, 대사건

sens(느낌)이 **쎄이션**(쎄다), 즉 쎈 감각, 느낌

sensible [sénsəbl] a. 분별 있는, 현명한

옳고 그름을 **sens**(느낌) **ible**(수 있는), 즉 분별 있는, 현명한

consent [kənsént] n. 동의 v. 동의하다

어떤 의견에 **con**(같이) **sent**(느끼다), 즉 동의, 동의하다

예문 The award is given to an **outstanding** member of the group. 이 상은 그룹의 뛰어난 멤버에게 수여된다. / Everything stopped after the COVID-19 **outbreak**. 코로나19 발생 이후 모든 것이 멈췄다. / The **outcome** wasn't so good. 결과는 그리 좋지 않았다. / **Output** has doubled in two years. 2년 만에 생산이 두 배가 되었다. / I'm a **sensitive** person. 저는 민감한 사람이에요. / [1] The soprano felt a burning **sensation** in her throat. 소프라노는 목이 타는 듯한 느낌을 받았다. [2] The fall of the empire was a **sensation** back then. 그 당시 제국의 몰락은 대사건이었다. / He was **sensible** enough to stop smoking. 그는 담배를 끊을 정도로 분별력이 있었다. / They finally **consented** to go with us. 그들은 마침내 우리와 함께 가기로 동의했다.

복습문제

□□□ outstanding　□□□ outcome　□□□ sensitive　□□□ sensible
□□□ outbreak　□□□ output　□□□ sensation　□□□ consent

29일

01 1강 단위 복습 05 5강 단위 복습 15 15강 단위 복습 30 30강 단위 복습

다음 단어들의 뜻이 1초 내에 생각나지 않으면 각 강의 단위에 표시를 하고 표시한 단어들을 다시 복습하세요.
(학원이나 학교의 숙제용 주관식 문제는 별도로 p.246~p.260에 있습니다.)

underline	01 05 15 30 30 30	outstanding	01 05 15 30 30 30
undertake	01 05 15 30 30 30	outbreak	01 05 15 30 30 30
undergo	01 05 15 30 30 30	outcome	01 05 15 30 30 30
underground	01 05 15 30 30 30	output	01 05 15 30 30 30
underneath	01 05 15 30 30 30	sensitive	01 05 15 30 30 30
toward	01 05 15 30 30 30	sensation	01 05 15 30 30 30
upward	01 05 15 30 30 30	sensible	01 05 15 30 30 30
downward	01 05 15 30 30 30	consent	01 05 15 30 30 30
forward	01 05 15 30 30 30		

파생어, 숙어 복습

input	01 05 15 30 30 30

동사의 과거, 과거분사형 복습

undertake		—		01 05 15 30 30 30
undergo		—		01 05 15 30 30 30

경선식에듀 1:1 Online-Care 수강생 후기

영덕중학교 1학년 오*후 수강생 — 하루 2.5시간 주3일 학습 및 관리

6개월 만에 고1전국모의고사 68점 → 고3전국모의고사 100점

입반 테스트	고1모의고사	68점
+ 3개월 만에	고1모의고사	92점
+ 2개월 만에	고2모의고사	1차: 95점 2차: 98점
+ 1개월 만에	고3모의고사	1차: 95점 2차: 98점 3차: 98점 4차: 100점

중1임에도 불구하고 고1 모의고사 68점에서 총 6개월 만에 고3 모의고사 100점!

저는 중1임에도 불구하고, 고등 모의고사에서 좋은 점수를 받을 수 있었습니다.

그 이유는 경선식 선생님의 강의를 듣고 Online-Care에서 계획해주신 스케줄에 맞게 공부를 하니 단기간에 성적 향상을 할 수 있었습니다. 경선식 해마학습법을 통해 재미있고 쉽게 영단어를 외울 수 있었고, 문법은 외워야 할 것이 많아서 힘들고 막막하였는데 경선식영문법을 하고서는 핵심적인 부분만을 딱딱 집어주셔서 강의가 귀에 쏙쏙 들어왔고 문법을 적용해서 해석을 쉽게 할 수 있었고 어려운 문장해석에도 도움이 되었습니다. 지금까지 어려웠던 문법이 이제는 제일 쉬워졌습니다. 혼자서 학습했다면 정말 막막하고 힘들었을 영어공부였지만 체계적인 관리와 고효율 학습을 통해 고1, 2학년 수준 독해 지문들을 쉽게 해석할 수 있게 되었고, 문제를 풀 수 있었습니다.

어근 spect

어근 spect는 look(보다)의 의미로 쓰인다.

respect
[rispékt]

v. 존경하다

respectful
공손한, 정중한

너무나 훌륭한 사람이라 감히 앞에서 못보고 **re**(뒤에서) **spect**(볼) 정도로 존경하다

specific
[spəsífik]

a. 구체적인, 명확한

1. **숲에서 픽!** 눈에 띄는 호랑이의 구체적인, 명확한 줄무늬
2. 눈에 **픽!** 하고 **spec(i)**(보일) 정도로 구체적인, 명확한

aspect
[ǽspekt]

n. 측면, 양상

1. **애**의 입장에서 **spect**(바라보는) 측면, 사태의 양상
2. 사물이나 상황을 **a**(~쪽으로) **spect**(바라보는) 방향, 즉 측면, 양상

prospect
[㉿práspekt]
[㊎prɔ́spekt]

n. 가망, 전망

pro(forward) + **spect**(look): 앞으로 내다보는 것, 즉 가망, 전망

spectacle
[spéktəkl]

n. 광경, 구경거리

spect(볼)만한 광경, 구경거리

어근 graph

어근 graph는 write(쓰다)의 의미로 쓰인다.

geography
[dʒiɑ́grəfi]

n. 지리, 지리학

1. **지하**와 지상을 **graph**(그래프)로 그려 연구하는 지리, 지리학
2. **geo**(earth: 땅)에 대해 **graph**(쓴) 지리, 지리학

biography
[baiɑ́grəfi]

n. 전기, 일대기

사람의 **bio**(life: 삶)에 관해 **graph**(쓴) 것, 즉 전기, 일대기

telegraph
[téligræ̀f]

n. 전보 v. 전보를 보내다

tele(away: 먼) 곳으로 **graph**(써서) 보내는 전보

paragraph
[pǽrəgræ̀f]

n. (문장의) 절, 단락

빼라! graph(쓴) 글에서 한 절, 단락을

예문 I deeply **respect** his courage. 나는 진심으로 그의 용기를 존경한다. / Give me a **specific** reason. 저에게 구체적인 이유를 알려주세요. / We have to look at all **aspects** before making a decision. 우리는 결정을 내리기 전에 모든 측면을 살펴야 한다. / You have bright **prospects.** 당신은 빛나는 전망을 갖고 있다. / Hong Kong's light show is a great **spectacle** for tourists. 홍콩의 불빛 쇼는 관광객들에게 좋은 구경거리이다. / Chris is very interested in **geography.** 그리스는 지리학에 관심이 많다. / the **biography** of Mother Teresa 테레사 수녀의 전기 / The spy **telegraphed** false information to his boss. 그 스파이는 그의 상사에게 거짓 정보로 전보를 보냈다. / I don't understand the first **paragraph.** 저는 첫 번째 단락을 이해하지 못하겠어요.

복습문제

□□□ respect	□□□ prospect	□□□ biography
□□□ specific	□□□ spectacle	□□□ telegraph
□□□ aspect	□□□ geography	□□□ paragraph

어근 mit, miss

어근 mit, miss는 send(보내다)의 의미로 쓰인다.

emit [imít]
v. (소리 · 빛 · 열 등을) 내다, 발산하다

emission
(소리 · 빛 · 열 등의) 배출, 배기가스

태양이 **e**(밖으로) 빛과 열을 **mit**(보내다), 즉 (빛·열 등을) 내다, 발산하다

transmit [trænsmít]
v. 보내다, 전송하다

transmission
전송

국경을 **trans**(가로질러) 수출품을 **mit**(보내다), 즉 보내다, 전송하다

dismiss [dismís]
v. [1] 해고하다 [2] 해산시키다 [3] 묵살하다, 일축하다

왕이 충언을 하는 신하들을 **dis**(멀리) 귀양을 **miss**(보내다), 즉 해고하다, 해산시키다, 충언을 묵살하다

어근 gen

어근 gen은 birth(태어남)의 의미로 쓰인다.
대표적인 예로 generation(세대)이 있다.

gender [dʒéndər]
n. 성(性), 성별

1. 남자 아이 고추를 보고 **잰 더** 뭐가 달렸네, 즉 성, 성별
2. **gen**(birth) + **der**: 태어날 때 갖고 태어나는 것, 즉 성별

gene
[dʒi:n]

n. 유전자

gen(태어날) 때 가지고 태어나는 유전자

genetics
[dʒənétiks]

genetic 유전의, 유전학의

n. 유전학

gene(유전자) + **tics**(학문에 붙이는 접미어): 유전학

generate
[dʒènəréit]

v. 발생시키다, 일으키다

gen(태어나게) **ate**(하다), 즉 발생시키다, 일으키다

예문 The sun **emits** light. 태양은 빛을 발산한다. / The virus can be **transmitted** through a cough. 바이러스는 기침으로 전염될 수 있다. / [1] He **dismissed** his servant. 그는 자신의 하인을 해고했다. [2] The general **dismissed** his troops. 장군은 군대를 해산시켰다. [3] We cannot **dismiss** Mr. Smith's opinion completely. 우리는 스미스 씨의 의견을 완전히 묵살해버릴 수는 없다. / The data is split by **gender** and age. 자료는 성별과 연령으로 나눠진다. / You can't change your **genes**. 너는 너의 유전자를 바꿀 수 없다. / The professor studied **genetics** for 20 years. 그 교수는 20년 동안 유전학을 연구했다. / A bicycle can **generate** electricity. 자전거는 전기를 발생시킬 수 있다.

복습문제

□□□ emit □□□ dismiss □□□ gene □□□ generate
□□□ transmit □□□ gender □□□ genetics

01 1강 단위 복습 05 5강 단위 복습 15 15강 단위 복습 30 30강 단위 복습

다음 단어들의 뜻이 1초 내에 생각나지 않으면 각 강의 단위에 표시를 하고 표시한 단어들을 다시 복습하세요.
(학원이나 학교의 숙제용 주관식 문제는 별도로 p.246~p.260에 있습니다.)

respect	01	05	15	30	30	30
specific	01	05	15	30	30	30
aspect	01	05	15	30	30	30
prospect	01	05	15	30	30	30
spectacle	01	05	15	30	30	30
geography	01	05	15	30	30	30
biography	01	05	15	30	30	30
telegraph	01	05	15	30	30	30
paragraph	01	05	15	30	30	30
emit	01	05	15	30	30	30
transmit	01	05	15	30	30	30
dismiss	01	05	15	30	30	30
gender	01	05	15	30	30	30
gene	01	05	15	30	30	30
genetics	01	05	15	30	30	30
generate	01	05	15	30	30	30

파생어, 숙어 복습

respectful	01	05	15	30	30	30
emission	01	05	15	30	30	30
transmission	01	05	15	30	30	30
genetic	01	05	15	30	30	30

경쌤's TIP

축하합니다. 여러분은 1강부터 30강까지 완성하였습니다.

이 책에서 배운 어휘를 독해에 바로 적용하기 위해서는 모든 단어가 1초 내에 바로 생각나야 한다는 점을 명심하고 아래에 있는 복습을 반드시 실천하도록 하세요.

A 5강 단위 복습

1 먼저 16강~25강의 5강 단위 복습에 표시했던 단어들을 복습하세요.

2 그런 다음 26강부터 30강까지 "전체 단어"를 복습하세요.
- 26강의 복습문제 단어 옆의 5강 단위 네모 표시 란에 1초 내에 바로 생각나지 않는 단어들을 표시하고 그것들 위주로 완벽하게 복습한 후 27강, 28강, 29강, 30강을 같은 방식으로 복습합니다.

3 그런 다음 26강~30강의 5강 단위 네모 표시 란에 표시한 단어들을 다시 한 번 복습하도록 하세요.

B 그런 다음 16강~30강까지 "전체 단어"를 복습하세요.

- 먼저 16강~20강의 복습문제 단어 옆의 15강 단위 표시 란에 1초 내에 바로 생각나지 않는 단어들을 표시하고 그 표시한 단어들을 완벽하게 복습하세요.
- 이어서 21강~25강도 같은 방식으로 복습하세요.
- 이어서 26강~30강도 같은 방식으로 복습하세요.

C 그런 다음 1강~30강 전체 단어를 복습하세요.

- 먼저 1강~5강의 복습문제 단어 옆의 30강 단위 표시 란에 1초 내에 바로 생각나지 않는 단어들을 표시하고 그것을 완벽하게 복습하세요.
- 이어서 6강~10강도 같은 방식으로 복습하세요. 이어서 11강~15강, 16강~20강, 21강~25강, 26강~30강도 같은 방식으로 복습하세요.
- 그런 다음 1강~30강의 위에서 30강 단위 표시 란에 표시한 단어들을 다시 한 번 복습하세요.

위의 과정을 끝마친 후 1개월~3개월에 한 번씩 1~2시간 정도 복습 란에 표시해 놨던 것을 잘 활용하여 책 한 권을 쭉 훑어보기만 하면 100% 암기가 계속 유지될 것입니다.

궁극적으로 1년간 전혀 복습하지 않다가도 다시 한 권 전체를 모든 단어가 1초 내에 생각나도록 복습하는 데 1시간도 걸리지 않게 될 것입니다.

제자님들! 너무나 수고 많았습니다. ^^

APPENDIX 주관식 복습문제

01강 다음 단어의 뜻을 적어보면서 배운 내용을 복습해보세요.

persuade		opponent	
muscle		volunteer	
nervous		turkey	
camel		purchase	
feature		illegal	
district		climb	
beggar		fellow	
severe		claw	
departure		palm	
agriculture		secure	
opportunity		baggage	
seek		range	
admit		donkey	
slip		bark	
oppose		task	

02강 다음 단어의 뜻을 적어보면서 배운 내용을 복습해보세요.

jail		divorce	
belong		cancer	
civilian		chase	
hook		thoroughly	
bubble		guarantee	
recognize		pet	
decorate		flood	
athlete		panic	
selection		hardly	
pollution		soul	
peak		spirit	
goose		swing	
sweat		acquire	
aware		award	
anniversary		collect	

정답은 01강 p.010-015, 02강 p.018-023에서 확인 가능합니다.

03강 다음 단어의 뜻을 적어보면서 배운 내용을 복습해보세요.

bomb	______	degree	______
attach	______	deceive	______
robbery	______	complain	______
frequent	______	labor	______
male	______	device	______
female	______	civilization	______
surround	______	fasten	______
temperature	______	grammar	______
false	______	mushroom	______
fault	______	bug	______
evil	______	float	______
chick	______	theory	______
generous	______	ashamed	______
hasty	______	atmosphere	______
bright	______	audience	______

04강 다음 단어의 뜻을 적어보면서 배운 내용을 복습해보세요.

sore	______	swallow	______
cartoon	______	melt	______
rust	______	instance	______
grocery	______	amusing	______
plain	______	carpenter	______
cock	______	consist	______
hen	______	acid	______
brick	______	fence	______
emigrant	______	defense	______
escape	______	offense	______
route	______	chimney	______
greenhouse	______	deny	______
license	______	tax	______
mill	______	lift	______
windmill	______		

정답은 03강 p.026-031, 04강 p.034-039에서 확인 가능합니다.

05강 다음 단어의 뜻을 적어보면서 배운 내용을 복습해보세요.

contaminate	______	grain	______
crop	______	snail	______
poet	______	goat	______
perform	______	grief	______
notice	______	fairy	______
seed	______	flat	______
fury	______	peach	______
lawn	______	tradition	______
tool	______	behavior	______
liberty	______	contrast	______
liberal	______	tap	______
root	______	liquid	______
cure	______	leopard	______
adult	______	gym	______
anxious	______		

06강 다음 단어의 뜻을 적어보면서 배운 내용을 복습해보세요.

sort	______	wage	______
tidy	______	essential	______
thermometer	______	efficient	______
profit	______	frame	______
pot	______	pulse	______
advertise	______	indicate	______
coward	______	electric	______
rude	______	flame	______
treasure	______	slave	______
chat	______	kettle	______
threat	______	mend	______
material	______	navy	______
clue	______	capable	______
ancient	______	fate	______
negative	______	fatal	______

정답은 05강 p.042-047, 06강 p.050-055에서 확인 가능합니다.

07강 다음 단어의 뜻을 적어보면서 배운 내용을 복습해보세요.

arrange	______	chopstick	______
reputation	______	eager	______
spade	______	planet	______
magnetic	______	pork	______
ax	______	lifelong	______
concept	______	tiny	______
vinegar	______	occasionally	______
wipe	______	profession	______
feather	______	footprint	______
occur	______	scale	______
itch	______	misty	______
nest	______	tune	______
former	______	ancestor	______
attract	______	direction	______
chop	______	direct	______

08강 다음 단어의 뜻을 적어보면서 배운 내용을 복습해보세요.

freezing	______	appeal	______
fist	______	pregnant	______
holy	______	math	______
anthem	______	counsel	______
lung	______	architecture	______
account	______	participate	______
chief	______	right	______
harvest	______	sufficient	______
stream	______	suck	______
object	______	drawer	______
shelf	______	deposit	______
defeat	______	detect	______
cage	______	donation	______
kidnap	______	organ	______
bold	______	organic	______

정답은 07강 p.058-063, 08강 p.066-071에서 확인 가능합니다.

09강 다음 단어의 뜻을 적어보면서 배운 내용을 복습해보세요.

philosopher	______	current	______
logic	______	spot	______
pharmacy	______	bank	______
passion	______	ray	______
role	______	leak	______
temporary	______	fry	______
equipment	______	permit	______
relevant	______	scholar	______
soil	______	commercial	______
annual	______	emergency	______
controversy	______	secretary	______
dot	______	demon	______
kite	______	ideal	______
mass	______	chemical	______
formal	______	frightful	______

10강 다음 단어의 뜻을 적어보면서 배운 내용을 복습해보세요.

evidence	______	settle	______
evident	______	immediate	______
further	______	lunar	______
barber	______	dumb	______
dig	______	fat	______
burst	______	combination	______
rapid	______	edge	______
rage	______	devil	______
ethnic	______	divide	______
sculpture	______	idle	______
journey	______	fountain	______
climate	______	gather	______
organization	______	vehicle	______
modern	______	aid	______
surface	______	jealous	______

정답은 09강 p.074-079, 10강 p.082-087에서 확인 가능합니다.

11강 다음 단어의 뜻을 적어보면서 배운 내용을 복습해보세요.

locate		trap	
quit		obey	
legend		dispute	
permanent		constant	
track		share	
trace		tomb	
thumb		respond	
continent		thrust	
typical		acknowledge	
diameter		revolution	
string		voyage	
critical		ditch	
aim		violence	
prosper		nephew	
command		niece	

12강 다음 단어의 뜻을 적어보면서 배운 내용을 복습해보세요.

urgent		deserve	
associate		assume	
lump		access	
pour		destination	
pray		poverty	
prey		comment	
satellite		harm	
owe		flavor	
measure		bravery	
desert		alien	
scream		neat	
publish		fell	
politely		spill	
fan		block	
blow			

정답은 11강 p.090-095, 12강 p.098-103에서 확인 가능합니다.

APPENDIX 주관식 복습문제

13강 다음 단어의 뜻을 적어보면서 배운 내용을 복습해보세요.

spoil	______	cell	______
merit	______	evolve	______
release	______	ridiculous	______
annoy	______	genius	______
crew	______	carbon	______
endure	______	murder	______
sigh	______	represent	______
display	______	laundry	______
loosen	______	eventually	______
consume	______	resent	______
sink	______	devote	______
gray	______	guilty	______
author	______	fee	______
attitude	______	suspicious	______
valid	______	conduct	______

14강 다음 단어의 뜻을 적어보면서 배운 내용을 복습해보세요.

gain	______	burden	______
faith	______	emperor	______
eel	______	wander	______
heavily	______	term	______
apply	______	hazard	______
principle	______	analyze	______
woodpecker	______	ware	______
section	______	gull	______
handkerchief	______	ascend	______
contrary	______	descend	______
fundamental	______	debt	______
beverage	______	trait	______
dramatic	______	welfare	______
translate	______	identity	______
wrinkle	______		

정답은 13강 p.106-111, 14강 p.114-119에서 확인 가능합니다.

15강 다음 단어의 뜻을 적어보면서 배운 내용을 복습해보세요.

register	______	negotiate	______
sole	______	emerge	______
landscape	______	claim	______
dimension	______	vapor	______
polar	______	evaporate	______
issue	______	grab	______
agent	______	last	______
article	______	lord	______
compensation	______	found	______
upset	______	asset	______
poisonous	______	enterprise	______
arrest	______	destiny	______
raw	______	contract	______
absorbing	______	weird	______
bind	______	prompt	______

16강 다음 단어의 뜻을 적어보면서 배운 내용을 복습해보세요.

launch	______	approximate	______
shift	______	core	______
disturb	______	blossom	______
pile	______	perceive	______
context	______	victim	______
entry	______	frustrate	______
bud	______	regard	______
warrant	______	regarding	______
operate	______	regardless of	______
cooperation	______	in regard to	______
terrific	______	regard A as B	______
compromise	______	germ	______
drip	______	classify	______
species	______	ash	______
reveal	______	cease	______

정답은 15강 p.122-127, 16강 p.130-135에서 확인 가능합니다.

17강 다음 단어의 뜻을 적어보면서 배운 내용을 복습해보세요.

rural ______
arms ______
personality ______
statistics ______
ordinary ______
extraordinary ______
meadow ______
dominant ______
jellyfish ______
observe ______
drought ______
emphasize ______
preserve ______
tongue ______
estate ______
maintain ______
attorney ______
merely ______
significant ______
delete ______
obstacle ______
split ______
mammal ______
consequence ______
distinguish ______
distinction ______
means ______
by means of ______
by all means ______
by no means ______

18강 다음 단어의 뜻을 적어보면서 배운 내용을 복습해보세요.

bother ______
familiar ______
comprise ______
loaf ______
artificial ______
naked ______
fascinate ______
grant ______
crosswalk ______
present ______
riddle ______
function ______
qualify ______
gaze ______
yell ______
wheat ______
adore ______
cheat ______
refer ______
conscience ______
dinosaur ______
duty ______
moral ______
mechanical ______
surgery ______
candidate ______
policy ______
crucial ______
proportion ______
boundary ______

정답은 17강 p.138-143, 18강 p.146-151에서 확인 가능합니다.

19강 다음 단어의 뜻을 적어보면서 배운 내용을 복습해보세요.

bruise ______
mature ______
urban ______
firm ______
oral ______
capacity ______
hesitation ______
twin ______
drift ______
currency ______
dedicate ______
dip ______
desperate ______
despite ______
engage ______
salmon ______
nightmare ______
adapt ______
adopt ______
procedure ______
beast ______
brilliant ______
stimulate ______
minister ______
occupy ______
ultimate ______
potential ______
protein ______
designate ______

20강 다음 단어의 뜻을 적어보면서 배운 내용을 복습해보세요.

nutrition ______
soak ______
ceiling ______
trigger ______
manual ______
manufacture ______
parallel ______
liver ______
expert ______
diverse ______
echo ______
crisis ______
volcano ______
absolute ______
beneficial ______
decade ______
legacy ______
tension ______
web ______
embarrass ______
appropriate ______
cone ______
approval ______
innovation ______
brief ______
disposal ______
caution ______
obvious ______
summit ______
eliminate ______

정답은 19강 p.154-159, 20강 p.162-167에서 확인 가능합니다.

21강 다음 단어의 뜻을 적어보면서 배운 내용을 복습해보세요.

symptom	______	surge	______
routine	______	accuracy	______
explanation	______	mud	______
positive	______	assemble	______
dare	______	stuff	______
strict	______	shelter	______
alliance	______	border	______
obtain	______	reside	______
territory	______	chaos	______
staff	______	privilege	______
sequence	______	violation	______
variety	______	contribution	______
vary	______	distribution	______
toll	______	fever	______
skip	______	assault	______

22강 다음 단어의 뜻을 적어보면서 배운 내용을 복습해보세요.

fraud	______	note	______
facile	______	strategy	______
shield	______	orchard	______
swift	______	available	______
neutral	______	withdraw	______
accompany	______	tolerate	______
nap	______	defect	______
shrink	______	notion	______
accomplish	______	accuse	______
exhibit	______	barely	______
estimation	______	canyon	______
flexible	______	tribe	______
struggle	______	possess	______
referee	______	precious	______
surrender	______	vessel	______

정답은 21강 p.170-175, 22강 p.178-183에서 확인 가능합니다.

23강 다음 단어의 뜻을 적어보면서 배운 내용을 복습해보세요.

myth	________	rush	________
precise	________	charity	________
nod	________	declare	________
convince	________	mutual	________
stink	________	crack	________
pursue	________	illusion	________
breed	________	gravity	________
dust	________	deliberately	________
nevertheless	________	pretend	________
appreciate	________	conscious	________
discipline	________	particle	________
advocate	________	witch	________
spare	________	wizard	________
moderately	________	eternal	________
derive	________	official	________

24강 다음 단어의 뜻을 적어보면서 배운 내용을 복습해보세요.

drag	________	oyster	________
disaster	________	sled	________
cope	________	starfish	________
bible	________	isolate	________
compose	________	gradual	________
component	________	sneeze	________
sacrifice	________	criterion	________
flaw	________	discriminate	________
pause	________	convey	________
idiot	________	sustain	________
solid	________	scar	________
congress	________	awful	________
encounter	________	penalty	________
adequate	________	jar	________
abandon	________	fossil	________

정답은 23강 p.186-191, 24강 p.194-199에서 확인 가능합니다.

25강 다음 단어의 뜻을 적어보면서 배운 내용을 복습해보세요.

priority	______	turn	______
element	______	nowadays	______
form	______	misunderstand	______
latest	______	badly	______
memorable	______	millionaire	______
accelerate	______	altogether	______
intellect	______	forest	______
humanitarian	______	upper	______
partial	______	pronunciation	______
somewhat	______	penny	______
breakthrough	______	penniless	______
resistance	______	nearby	______
incident	______	ferry	______
treetop	______	receipt	______
fashionable	______		

26강 다음 단어의 뜻을 적어보면서 배운 내용을 복습해보세요.

instruct	______	subject	______
invest	______	substance	______
income	______	submit	______
install	______	combat	______
insert	______	comply	______
ingredient	______	conform	______
insult	______	compound	______
infect	______	companion	______
instrument	______	committee	______
insect	______	collaborate	______
indeed	______	competition	______
invade	______	competence	______
insist	______		
internal	______		
inner	______		

정답은 25강 p.202-207, 26강 p.210-215에서 확인 가능합니다.

27강 다음 단어의 뜻을 적어보면서 배운 내용을 복습해보세요.

retire ______
restore ______
relieve ______
repair ______
resource ______
restrict ______
recycle ______
remarkable ______
remark ______
reserve ______
reward ______
resign ______
rely ______
reverse ______
reflect ______
regal ______
replace ______
refund ______
republic ______
employ ______
envelope ______
empire ______
entire ______
environment ______
encourage ______
enable ______
enforce ______
ensure ______

28강 다음 단어의 뜻을 적어보면서 배운 내용을 복습해보세요.

prevent ______
previous ______
prefer ______
preferable ______
prejudice ______
extent ______
enormous ______
expand ______
explode ______
exposure ______
evaluate ______
overwhelm ______
overcome ______
overhear ______
overnight ______
overflow ______
overall ______
overweight ______
multiple ______
multiply ______
multiplex ______
multimedia ______
multitude ______
biology ______
psychology ______
geology ______
sociology ______

정답은 27강 p.218-223, 28강 p.226-231에서 확인 가능합니다.

29강 다음 단어의 뜻을 적어보면서 배운 내용을 복습해보세요.

underline ____________
undertake ____________
undergo ____________
underground ____________
underneath ____________
toward ____________
upward ____________
downward ____________
forward ____________
outstanding ____________
outbreak ____________
outcome ____________
output ____________
sensitive ____________
sensation ____________
sensible ____________
consent ____________

30강 다음 단어의 뜻을 적어보면서 배운 내용을 복습해보세요.

respect ____________
specific ____________
aspect ____________
prospect ____________
spectacle ____________
geography ____________
biography ____________
telegraph ____________
paragraph ____________
emit ____________
transmit ____________
dismiss ____________
gender ____________
gene ____________
genetics ____________
generate ____________

정답은 29강 p.234-237, 30강 p.240-243에서 확인 가능합니다.

MEMO

INDEX

INDEX

INDEX

INDEX

놀라운 해마학습법의 효과!
수강생이 말하는 100% 리얼 수강후기

[중학 1700단어 1일 완성] "30% 정도 밖에 몰랐던 중학영단어를 1일만에 100% 암기했어요" (양지민)

처음 알고 있던 단어는 30% 정도 밖에 안됐는데 1일만에 중학영단어를 100% 암기했어요 선생님의 목소리를 통해서 또 그림을 통해서 설명해주시기 때문에 단어를 암기할 때 머리 속에 오래 기억이 남았어요 강의 중간에 복습을 시켜주셔서 암기가 더 잘 됐던 것 같습니다. 재미있는 연상법들 덕분에 하루만에 완강할 수 있었습니다. 예전에는 영어가 무조건 두려웠는데 지금은 자신감도 생기고 영어공부가 즐겁게 느껴져요

▶ 1일완성 다음날 회사 방문하여, 무작위로 추출한 100단어 TEST에서 100점

[중학 1700단어 2일 완성] "한 강에 15분 씩, 2일이면 가능해요. 다음날도 까먹지 않고 오래 기억나요" (장미혜)

원래 알고 있던 단어는 200개 정도였는데 강의 수강하면서 이틀 만에 2000개의 단어를 암기했어요. 2배속으로 한번에 20강씩 했고 한 강에 15분 정도 걸렸어요. 쓰면서 할 때는 다음날 바로 까먹었는데 지금은 선생님 동작을 따라 하면 그 장면이 신기하게 다 기억나요. 그러면서 단어랑 뜻이 동시에 생각나요. 선생님이 원어민처럼 발음 교정 해주셔서 안 헷갈리고 오히려 더 좋아졌어요. 중1인데 벌써 중학영단어는 다 끝낸 것 같아 기쁩니다.

▶ 2일완성 다음날 회사 방문하여, 무작위로 추출한 100단어 TEST에서 100점

[중학 1700단어 2일 완성] "직접 해보기 전에는 의심했는데 진짜 빨리 암기 되는 것에 정말 놀랐습니다" (심호용)

30% 정도는 미리 알았어요., 해마학습법으로 암기 전에는 조작 아니야 라는 생각이 들었는데 하다 보니 생각이 바뀌었고 2000개의 단어를 이틀 만에 암기해서 놀랐습니다. 이미지를 떠올려 암기하다 보니깐 진짜 빨리 암기 되더라구요. 선생님께서 단어의 발음과 뜻을 알려주시고 연상을 몸으로 현실감 있게 표현해 주세요. 한번만 복습해도 기억에 오래 남아서 놀랐고 계속 반복하다 보면 단어와 뜻이 동시에 빨리 기억나기 때문에 절대 시간이 오래 걸리지 않아요

▶ 2일완성 다음날 회사 방문하여, 무작위로 추출한 100단어 TEST에서 100점

[중학 1700단어 3일 완성] "처음엔 믿지 못했는데 강의 듣고 복습하니 진짜 3일만에 100% 암기했어요" (박세진)

단어를 10번씩 쓰면서 암기해도 몇 시간 후면 대부분 잊혀졌습니다. 그러다 경선식에듀를 알게 되고 처음엔 반신반의 했는데 강의를 듣고 혼자 복습까지 하다 보니 3일만에 100% 암기했어요. 강의 듣고 90% 이상은 암기가 되었고, 나머지 단어를 복습하는 시간은 3분~5분 정도 밖에 안 걸렸어요 쉽고 재밌게 공부할 수 있어서 좋았고 발음도 더 정확해졌습니다

▶ 3일완성 다음날 회사 방문하여, 무작위로 추출한 100단어 TEST에서 100점

[중학 1700단어 3일 완성] "뜻이 쉽게 생각나는 것과 발음 교정에 효과가 있다는 것이 너무 좋았어요" (한시래)

예전에는 3일 만에 단어 책 한 권을 끝낸 적이 없었는데 연상법을 통해서 좀 더 재미있고 쉽게 단어를 외울 수 있어서 좋았습니다. 한 강의가 끝나면 바로 바로 복습을 함으로써 좀더 완벽하게 단어를 암기할 수 있도록 노력했습니다. 한 강의 듣고 나서 3개 정도 생각이 안 났는데 다시 복습을 하고 나서는 거의 다 생각이 났어요. 혼자 외울 때는 그냥 무턱대고 외외우기만 했는데 이렇게 강의를 들으면서 연상법으로 외우니까 좀 더 뜻도 쉽게 생각나고 발음 교정에도 효과가 있어 좋았습니다.

▶ 3일완성 다음날 회사 방문하여, 무작위로 추출한 100단어 TEST에서 100점

[중학 1700단어 3일 완성] "2주일이 넘어도 기억이 다 나요. 저에게 정말 잘 맞는 학습법이예요" (민규비)

3일만에 암기했어요. 중고등학교 필수 단어가 2000개가 넘는데 무턱대고 암기만 해서는 기억에 남는 단어도 없고 지루하기만 한데 단어를 재미있게 암기하니 오래 기억할 수 있어서 해마학습법이 저한테는 가장 잘 맞았어요. 강의를 듣고 한번 복습한 후 단어테스트까지 3단계로 공부를 하니깐 2주일 넘겨도 기억이 다 나요.. 체험해 보지 않으신 분들이 발음도 망치고 뜻이 떠오르는 시간이 오래 걸린다고 하시는데 절대 아니라는걸 증명해 드릴 수 있습니다!

▶ 3일완성 다음날 회사 방문하여, 무작위로 추출한 100단어 TEST에서 100점

[중학 1700단어 4일 완성] "복습 프로그램 덕분에 따로 복습해야 하는 번거로움이 없어서 너무 좋았어요" (이정우)

다른 단어 책의 경우 한 두 달 걸렸는데 경선식 영단어의 경우 강의를 활용하여 연상법으로 더 쉽고 빠르게 연상 할 수 있었습니다. 처음에 1800개 정도의 단어를 단 4일 만에 외우는 것이 믿기지 않았고 또 거짓말이라고 생각을 했는데 4일째 되고 나니까 1800개가 모두 생각이 나는 것에 저 또한 놀라웠습니다. 선생님이 강의에서 해주시는 제스처와 행동으로 잘 연상을 할 수 있었고 또 책에는 없는 복습 프로그램을 따로 만들어 주셔서 직접 복습을 해야 하는 번거로움을 없애주셔서 정말 좋았던 것 같습니다

▶ 4일완성 다음날 회사 방문하여, 무작위로 추출한 100단어 TEST에서 100점

놀라운 해마학습법의 효과!
수강생이 말하는 100% 리얼 수강후기

[수능 2900단어 4일 완성] "연상법은 발음과 뜻을 연결 시키기 때문에 외우기 쉽고 잊어버리지 않아요" (정한교)

4일 완강을 목표로 1.8배속으로 수강하며 누적복습을 했습니다. 강의 덕분에 4일 완성이 가능했어요. 선생님이 연상법을 생생하게 설명해주셔서 쉽게 이해가 되었습니다. 처음에는 주위에서 연상법에 대한 부정적인 말들이 많았는데 막상 해보니 연상법이 발음과도 연관이 있고 단어의 의미와 연관이 있기 때문에 외우기 수월하고 쉽게 잊어버리지 않았습니다. 게다가 발음도 정확하게 알게 되어 많은 도움이 되었습니다. 예전에는 쓰면서 암기하니 계속 까먹고 다시 외우고 하는 시간이 너무 많이 걸렸는데 선생님의 연상법으로 하니 적은 시간 안에 많은 단어를 외우게 됐습니다. 수능 단어들을 다 외웠기 때문에 풍부한 어휘력이 생겼고 어려운 단어 암기도 문제 없을 것 같습니다.

▶ 4일완성 다음날 회사 방문하여, 무작위로 추출한 100단어 TEST에서 100점

[수능 2900단어 5일 완성] "강의에서 복습을 계속 해주시니깐 암기효과가 더 컸던 것 같아요" (김민서)

5일 동안 하루 종일 강의와 책만 보고 단어를 외웠습니다. 의지를 가지고 열심히 하니 5일만에 암기가 가능했고요, 빠른 배속으로 인강을 들으며 mp3 자료를 자투리 시간에 많이 활용했습니다. 단기 완성이 가능했던 이유는 선생님이 알기 쉽게 발음을 이용하여서 풀이를 해주는데 그 풀이가 정말 제 귀에 쏙쏙 들어왔고 강의 중간중간 복습도 계속 해주셔서 단어를 안 까먹고 머리 속에 집어 넣을 수 있었던 것 같습니다. 단어 실력 뿐 아니라 발음 향상과 복습하는 습관이 길러져 많은 도움이 됐습니다. 과연 5일 완성이 가능할까라는 의구심이 있었는데 직접 5일만에 해보니 정말 뿌듯하고 제 머리 속에 많은 단어들이 들어온 것 같아서 정말 기분이 좋았습니다.

▶ 5일완성 다음날 회사 방문하여, 무작위로 추출한 100단어 TEST에서 100점

[수능 2900단어 7일 완성] "처음엔 거짓말인줄 알았는데 직접 해보니깐 7일 100% 암기가 진짜 가능해요" (문성호)

어휘력이 굉장히 부족한 학생인데 7일만에 정말 100% 암기했습니다 처음에는 당연히 거짓말인줄 알았는데 직접 해보니깐 정말 가능한거에요. 빠른 배속으로 인강을 들으며 꾸준히 누적복습을 했고, 강의에서 몸동작이나 손동작을 활용하여 그 뜻을 정확히 숙지하도록 도와주셨는데요. 단기 완성에 큰 도움이 되었어요. 연상 때문에 독해에 방해되는 일은 절대 없구요 영어 문제를 풀면 뜻이 너무 빨리 떠올라서 오히려 지문 풀이에 많은 시간이 단축되었습니다. 영어에 대한 자부심을 얻었고 어휘력까지 성장되어 너무 뿌듯해요

▶ 7일완성 다음날 회사 방문하여, 무작위로 추출한 100단어 TEST에서 100점

[수능 2900단어 7일 완성] "단어 외우는 속도가 빨라져 독해에 많은 도움이 되었어요" (정지호)

제가 영어를 이렇게 빨리 암기할 수 있을지 몰랐는데 강의의 도움을 받다 보니까 되게 빨리 암기하게 되더라구요. 강의 끝나고 바로 복습을 하였는데 발음하고 연상 비법을 활용해서 읽으면서 단어를 보고 그렇게 계속 반복하여 읽다 보니까 복습이 저절로 되었습니다. 강의에서 어려운 단어 3~4단어 정도 기억이 안 났는데 바로 복습을 하고 나서는 계속 기억에 남아서 좋았어요. 복습 프로그램도 제공 해주시니까 훨씬 외우기 편하고 또 빠르게 외워져서 좋았습니다.

▶ 7일완성 다음날 회사 방문하여, 무작위로 추출한 100단어 TEST에서 100점

[수능 2900단어 8일 완성] "발음을 중심으로 암기하니깐 헷갈리지 않고 더 정확히 암기할 수 있었어요" (송주아)

원래 알고 있던 단어는 30% 정도 였고요 8일 만에 다 외울 수 있을까 걱정했었는데 강의를 듣기 시작하면서 선생님이 자꾸 말을 하라고 말씀해주셔서 같이 말을 하면서 외우니까 훨씬 더 단어가 잘 외워지는 게 느껴졌습니다. 처음에는 단어를 보고 연상법을 생각해서 오래 걸렸는데 2~3번 정도 복습을 하다 보니까 영어 단어를 보면 바로 뜻이 생각나서 독해 하는데 전혀 지장이 없었습니다. 발음까지 헷갈리지 않고 정확하게 할 수 있어서 오히려 더 좋았습니다.

▶ 8일완성 다음날 회사 방문하여, 무작위로 추출한 100단어 TEST에서 100점

[수능 2900단어 8일 완성] "기존에 헷갈렸던 단어들을 연상법을 통해 더 확실히 알게되었어요" (김세광)

어휘 암기에 있어서 정말 취약했는데 8일 초단기 암기를 통해 지금은 수능영단어를 거의 완벽히 암기한 상태입니다. 해마학습법을 사용해서 계속 반복 하였고 20강 단위로 누적복습을 해주시는데 그게 큰 도움이 되었습니다. 배속을 해서 들으면 15분 이면 1강이 끝났던 것 같아요. 강의는 그만큼 시간을 효율적으로 활용하고 더 집중력을 발휘 하여 단어를 암기할 수 있게하는 장점이 있는 것 같습니다. 발음도 더 확실하게 알 수 있어서 좋았어요

▶ 8일완성 다음날 회사 방문하여, 무작위로 추출한 100단어 TEST에서 100점

저절로 내 것이 된다! 100% 암기보장

업계유일 복습시스템 무료제공

경선식에듀 회원이라면? 무료로 이용가능한 초단기완성 복습시스템!
교재가 없어도 언제 어디서든 쉽고 편한 반복학습을 누려보세요.

POINT 01

교재 & 강의 복습

교재 매 강마다 복습문제 수록 동영상 매 강의마다
5분 복습 & 전체 복습강의 제공

POINT 02

모바일 스터디 무료제공

만화+단어+뜻+원어민 발음 암기효과 UP!

POINT 03

단어테스트 무료제공

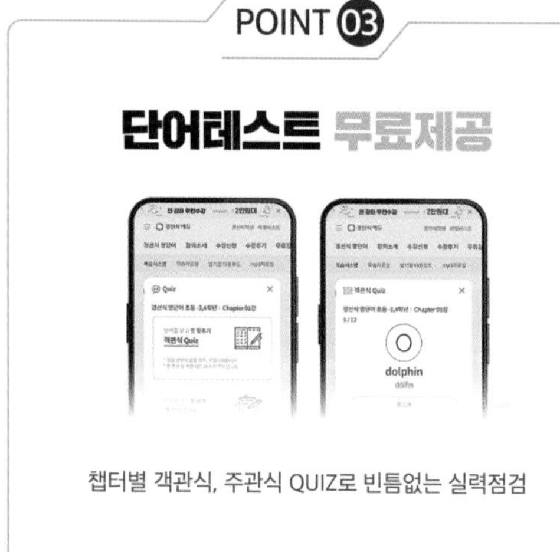

챕터별 객관식, 주관식 QUIZ로 빈틈없는 실력점검

POINT 04

나만의 단어장

틀린 단어만 모아 다시 한 번 학습

원어민 음성 복습을 통한 최단시간 학습효과 UP!

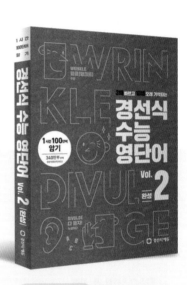

17년 연속 수능 어휘 적중률 1위

어떤 교재를 선택 하시겠습니까?

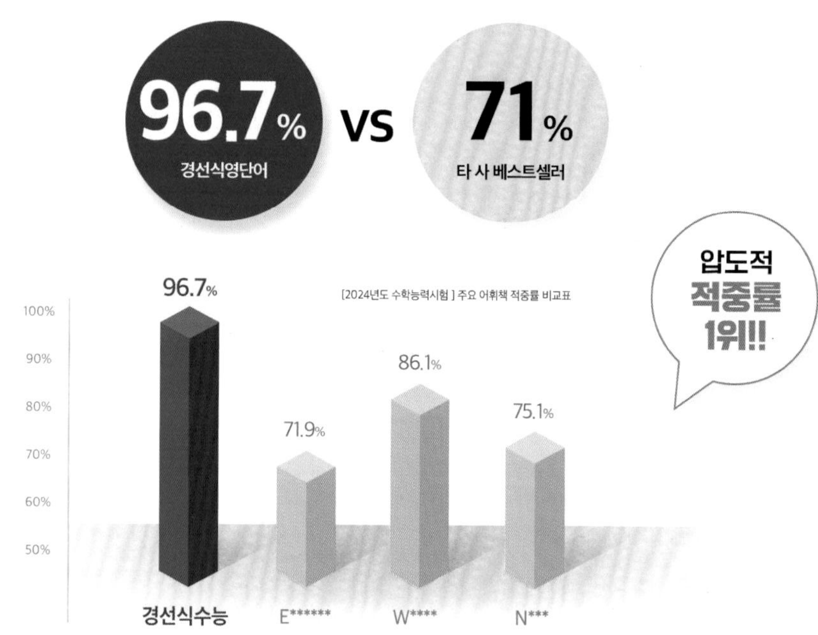

평균 적중률 96% <경선식 수능영단어 역대 적중률>

2008	2009	2010	2011	2012	2013	2014	2015	2016	2017	2018	2019	2020	2021	2022	2023	2024
96.1%	96.1%	95.0%	90.4%	90.6%	97.5%	96.7%	97.9%	99%	98%	97%	97.7%	98.5%	93.3%	95.9%	95.6%	96.7%

최적의 어휘구성

수능, 내신 1등급! 경선식영단어면 충분하다